# 議会改革の第2ステージ

## 信頼される議会づくりへ

江藤俊昭 著

ぎょうせい

# はじめに

議会改革の「もう一歩」を探るのが本書の目的である。「もう一歩」は、従来の意味での議会改革を超えて、住民自治の推進といった方が妥当かもしれない。より正確には、議会は「住民自治の根幹」であるがゆえに、議会を住民自治の推進と連動させることが必要である。本書は、その中でもとりわけ重要なテーマ、具体的には議会改革を住民福祉の向上につなげること、および議会改革は住民によって充実するとともに、住民がいままで以上に住民自治を進める主体として登場することを主題的に議論している。

それを筆者は、「議会改革の本史の第2ステージ」と呼んでいる。これには少し説明が必要かもしれない。

## ① 議会改革の本史が登場する時代

従来から議会は、地域経営にとっての重要な権限を有していた。条例、予算・決算、契約・財産の取得処分、市町村合併等の重要な事項の決定権を想定するとよい。しかし、中央集権制で培われた地方政治、および議会運営の政治文化では、それらの権限を有効に発揮することができていなかった。もちろん、そうした政治文化の下であっても、住民からの信頼を勝ち取るための改革は行われていた。一般に「議会の活性化」と呼ばれるもので、透明性を増すための委員会の公開や中継等、論点を明確にするための一問一答方式（対面式議場）などである。いまでは当たり前のことだが、これらも先人の努力によって実現してきた。地方分権改革により地域経営の自由度が高まる中で、議会の役割に改めてスポットが当てられることになる。それには、議員定数・報酬の削減要求の方向もあれば、新たな議会を創り出す方向もある（本書の立場は、もちろん後者の立場から前者の方向を乗り越えるものである）。この新たな方向こそが、議会改革の本史への突入を導くものである。

### ② 議会改革の本史において開花した新たな議会の役割

もともと議会に重要な権限が与えられているのは、次のような要素・役割があるからである。多様性による提言・監視（「二十四の瞳」効果）、論点の明確化・合意の可能性（「十二人の怒れる男」効果）、世論形成機能（オセロ的発想を打開する効果＝公開の場で討議する議会を見て住民が自分の意見を強化・修正・発見）が合議体としての議会にはある。こうした役割がいままで以上に期待されているが、それらを作動させるには、国政とは異なる地方政治の意味を考える必要がある。議院内閣制と異なり、地方政治では議員も首長も住民から直接選挙される。そのことによって議会と首長等は政策競争を行う。国民代表制（住民によるリコールはない）ではなく、地方政治ではリコールや条例制定・改廃の直接請求など住民が政治に積極的にかかわる。そして、内閣に対する支持・不支持を基本とする討議ではなく、地方政治では議会としての討議の充実が期待されている。住民と歩み（閉鎖的ではなく）、議員間討議を行い（質問の場だけではなく）、それを踏まえて首長等と政策競争する（追認機関ではなく）議会である。その方向の明確な宣言が、2006年5月18日の北海道栗山町議会基本条例の制定であった。従来の議会活性化の努力をベースに、地方分権改革により地方政治の活性化を踏まえた新たな議会像の誕生である。より正確には、市町村合併や財政危機への対応を議論する中で議会のあり方を模索して制定された。これが議会改革の本史の突入といってよい。

### ③　本史の第1ステージから第2ステージへ

栗山町議会基本条例によって幕があけられた議会改革の本史は、さまざまな住民や議会によって豊富化した。これは住民自治による金字塔といってよい。とはいえ、それらは形式の整備、つまり新たな議会運営を明確にした。形式の整備としての議会改革ではなく、それをどのように住民自治の推進につなげるか。具体的にいえば、どのように住民福祉の向上につなげるかが重要である。さらに、そのことを通じて自治の進化・深化を目指す。議会改革の本史、いわば第1ステージの実践を、住民自治の推進の成果にどうつなげるかが問われているのである。筆者がこのステージの議会改革をイメージして、「議会改革が目的ではない、住民福祉の向上につなげる必要がある」と研修等で強調しているのはこの文脈からである。

### ④　議会改革の本史の第2ステージの課題

議会改革が本史に突入して、新たな課題が浮上している。この課題に応えるのは困難だが、歴史を進める際に必ず通過しなければならないものであり、筆者は、議会改革の弁証法と呼んでいる。つまり、本史の改革をさらにバージョンアップさせるのが議会改革の本史の第2ステージである。そこでは少なくとも次の五つの課題が浮上している。議会からの政策サイクル（＝フォーラムとしての議会）、自治体間連携・自治体内分権における議会の役割、自治を創出するための市民教育・主権者教育、自治基本条例・議会基本条例のバージョンアップ（体系性、組織・権限の項目の採用）、新しい議会の条件整備（議会事務局、議員定数・報酬・政務活動費、専門的知見の活用、附属機関等）である。

本書は、議会改革の本史の第2ステージに浮上している課題のうち、議会からの政策サイクル（サイクルであるがゆえに、その評価を含む）についての現状を踏まえながら課題を解明している。とはいえ、他の課題を看過しているわけではない。議会からのサイクルには、常に住民が意識されている。サイクルの起点が住民であるというだけではなく、住民（および首長等）も含めた討議空間（フォーラムとしての議会）の創造をイメージしている。このことは、市民教育・主権者教育とも連動している。これが本書のもう一つのテーマであり、ここに焦点を絞っているといってよい。

なお、自治体内分権と議会の関係は本書でも触れているが、自治体間連携と議会の関係は、議会からのサイクルの応用編として、また新たな議会改革の条件整備は、議会からの政策サイクルの前提として考えていただきたい（それらのデッサンは、江藤俊昭『自治体議会学』ぎょうせい、2012年、および同編著『Q&A議会改革の最前線』学陽書房、2015年、第2部、参照）。また、自治基本条例・議会基本条例のバージョンアップは、議会からの政策サイクルを有効に作動させるためのルールである。豊富な展開があるとはいえ、「自治体の憲法」といえるには、もう一つ大きな峠を越える必要がある（自治基本条例における議会関連条文の追加、自治・議会基本条例ともに組織や権限事項の充実）。自治の実践は、それを求めている（江藤俊昭「連載　自治体議会学のススメ」『ガバナンス』2016年5月号～）。

それでは、議会改革の本史のバージョンアップ（第2ステージ）の旅に出かけよう。

江藤　俊昭

# 目　次

# 第1章 議会からの政策サイクル

# 議会からの政策サイクルとは

## 議会改革の二つの側面

議会改革には相互に密接に関連した二つの側面がある。一つの側面は、議会改革の要素、いわば新しい議会の制度・構造（共時的発想）にスポットを当てている。多様な直接民主主義の制度の導入や二元的代表制といった地方自治の特徴を踏まえるとともに、議会の存在意義である「公開と討議」の実践である。個々の議員の努力を踏まえて一つの「人格を持った議会」（故岡本光雄氏）として動くことである（機関としての作動）。住民との意見交換会や議会報告会、参考人・公聴会などの意見を参考とした議員間での自由な討議がまずもって必要である。そして、それらを踏まえて執行機関との「善政競争」（北川正恭氏）を行う議会である。地方分権という環境の変化もあって、議会がこのような方向でようやく動き出したといってよい。『自治体議会学』（ぎょうせい、二〇一二年）では、主にこの側面を中心に議会改革の到達点を確認した。地方政治は、国政と異なることとともに、「住民自治の根幹としての議会」を強調することが必要だったからである。

この確認とともに、それぞれの要素を結合させ、住民の福祉の向上を議会は目指さなければならない。つまり、政策サイクルにかかわること、議会からの政策サイクルを確立することである。議会改革の要素をまとめあげることにスポットを当てるのが、議会改革のもう一つの側面である。これは最初の側面である議会改革の要素を政策過程に即して動かすことだといってよい（通時的発想）。このもう一つの側面である政策サイクルを創る議会の登場を確認することにしよう。

## 歴史的な転換の起点としての「新しい政策サイクル」

従来の政策サイクルといえば、行政主導の政策サイクルがイメージされる。自治型社会の時代には、住民主導の二元的代表制を作動させなければならない。本著で紹介するいくつかの実践がある。

三重県議会の「新しい政策サイクル」は、政策サイクルの転換の起点として歴史に刻まれるべきものである。同県議会の二元代表制における議会の在り方検討会『二元代表制の在り方について（最終検討結果報告書）』（２００５年）である（注１）。

この「新しい政策サイクル」は、〈議会による政策方向の表明〉→〈政策決定〉→〈執行の監視・評価〉→〈次の政策方向の表明〉である。議会が執行機関に対して網をかぶせて、首長の施策の方向づけを行い、それに基づいて提出された施策案を議会が討議し決定し、執行の評価を行うという。

今日ほとんどの自治体で採用されているＮＰＭ（New Public Management：新しい公共管理）では「戦略計画の策定と個々の重点政策の目的に見合った数値目標の提示は長の役目となっている」。しかしこの「フレームではそれをさらに踏み込んで、議会が、長の策定する戦略計画と数値目標に基本的な方向付けを与えようとするところにポイントがある」（三重県議会）。

議会からの条例提案だけが新しい政策サイクルというわけではないが、条例提出に結実しているともいえる。その際、提出・議決だけが重要なわけではなく、その検証が新しい政策サイクルには不可欠である。三重県議会は、制定された議員提出条例を社会情勢の変化等を考慮しながら、運用状況を住民の視点から検証するために、「議員提出条例に係る検証検討会」を設置している（三重県議会基本条例第14条、その後議員提出条例検証特別委員会を設置し検証した（２０１２年））。

新しい政策サイクルは、もちろん首長等との競争だけを強調しているわけではない。議会改革の要素がしっかりと組みこまれている。正確にいえば三要素が政策サイクルに組み込まれている。①住民の声をしっかり聞くこと、②議員同士でしっかり議論すること、そして③これらを踏まえて執行機関と競争することである。

## ❖❖議会からの政策サイクルの手段❖❖

機関競争主義として特徴づけられている日本の二元的代表制は、政策過程全体にわたって議会と執行機関が競争することが求められる。機関競争主義は、三つの要素によって構成されている。①〈議会＝合議制〉、〈執行機関＝独任制〉という特徴を活かすこと、②両者が政策過程全体にわたって競争すること、そして③その過程に住民がかかわること（監視や参加）、である。

つまり住民参加を採用し、議会＝合議制、首長＝独任制という特性を活かした政策過程全体にわたっての善政競争である。議会は、政策過程全体にわたって積極的に活動する。議会は議決機関だけではなく、議事機関なのである（憲法第93条）。同時に執行機関は執行するだけの機関ではない。〈議会＝議決する機関〉、〈首長等＝執行する機関〉とだけ理解することは誤りである。さらに政策サイクルを執行機関の政策サイクルとだけみなすことも誤りである。

　政策サイクルに即してこの機関競争主義を示したのが、表「機関競争主義の作動」である。執行機関の三つの要素が政策過程全体にわたって作動していること、議会と執行機関は全過程にわたって競争していること、そしてそれぞれに資源があり、それらを総動員して政策過程に立ち向かう必要があることを理解してほしい。また、政策過程全体にわたって住民がかかわる手法が開発され、実践されていることを忘れないでほしい。

## 政策サイクルの主体としての登場
## ——「蚊帳の外」を超える——

　今日、自治体改革は急展開している。議会改革は、急激に進んでいるとはいえ、行政の改革からは一歩あるいは数歩遅れているというのが一般的である。再度表を参照していただきたい。議会改革を行わず

表　機関競争主義の作動

| 過程全体にわたって作動すべき要素 | 政策過程 | 議会・議員の活動と資源 | 執行機関の活動と資源 | 住民の政策過程へのかかわり |
|---|---|---|---|---|
| ①住民参加・監視<br>②議員同士の討議<br>③執行機関との切磋琢磨 | 形成過程 | 議案提出（議員・委員会）、質疑・質問、議会の議決による政策の方向づけ | 予算調整・提出<br>その他の議案の作成・提出 | 首長に：首長への手紙、審議会等への参加など<br>議会に：請願・陳情、公聴会・参考人制度、議会報告会、附属機関（三重県議会など）への参加<br>＊条例制定の直接請求は、政策「形成」過程での、住民の重要な参加制度 |
| | 決定過程 | 審議、議決 | 規則・要綱制定 | 住民は「決定」にあたっての討議への参加は可能。市町村合併特例法で導入された、直接請求から住民投票への一連の過程は住民が「決定」に加わっていること |
| | 執行過程 | 財産の取得・処分、契約、条例等による入札への関与 | 執行 | 公共的活動への参加<br>（委託、指定管理者、アダプト・プログラム等） |
| | 監視・評価過程 | 決算認定、行政評価 | 監査、行政評価等 | 評価にあたって、見解を述べること<br>（アンケート、事業仕分けへの参加） |

行政主導の改革が進むと、〈住民―執行機関〉の連合が議会を包囲する。すると議会は委縮するか、「裸の王様」状態が続く。政策過程から議会は排除される（注2）。

まず議会は、住民参加・協働の外に置かれる。総合計画を含めて多様な領域に、充て職だけではなく公募委員や抽選によって選出された者が討議する場が設定されている。こうした住民参加・協働は、行政主導で行われている。

また、ＮＰＭ理論の影響を受けて、予算と連動させ、また行政評価を取り入れた実質的な総合計画の策定が試みられるようになった。ここでも、議会は総合計画全体にかかわるというよりは、予算や決算を総合計画と連動させず、場当たり的な対応が目立っている。

筆者は、こうした改革から遅れている議会の状況を「蚊帳の外に置かれている」と特徴づけていた（注3）。議会改革が進まない自治体では、ますますこの状況が広がることになる。

本書では、蚊帳の外に議会が置かれているから議会改革を進める、という消極的視点で議会改革を提起するつもりはない。地方分権時代に地域経営を行うためには「住民自治の根幹」としての議会が作動しなければならないと考えているためである。議会からの政策サイクルは、その作動ということができる。

そこで、機関競争主義に基づく議会からの政策サイクルのポイントを考えることにしたい。

（注1）　三重県議会議会改革推進会議監修・三重県議会編著『三重県議会―その改革の軌跡　分権時代を先導する議会を目指して』（公人の友社、２００９年）参照。
（注2）　江藤俊昭『地方議会改革―自治を進化させる新たな動き』（学陽書房、２０１１年）。
（注3）　江藤俊昭『増補版　自治を担う議会改革―住民と歩む協働型議会の実現―』（イマジン出版、２００７年、第1章）参照。

# 議会からの政策サイクルの特徴

## 議会からの政策サイクルの論点

政策サイクル全体に議会がかかわる際に、機関競争主義の三つの要素が常に張りめぐらされる必要がある。

①　住民との意見交換会＝政策サイクルの起点であるとともに、議会として政策提言する際にはその説明、さらに決議・議決の後には説明責任、といった役割がある。

②　議員同士の討議＝政策課題を設定するにも議員間の討議が必要であるし、議決の前には、十分な討議を必要とする。

③　執行機関との切磋琢磨＝議会からの政策サイクルは重要である。同時に、執行機関からの政策サイクルには、主体的にかかわる必要がある。首長からの政策提言では、主要なテーマについては事前に調査研究をしておかなければならない。そのためには委員会活動の充実が不可欠である。委員会による所管事務調査や年次報告書などによる政策提案、それを行うための住民との意見交換会の実施などが求められる。

## 政策サイクルの重層性

三つの要素を政策サイクル全体にわたって作動させることを強調してきた。議会が追認機関に堕落しないこと、議会・議員からの積極的な提言・要望、住民の提案・要望を起点とすること、監視・検証からさらなる政策提言を構想すること、そして議員同士の議論が不可欠なこと、を想定してほしい。これらを行うためには、5頁の表で示した多様な権限を活かすとともに、政策サイクルの多様性・重層性を確認し、それらを統合する必要がある。

具体的には、総合計画、財政、条例、政策提言・決議、質問・追跡調査、といった層が想定できる。これらには地域経営にとっての重要性、審議期間・実行期間の相違がある。ここでは、それらを確認しておこう。

### ① 総合計画

今日では将来展望を踏まえた実効性ある総合計画を軸に地域経営が行われている。予算や個別計画、首長マニフェストとの連動、そして議会による議決によって実効性あるものとなっている。したがって、その他の層である財政、条例、政策提言・決議、質問はこのまわりをめぐっている（すぐ後で検討するように、通任期をイメージ）。審議期間は、少なくとも1年は必要である。計画（したがって、監視・評価）期間は、首長の任期4年を念頭において、4年×2あるいは3（期数）である（総合計画の期間は岐阜県多治見市8年、東京都三鷹市12年）。首長のマニフェストに基づき策定方針、素案の公表、中間案の公表、最終計画案（議案）、といった手順が踏まれることが多い。

総合計画案が議会に提出されてからの審議では遅すぎる。十分な審議のためには議会としての地域経営の視点を確立しておく必要がある。常任委員会、あるいは特別委員会の活用が想定できるが、これらが積極的に活動することになる。また、総合計画は、住民参加による策定が望まれる（公募住民、抽選制による住民等の参加）。これらを含めて住民との意見交換を踏まえて、総合計画の審議にかかわる。

### ②　財政

自治体は財政で動く。財政に議会としてかかわる場合、決算認定から予算要望、そして予算審議と連動させる必要がある。今日、決算審査が9月定例会で行われることが多くなり、このサイクルが可能となった。決算を有意義なものとするには、たとえば事務事業・施策評価を議会（常任委員会）として行い、それを踏まえて決算認定にあたることが必要である（長野県飯田市議会など）。また、決算から予算にいたる間に、現在進行中の予算の執行状況等の検証を行い、次年度予算要望、審議に活かすことが必要である（静岡県藤枝市議会）。会計年度は1年であるが、議会は常に3か年（前年度決算、執行予算、次年度予算）を踏まえた、しかも総合計画を軸とした複眼的思考が必要となる。

### ③　条例制定・検証

議員提案とともに、委員会による議案提出（地方自治法第１０９条第6項）の意義を再確認したい。委員会での調査研究を踏まえて、委員会が議案を提出するには、委員会の所管事務調査が議会運営に組み込まれる必要がある。議員提出条例の検証検討会の設置の重要性は、すでに指摘した（三重県議会）。同時に、首長が提出し制定された条例も、検証する必要がある。分野や対象によって、検証時期は異なるが制定した条例の検証は、政策サイクルの一つである。

④ **政策提言・決議**

三重県議会の「新しい政策サイクル」の起点である「政策方向の表明」は、まさに政策提言・決議である。議会主導による自治体としての重要な方向を提案し、首長の提案を方向づけている。すでに、「新県立博物館整備」「福祉医療費助成制度の見直し」「県立病院改革」「財政の健全化」といったテーマで首長に提言している。提言を起点として自治体全体での政策サイクルとなる。提言をした議会は、その過程全体をさまざまな資源を活用して監視する。

⑤ **質問・追跡調査**

総合計画が地域経営の軸となれば、それを中心に質問（代表・一般）が行われる。場当たり的な質問ではなく、総合計画を豊富化し地域適合的なものにすることが質問の中身となる。また、既存の条例に不備がある場合は、条例の制定改廃が必要となる。どちらにせよ、議論の軸が設定される。答弁は重要であり、地域経営の方向が示される。それがどのように地域を変化させているかの検証が不可欠である。答弁の追跡質問（青森県佐井村議会、長野県立科町議会）、あるいは追跡レポート（山梨県昭和町議会、北海道芽室町議会など）を政策サイクルに組み込み、さらなる質問に活かす必要がある。

このように政策サイクルは多様であり重層的である。その中心は総合計画であり、条例体系となる。これを中心に政策サイクルを動かすことになる。

## 重層性を統合する――通任期制の発想

機関競争主義では、議会は執行機関と連続した緊張関係にある。会計年度（行政年度）を前提として活動する。この年度思考は重要だとしても、議会はより長期的視点を持って活動する必要がある。それは、議員任期４年を視野に入れた活動である。通任期制を念頭においた議会・議員の活動である（図参照）。

議員任期が４年であるという消極的意味ではない。「人格を持った議会」として、どのような人格を創り出すか（住民福祉向上のために何をするか）を問う必要があるからである。

また、首長任期と連動した実効性ある総合計画が地域経営の軸になっている。それに議会が対応するには、より長期的な視点が必要である。

議会（議員）任期と首長任期（選挙日）がほぼ同じであれば、議会と首長がスタートラインに並んで、総合計

図　通任期（４年）を踏まえた議会の政策サイクル：三重県の場合

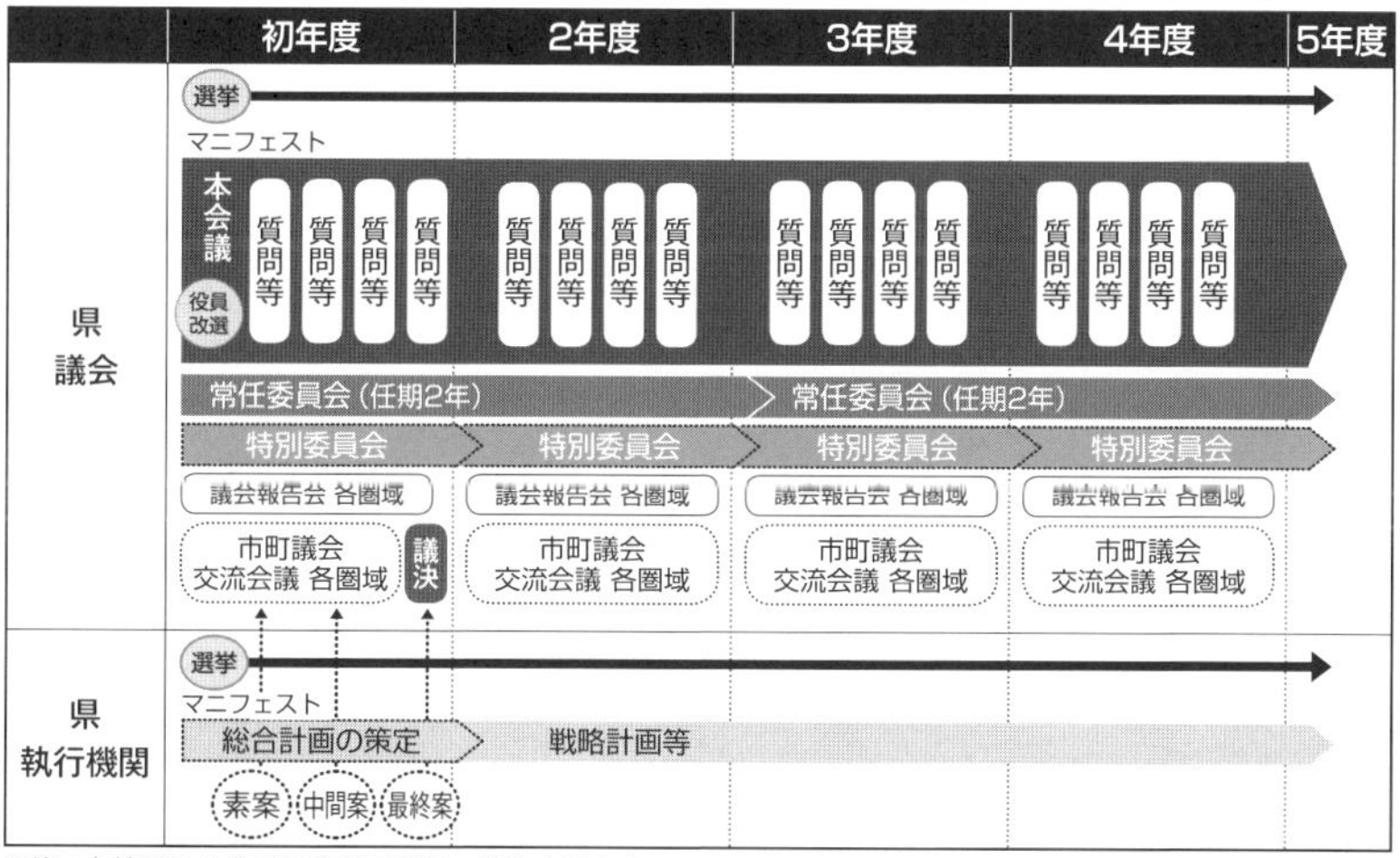


※注：点線囲みは必要に応じて設置、実施するもの。
出所：三重県議会議会改革諮問会議『三重県議会における議会改革のさらなる取り組み――改革No. 1議会の次への展開――』2011年、20頁。

画を軸にした政策サイクルを回すことができる。しかし、同時期のスタートラインは、都道府県ではともかく市町村ではそれほど多くはない。どのような時期であろうと、総合計画を軸に議会として任期4年の政策サイクルにどうかかわるかの視点が必要である。それにさまざまな政策サイクルの層が重層的に絡み合うことになる。

## 「議会からの」視点

議会からの政策サイクルを検討する際に、「議会からの」を付しているのは、通常、執行機関の政策サイクルが一般的であり、それとは別のものという消極的な意味だけではない。むしろ、そこに議会という特性を踏まえた独自の視点が重要であるという積極的な意味があるからである。政策サイクルにおける「議会からの」特徴を確認することにしたい。

### ① 住民目線での活動という特徴（住民近接性）

住民を起点とした政策サイクルを創り出すことが重要である。議員も首長も直接住民が選出しており、その意味で、両者は住民代表機関である。議会は多様な住民の声を反映させることができる。一方、執行機関も住民を意識した活動を行っている。しかし、執行機関は住民を消費者あるいは顧客としてみなす指向がある。それに対して、多様な議員によって構成される議会は、住民感覚が重視される。議会が「住民自治の根幹」といわれるのはそのためである。本書で紹介する議会からの政策サイクルの起点は、住民との意見交換会であることにも現れている。

### ②　合議制という特徴（総合的視点）

議会は、総合的視点から政策サイクルにかかわる。この「総合」の意味は、執行機関と同様の「すべて」や「包括性」という意味ではない。大所高所からという意味である。個々の議員の信条や関心を無視するわけではないし、最初から「総合」力を持つことを期待するわけではない。多様な住民代表が討議のために集う合議制という特徴を持つ議会だから可能となる。

その意味の一つは、議会は公選による住民代表が集い、さまざまな角度から地域経営を提言・監視することである（「二十四の瞳」効果）。執行機関にも理事会、政策調整会議等という政策を横断的に構想する機関はあるが、原則縦割りで組織化され、執行を念頭に政策を考える。一方、議会は、執行ではなく、住民の感覚を第一義的に考える。縦割り分断化思考とは無縁である。

もう一つの意味は、意見の変更を促すことである。討議することによって、少数意見が多数派になることもあるという民主主義の実践が可能となる（「十二人の怒れる男」効果）(注１)。

議員は、何らかの想いがあって議員になる。また、支持者からの要望もある。個々の議員の信条や関心は政策形成にとって不可欠である。個々の信条や関心をぶつけ合うことは、論点を明確にする上では重要であるとしても、討議の意味の半分を実践したに過ぎない。討議によって意見が変わることを前提とするからこそ議会は成り立つ。したがって、議会は、総合的な視点を有する可能性が高い。

このように、多様な議員によって構成される合議制という特徴から総合性の視点は可能となる。

### ③ 少ない資源

議会が政策サイクルとかかわる場合、もう一つの特徴が浮き彫りになる。資源不足である。議会事務局職員数の少なさ、議会図書室のお粗末さ等を想定すればよい。

この現実を直視すれば、議会からの政策サイクルは、執行機関の政策サイクルと同様には作動し得ない、というより、必要ない。少ない資源を踏まえて、住民近接性、総合性という特徴を活かすには、次の二つを中心に行うことになる。

一つは、総合計画を重視することである。総合計画が地域経営の軸だからである。住民近接性、総合性から、理念的な方向を探り提案・提言し、同時にそれと個別計画や予算、条例関連に主題的にかかわる。もう一つは、住民近接性、総合性から隙間やワンポイントを対象とした提案・提言である。「『監視機能』を通じて得た『すきまの政策情報』を活かして、『政策立案機能』につなげていく、すなわち、『政策立案機能』については、ニッチャーとしての地位でその機能を果たしていく」という福島県会津若松市議会の戦略や、執行機関に「変更を求めるところをピンポイントで攻めていって、民意に添う形にきちんと方向を変えさせて、後は傷つかないうちにさっと撤退する」という中尾修・元北海道栗山町議会事務局長の提案を想起してもらいたい(注2)。

なお、議員は専門家でないわけではない。議員になる前や、議員になってからも職業を有している。あるいは社会活動を担う。その経験、それに基づくネットワークを活かして議員から積極的に提言すべきである。その提言が単なる思いつきではないことを保障するのが住民近接性、総合性である。

### 地域経営にはＰＤＤＤＣＡサイクルを！

行政はＰＤＣＡサイクルを回している。これは非常に重要な視点であり実践である。ただし、住民自治を進める上で、また地域経営を行う上で、議会からの政策サイクルという視点からその活用の範囲を確定しない安易な活用は、中央集権時代の行政主導に引きずられる。結論を先取りすれば、ＰＤＣＡサイクルは重要だとしても、地域経営全体にこのＰＤＣＡサイクルを位置づけ実践すると、議会が排除・軽視される可能性がある。ＰＤＣＡサイクルには、地域経営にとって重要な「討議」と「議決」が含まれていないからである。

議会は、首長等と政策競争する。その意味では、議会側からの政策サイクルを回すこと、その際ＰＤＣＡサイクルを活用することは重要である。ＰＤＣＡサイクルは、当然狭義の議会改革にとっても重要である。たとえば、議会基本条例の条文を素材として目標を設定し、その実践をＰＤＣＡサイクルで行う。さらに進めて議会で設定した政策目標――会津若松市議会の政策形成サイクルの目標――の実現にあたっても活用する必要はある。また、議会事務局の実践と評価にも活用できる。

それにもかかわらず、議会・議員が地域経営にとってこのＰＤＣＡサイクルを回すことだけに熱心になることには問題がある。

本来地域経営は、ＰＤＤＤＣＡサイクルを創り出さなければならない。ＰＤＤＤＣＡサイクルのＰは計画案・提言（proposition, proposal, planning）、Ｄの最初は討議（deliberation, debate, discussion）、次のＤは決定（decision）、三番目のＤが実行（do）、そしてＣは監視・評価（check）、Ａは改善（action）、というものである。

従来のＰＤＣＡサイクルのＰの中に決定も討議も挿入されている議論は確かに成り立つが、「公開で討議」する議会の役割がそこでは見えていない。議会が重要な役割というより、議会の真骨頂である討議や決定が従来軽視されていたからＰＤＣＡサイクルが用いられてきた。すでに紹介したとおり、三重県議会が議会改革を進める起点となったのは、地域経営におけるＰＤＣＡサイクルでは、議会は登場できなかったからである。そこで、議会から政策サイクルを回す「新しい政策サイクル」を創り出した。理論的にいえば、議会がＰを創り出し、それを執行させることを強調する。議会からだけではないが、地域経営における討議と決定の意義は強調されるべきである。

もちろん、従来議論されてきたＰＤＣＡサイクルは、人間行動でも組織行動でも当然意識されるべき手法である。行政改革と同様に、議会改革でも活用されるべきものである。議会基本条例の条文を基準に毎年その改革を評価しようという発想は、その一つである。議会という機関としてだけではなく、機関内、たとえば委員会、議会事務局等々での評価も行われることになる。つまり、ＰＤＣＡサイクルはさまざまな実践において活用されるべき手法であることには間違いない。

とはいえ、行政改革や議会改革においてＰＤＣＡサイクルの発想は重要であるとしても、地域経営において、ＰＤＣＡサイクルで軽視されていたＤ（討議）とＤ（決定）を組み込むことが必要である。それを踏まえないＰＤＣＡサイクルの活用は、知らず知らずのうちに行政的発想へと移動せざるを得ない。このことは、しっかりと留意していただきたい。

議会改革の最先端を行っている議会は、地域経営におけるＰＤＤＤＣＡサイクルを行っている。理論化されていなかっただけである。そろそろ、従来のＰＤＣＡサイクルの発想と手法を超えたＰＤＤＤＣＡサイクルという新たな発想と手法の開発が必要になっている。

なお、別のいい方をすれば、ＰＤＤＰＤＣＡともいえる。最初のＰは計画案・提言（proposition, proposal, planning）、Ｄの最初は討議（deliberation, debate, discussion）、次のＤは決定（decision）、Ｐは決定された計画（plan）。その後は従来議論されていたＰＤＣＡサイクル、つまりＤ：実行（do）、Ｃ：監視・評価（check）、Ａ：改善（action）、に連なるものである。より詳細にいえば、Ｃに議会は決算等でしっかりかかわることになる。本著では、便宜上ＰＤＤＤＣＡサイクルを用いるが、従来のＰＤＣＡサイクルの発想を超える意味ではどちらでも可能である。ぜひ今後議論を巻き起こしていただきたい論点である。

（注1） 「二十四の瞳」、「十二人の怒れる男」は、小説、映画のタイトルである。議会にはこの二つの特徴とともに、世論形成機能がある。討議は公開で行われるために、これを見聞きする住民は、自分の意見がどこに位置づくのか、全体の中でどう考えたらいいのかを学習することもできる（白黒だけのオセロ的発想を脱却する効果）。

（注2） 中尾修・江藤俊昭編『議会基本条例　栗山町議会の挑戦』（中央文化社、２００８年）55頁。

# 議会からの政策サイクルの道具

議会からの政策サイクルを作動させるためには道具を配置する必要がある。その仕様書は21頁以降で明らかにするが、道具を簡単に説明しておきたい。なお、議会報告会や住民との意見交換会は、政策サイクルの起点であるとともに、政策サイクルのさまざまな段階で登場するものである。これについてはすでに説明している。また、政策サイクルを創り出す場合、会期ごとに完結する発想を採用することはできない。連続が必要である。その一つの手法である通年議会については別途検討したい。

## ① 委員会の通年化（通任化）

委員会を恒常的に作動させることである。課題を委員会ごとに設定して調査研究を行い提言する。委員会は閉会中でも活動できる。この制度を活かすべきである。委員会は付託された案件を調査する。会期中に付託された案件をその会期内に結論を出すだけでは、首長から提出される議案への審査は不十分とならざるを得ない。また、閉会中の審査について、付託案件を極端に絞った限定的な解釈も議会からの政策サイクルには馴染まない（注1）。議会改革のトップランナーでは、委員会は所管全体にかかわる事務調査が付議される。いわばほぼフリーハンドが与えられる。そのことによって、通年（通任）を通じて独自に調査研究を行い提案・提言のインキュベーター（苗床）となっている。

### ②　問題設定する道具と検討し提案・提言する道具

常任委員会あるいは特別委員会で行うこともできるが、問題設定や検討し提案・提言する道具をそれらの委員会から独立させる場合も多い。問題設定と検討・提案・提言することは一連の過程である。さまざまな実践が試みられている。オーソドックスには、議会あるいは議会運営委員会、各委員会で問題設定し、委員会で検討・提案・提言する。最近では広報広聴委員会を設置し、そこが広報活動だけではなく、問題設定を担うことも多い。福島県会津若松市議会では、住民との意見交換会を受けて、そこで提起された意見を集約して議会として調査研究し政策提言する課題を設定し、各委員会（会津若松市議会の場合、政策討論会分科会）に割り振っている。全体で議論する必要があるものは政策討論会全体会であたっている。

なお、広報広聴委員会から各委員会という過程の間に議会全体で課題設定する議会もある。たとえば、新潟県上越市議会では、広報広聴委員会で集約した課題を、議長・副議長、常任委員会委員長、特別委員会委員長、広報広聴委員会委員長で構成される課題調整会議で議論して、そこが舞台回しを行い、それぞれの委員会に付託する場合、あるいは別の組織（政策形成会議）に付託する場合を選択する（上越市議会基本条例第10条、第18条）。また、議員政策研究会が課題を設定し調査研究するが、議会運営委員会がそれを決定している議会もある（大分市議会）（注2）。

### ③　住民・研究者が構成員となる道具

議会の附属機関の設置は今日広がった。専門的知見も活用されるようになっている（地方自治法第100条の2）。こうした外部の委員を含めた機関だけではなく、住民と議員が継続的に調査研究する組織も生まれている（会津若松市議会の議会制度検討委員会、長野県飯綱町議会の研究会など）。

（注1）委員会は、「議会の議決により付議された特定の事件については、閉会中も、なお、これを審査することができる」（地方自治法第１０９条第８項）を読むとそのような限定的な解釈は可能かもしれない。しかし、「議会に議案を提出することができる」が２００６年に新たに加わっている（現行の地方自治法第１０９条第６項他）。この規定を動かすためには、狭い解釈からの離脱が必要である。

（注2）議員提案により成立した条例を検討する条例検討会を設置している議会（三重県議会、２０１１年からは特別委員会で検討）があることはすでに紹介している。

# 議会からの政策サイクルの要素

議会からの政策サイクルの意味、重層性・多元性、特徴、道具について確認してきた。それを踏まえて、議会からの政策サイクルの動向を示しながら課題を探りたい。

議会からの政策サイクル（あるいは議会の政策サイクル）という用語は、今日広がっている。「サイクル」が付加されていることで、マスコミで強調される議員提案条例だけではないことは理解できる。議会からの政策サイクルにかかわる実践が行われ、まさにそれらが要素となり、執行機関の政策サイクルと総体として競争し合う、「大文字」の議会からの政策サイクルが姿を見せ始めている。

その要素は価値的に低いものではない。むしろ、逆である。この要素の創造と蓄積があってはじめて大文字の議会からの政策サイクルが作動するからである。これらの要素によって、政策過程全体にわたって議会が登場する議会からの政策サイクルを豊富化している。

## ①　議会による行政評価の実践

行政評価から決算認定、それを踏まえた議会からの予算要望、そして予算審議と議決、といった一連のサイクルは、議会の政策サイクルにとってまさにその根幹の位置を占めている。

とりわけ、静岡県藤枝市議会で実践されている3か年をイメージした評価と予算要望の発想は、そのサイクルを充実させるものである(注)。つまり、前年の行政評価や決算認定を議会はしっかりと行う。それを踏まえて予算要望につなげていく。これが今日開発されている議会の行政評価の流れである。大いに意義あるものではあるが、これでは現年度の予算の評価が抜け落ちる。執行途中であっても、その評価をしながら、前年の行政評価や決算を加味して予算要望へとつなげる。この連続によって予算要望は、より現実的なものになる。

### ② 起点として議会報告会、住民との意見交換会・懇談会を位置づける

これらは、住民への議会報告、説明責任を果たす場だけではなく、住民からの意見聴取・提言を受ける場の意味も持っている。広聴機能の充実は、議会の政策形成を促し、議会からの政策サイクルをイメージすることにつながる。

### ③ 政策サイクルを統合する総合計画

総合計画は地域経営の軸であるがゆえに、それを議決事件に追加する議会も増加している。総合計画は地域の将来像を描いているとともに行政計画であるがゆえに、個別計画とともに、予算とも連動している。議会は、質問や所管事務調査を、独立した単発ではなく、政策サイクルを意識してかかわる。さまざまな政策サイクルの要素は、総合計画を軸に展開される。このことは議会だけではなく、執行機関、住民にもいえる。

### ④ 保障としての自治・議会基本条例

住民自治の進展は、そのルールである自治基本条例・議会基本条例の制定、そしてそのバージョンアッ

プを促す。地域経営における議会の責任を自覚すれば、そこに議会からの政策サイクルが明記されるようになる。たとえば、東京都多摩市議会基本条例第９条、静岡県富士市議会基本条例第10条、福岡県大牟田市議会基本条例第３条などがある。

こうした議会改革のさまざまな要素、いわば支流が交わり合いながら大きな流れを創り始めている。大文字の議会からの政策サイクルのかたちが見え始めている。以下、トップランナーである二つの議会の動向を紹介しながら議会からの政策サイクルのポイントを確認したい。

（注）藤枝市議会の動向については、「決算特別委が事業評価を行い、市長に提言書を提出」（『ガバナンス』２０１１年2月号）、「常任委員会で現年度の施策・事業評価を行い、市長に提言書を提出」（同12年2月号）参照。

# 議会改革のトップランナーに学ぶ―飯田市議会

## 三つの特徴を総合化した議会からの政策サイクル

### ① 議会の特徴が議会からの政策サイクルを創り出した

長野県飯田市議会は、議会改革のトップランナーの一つとして認知されている（注1）。極論すれば、その特徴は次のとおりである。

一つは、議会が自治基本条例を制定したことである。議会に、住民・議員・行政職員によって構成される「わがまちの〝憲法〟を考える市民会議」を設置して、議会から自治基本条例の議論を巻き起こし制定した。その条例には「地域自治」が明確に謳われている。

もう一つは、議会報告会を地域自治の重要な機関であるまちづくり委員会と共催し、その際、全体会だけではなく常任委員会ごとに分科会を開催していることである。

そして、もう一つは議会による行政評価（事務事業評価・施策評価）を積極的に行い、行政評価、決算認定、予算要望という一連のサイクルを創り出していることである。会派ではなく議会としてまとめている。実際には常任委員会ごとにまとめている。その際、議決事件に追加した基本構想等（総合計画と略記）を意識して行っている（注2）。

これらの特徴は、議会からの政策サイクルにまとめ上げられている（注3）。つまり、議会報告会は議決責任を自覚し説明責任を果たす場であるが、市民の声を政策に反映させる場、つまり政策サイクルの起点として再構成されている。この議会報告会で提出された市民意見等を起点に、二つの流れができあがっている。一つは、政策立案に結びつける流れであり（所管事務調査が中心、図の下の流れ）、もう一つは行政評価の対象事業として組み入れる流れで（図の上の流れ）ある。その際、常任委員会が重要な役割を果たす。調査研究の対象となった事項を、常任委員会の所管事務調査に位置づけ、また閉会中の継続審議にしている。

この二つの流れを保障するものが自治基本条例である（注4）。執行機関の活動を監視・評価するとともに、議会の政策提言の重要性が規定されている。逆に、二つの流れは自治基本条例の規定を実質化する動きともいえる。なお、この政策サイクルを動かすにあたって、議会は常に総合計画を意識し、いわばそれを軸に活動している。総合計画を議会の議決事件とし、その策定に積極的にかかわっている議会だからこそ可能となる。

## ②　議会運営や議員意識にも大きな変化

議会からの政策サイクルを実践することによって、議員意識も大きく

図　飯田市議会における常任委員会活動の１年間の流れ

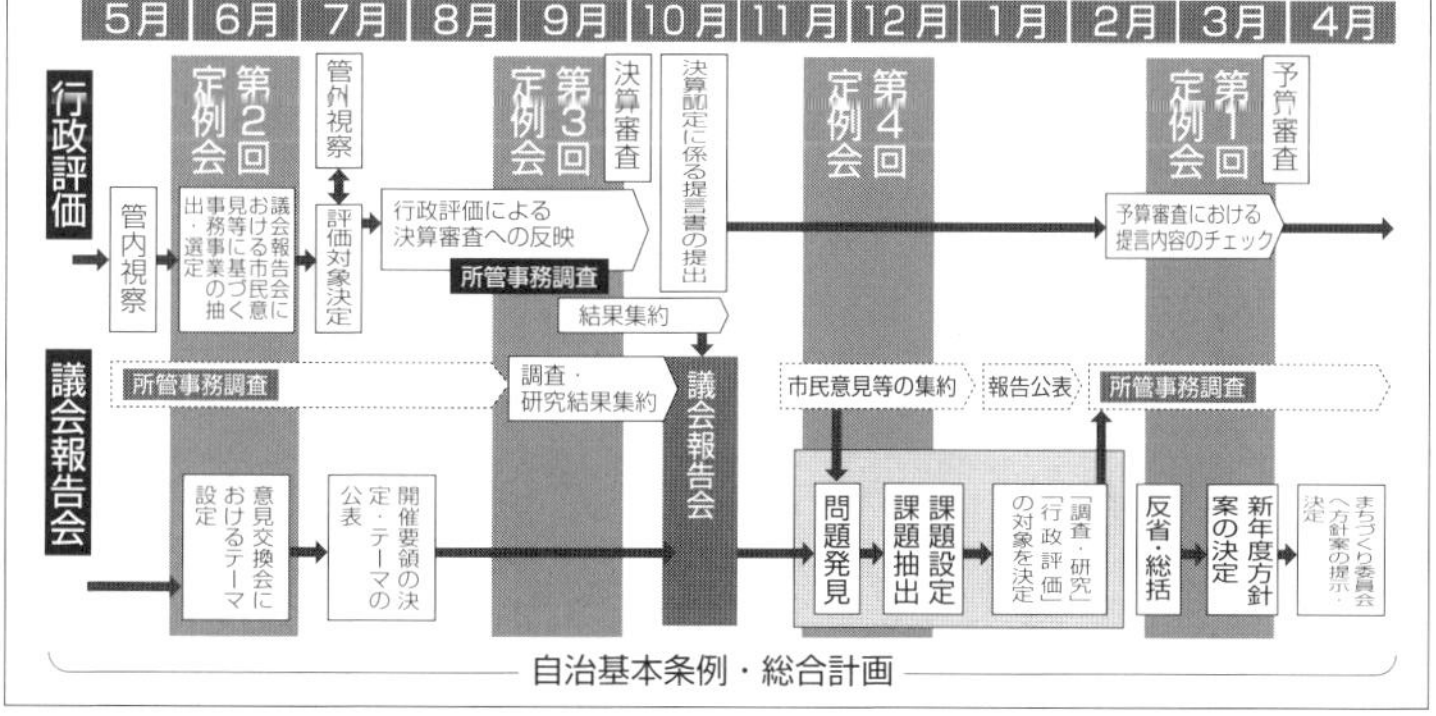


注：飯田市議会資料を基に作成。

変わり、新しい議会はより充実している。この成果を確認しておこう。議会報告会を起点としたことは、常に住民と歩む議会を創り出す。また、評価にあたって総合計画を軸に行うことから地域経営という視点を持って議会運営にあたることができる。

そして、行政評価にあたっては、議員間討議が不可欠であり、議会は「討議する議会」を当然のものとして受け入れる。議員同士が「同じ目線」で地域課題に「気づく」ことができる。議決は政治であるからすべての議員が一致した評価をするわけではない。少数意見の重要性やその扱いも学ぶことになった（少数意見も併記）。そして、政策能力の向上についての意識は当然広がる。首長等からの政策サイクルとは別の議会からの政策サイクルを、議員は当然のものとして受け入れるようになっている。

議会からの政策サイクルの実践は、住民参加を促進し、議員間討議を重視し、それを踏まえて執行機関と切磋琢磨するという新しい議会の実践であり、それを有機的に配置し統合したものといえる。

（注1）内容については、とりあえず、江藤俊昭『討議する議会』（公人の友社、2009年）50〜54頁参照。

（注2）議会が議決すべき事件は、基本構想の策定・変更・廃止、およびそれに基づいて定める基本計画のうち、政策施策の体系の策定・変更・廃止である（「飯田市議会の議決すべき事件を定める条例」）。なお、実施状況の市長による報告義務も規定されている。2011年の「第5次基本構想後期基本計画」策定にあたっては、素案段階から関与している。計画全般および施策の方向について評価を議員間討議を経て行い、その後、各常任委員会で提言の「案」への反映状況を確認し意見交換を行いながら、最終案につなげている。

（注3）会津若松市議会の視察を経て（2010年）、議会からの政策サイクルを積極的に創り出そうとしている。

（注4）飯田市自治基本条例の「第6章　市議会の役割」では、「市議会は、市の執行機関の活動を監視、評価すること」「政策の立案、提言の内容の充実を図るための調査研究活動に努め」ることが明記されている（第22条）。

## 議会改革のトップランナーに学ぶ──会津若松市議会

### 会津若松市議会の特徴

福島県会津若松市議会は、議会からの政策サイクルを提唱し、実践している（注１）。その議会基本条例は、包括的ではなく議会が実践していることをその都度挿入している。本書で強調する三つの項目はすべて規定されている。議会への住民参加、議員間討議、そしてそれらを踏まえた執行機関との切磋琢磨である。この議会基本条例は、議決責任を明確に規定した。しかも、議会からの政策サイクルと連動している。議決責任の自覚は、説明責任と結びつく。説明責任は、議員間討議（政策討論会）、問題設定（広報広聴委員会）、問題発見（意見交換会）と連動している（議決責任からのバックキャスト）。この逆の過程は、議決責任をより進める（議決責任へのフォーキャスト）。

### 議会からの政策サイクルの特徴

会津若松市議会の政策サイクルは、執行機関のＰＤＣＡを参考に独自に開発したものである。それぞれに住民との意見交換会が配置されている。対象の相違によって、分野別の住民とのもの、不特定多数の住民とのものがある。どちらも、意見交換会を問題発見として位置づける。課題設定を広報広聴委員会が行い、問題分析を議員で構成する政策討論会を中心に行うとともに意見交換会を開催する。政策立案は、意見交換会を踏まえて政策討論会で、決定も同様に政策討論会を踏まえて行っている。その上で、施策評価を一般質問・決算特別委員会で行っている。

意見交換会をサイクルの起点に置くだけではなく、その都度住民とともに地域経営を考えていこうとする住民と歩む議会への志向だといってよい。会津若松市議会の議会からの政策サイクルの特徴を確認しておきたい（図参照）。

**①　住民との意見交換会が起点**

政策サイクルには、常に住民との意見交換会が配置されている。その政策サイクルの起点は意見交換会である。基本的にそこで提出された「質問・提言・要望事項」は「政策課題」と位置づけて調査研究を行う。それを踏まえて、最後にはしっかりと「市民との意見交換会への報告」が配置されていることに注意していただきたい。

**②　政策課題の明確化：広報広聴委員会の役割**

会津若松市議会は、この政策サイクルを回すための仕掛け・道具を開発している。政策サイクルにおいて、施策課題を割り振るのも、そ

図　市民との意見交換会での意見、提言、要望等の分類イメージ

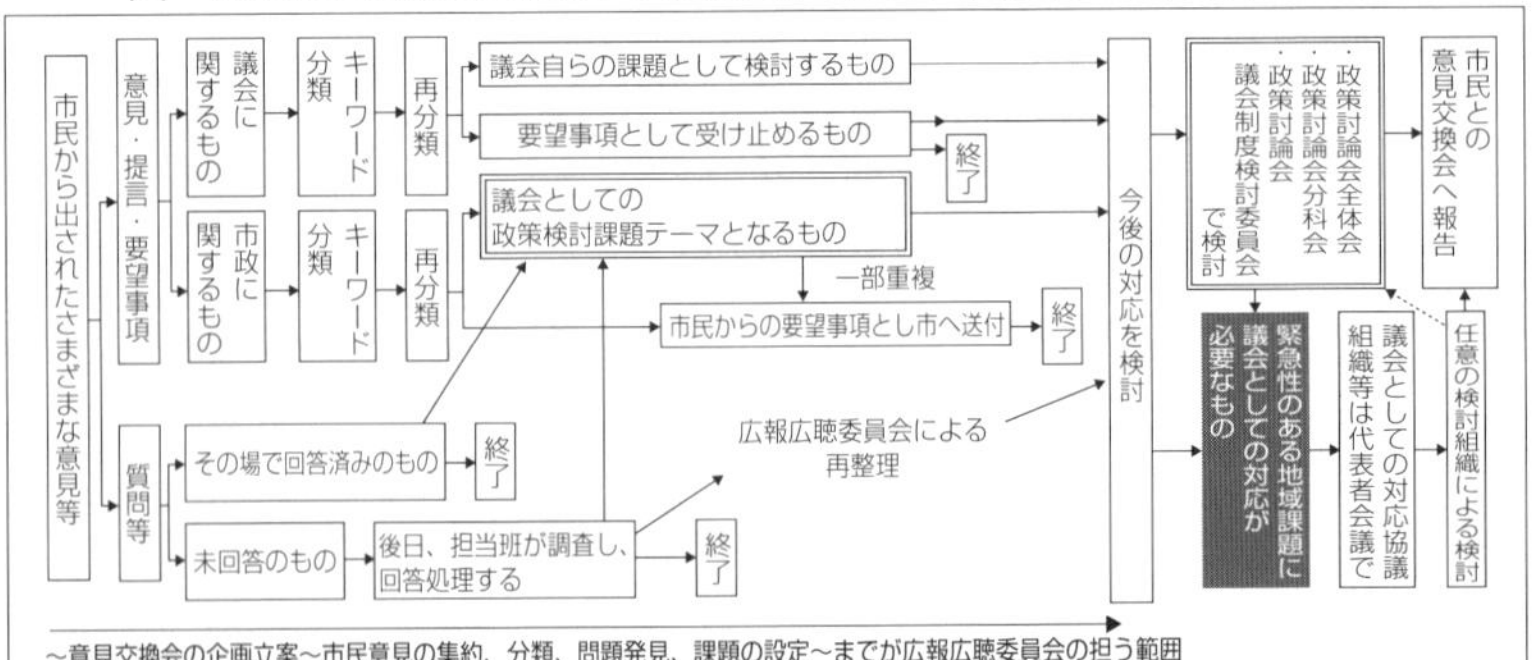


〜意見交換会の企画立案〜市民意見の集約、分類、問題発見、課題の設定〜までが広報広聴委員会の担う範囲
※従来の処理は網掛部分を除いて対応。その結果、市民に議会としての回答ができていない事項が発生。

（出所：会津若松市議会）

もそも住民との意見交換会を企画し実践するのも、広報広聴委員会である（会津若松市議会基本条例第６条）。同委員会は、議会だよりの発行などの広報活動だけではなく、住民の意見を政策提言に活かす広聴活動を行っている。住民から提案された課題を議会として受け止め、課題を整理し割り振るのは、この広報広聴委員会である。

なお、委員会は閉会中の所管事務調査をほとんど行っていないために（従来型の委員会活動）、また議案審議や当局との協議と区別して議員間討議を意識的に行うために、政策討論会という独自の組織を立ち上げている。政策サイクルを実際に作動させるのは、政策討論会である。政策討論会全体会は議員全員、政策討論会分科会は常任委員会委員によって構成されている。

なお、この分科会と同列に位置づけられている議会制度検討委員会は、議員のほか公募住民も含まれている（注２）。

### ③　任期を意識した活動：通任期制の実践

政策サイクルといえば、１年間、あるいは２年間をイメージしやすい。議会からの政策サイクルは、ようやくそれをイメージした活動ができるようになった。会津若松市議会の政策サイクルの特徴は、１年間だけではなく４年間をイメージしていることである。まさに通任期のイメージである。

まず、改選後すぐに住民との意見交換会を開催している。その場は議会（正確には政策討論会分科会）が４年間で何を提案するかを検討する重要な素材を得る機会になる。それは、政策サイクルの起点が住民にあることの表明でもある。

また、政策討論会分科会からの申し送りがある。選挙前の議会の政策討論会による選挙後に設置される新たな政策討論会への申し送りである（『あいづわかまつ広報議会』162号、2011年9月1日参照）。

まさに、通年だけではなく、それを超えた任期の4年を意識した活動になっている。ようやく首長任期の4年間（×2期（あるいは3期））を計画期間とした実効性ある総合計画を軸に地域経営が行われるようになった。それへの対応の意味もある。通任期を意識した議会活動は、まさに大文字の議会からの政策サイクルの典型といえよう。

### ④ 議会からの「政策」の特徴：ニッチャー

議会は地域経営にとってのさまざまな提案を行っている。水道事業の第三者委託、議員報酬・定数問題、鶴ヶ城公共施設利活用構想（案）について、住民との意見交換会を踏まえて議会として政策提言・決議を行っている。

その際、本書ですでに紹介したように、「ニッチ戦略」を採用している。フォロワーからの脱却を目指し、チャレンジャーとしての機能を発揮する監視機能を実践する。それに基づき「すきまの政策情報」を活かして政策立案につなげる。「政策立案機能については、ニッチャーとしての地位で機能を果たしていく」というものである。

### ⑤ 新たな挑戦：行政評価の試行

会津若松市議会は、政策サイクルを充実させるために、行政評価に議会として積極的にかかわる決算特別委員会を設置した（2012年9月12日～28日）。また、それを充実させるために、行政評価を活用した基本施策の評価を、長期計画の施策のうち政策討論会分科会ごとに2あるいは3の施策を選択して行った（6月～9月）。それを決算審査に活用している。このように、政策サイクルのバージョンアップを目指している。

総合計画との連動は、行われていなかった。しかし、「総合計画を踏まえて行政評価を行うことが大事だ。基本計画を議決事件に追加していないが、検討したい」という意向もあり（長野県飯田市議会との意見交換会における目黒章三郎議長の発言、2012年8月）（注3）、その後総合計画を議決事件に付加し、それを軸に地域経営を考えている。

## 政策サイクルの意義――「チーム議会」の誕生

政策サイクルを作動させるためには、「人格を持った議会」とならなければならない。会津若松市議会の言葉でいえば、「チーム議会」である。

すでに指摘したように、会津若松市議会の特徴は、議決責任の自覚にある。これにより住民との意見交換会を通じて提起された政策提言を議会として受け止める。それを議会の政策課題として設定して調査研究を行う。そして、議員同士の議論を踏まえて、政策提言など執行機関と切磋琢磨する。まさに、個々の議員の活動を超えた議会として活動する「チーム議会」の誕生である。これによって、議事機関としての議会は作動する。

一度、議決責任を自覚した議会改革は無窮（無限）運動に入る。一方で、議長の立候補制・所信表明などの議会改革を進めている。他方では、行政評価や決算審査の充実など住民福祉の向上を目指している。

## 閉塞状況を突破する議会からの政策サイクル

今日の議会改革の到達点は、議会からの政策サイクルの作動だといってよい。これは膠着状況にある地域問題、いわば地域経営の閉塞状況のすべてとはいえないまでも、その状況の打開の突破口となる。

とはいえ、いくつかの理由からそうではないと考える住民も少なからずいる。議会に対する不信・不満が広がっていることにも由来している。それでは、閉塞状況の突破どころか議会の活動自体が閉塞状況そのものである。しかし、議会を軽視しては住民自治は成り立たず、地域経営は順調に進まない。したがって地域経営の閉塞状況も打開できない。そこで、閉塞状況を突破する議会を考える場合、地域経営の打開を想定するが、その前に議会改革が進まず住民による不信・不満が蔓延する状況（議会自体の閉塞状況）の打開も同時に考えるべきである。

議会からの政策サイクルの実践が地域経営の閉塞状況を突破する可能性がある。議決責任を全うするためには「住民に寄り添う」ことである。この立場から議会からの政策サイクルを実践している議会は、地域経営の閉塞状況を突破するとともに、議会自体の閉塞状況の突破の契機を創り出している。まさに、議会の閉塞状況と地域経営の閉塞状況のそれぞれの突破は、循環あるいは相互作用である。

議会からの政策サイクルをバージョンアップさせている会津若松市議会を素材に、地域経営の閉塞状況の突破を考えたい。この議会は「住民に寄り添う」ことを基本としてその議決責任を果たそうとしている。

議会は、会津若松市の東部の猪苗代湖に接している湊地区で住民との意見交換会の開催を考えていた。しかし､当該地区住民からは開催しなくてよいという意見が出ていた。それは、その地区に長年にもわたって解決していない水問題があったからである。「蛇口をひねればいつでも安全・安心な水が出る状態」ではなかったのだ。住民には、それを解決してくれない自治体として映っていた。行政にだけではなく議会への不信がこの地域で特に強かった。議会はこの対応に驚くだけではなく、「住民に寄り添う」ことを悩み選択した。こうした地域経営の閉塞状況を突破するために、議会は従来から作動させていた「議会からの政策サイクル」を応用することになる。

この地区では直営の簡易水道だけではなく、民営の簡易水道、飲料水供給施設による水道供給が行われる。そのほか、水道施設の管理主体が個人や共同であり、水量が不十分の集落が多数存在している。そこで行政は、統合簡易水道の整備、旧河東町が保有する水利権を活用した整備などを模索していた。しかし、費用や既得権利者との調整が困難であることなどの理由によりその課題は宙に浮いていた。また、市の補助金制度も上限額の設定などで使い勝手が悪く利用されにくい状況であった（注4）。

議会は、こうした閉塞状況を突破するべく、議会として調査・研究するとともに、住民との意見交換会・懇談会を開催しながら、報告書を作成しこれを踏まえて決議を行った。

まず、検討委員会（湊地区水資源問題に係る検討委員会）を立ち上げた。委員会は16回、全員協議会3回が開催され、そこで報告と議論が行われている。区長会との懇談会をはじめ、住民との意見交換会は2回開催されている。これらを踏まえて、最終報告書がまとめられ、2013年6月定例会で、「湊地区における給水施設未整備地区の早期解消についての決議」が全会一致で可決された。

その決議は次のようなものである。①実現されるべき姿として「蛇口をひねればいつでも安全・安心な水が出る状態」を想定する。②対象集落における飲料水の確保は「飲料水供給は生活するための最低限の社会資本」であり、「市が責任を持ち主体的に取り組むべき」ことである。③「利用者への応分の負担を前提として、対象集落の住民意向に寄り添い、計画的かつ着実に市が課題の解消を図るべき」ことである。④「市と住民との協働のもと、互いの責任を明確にし、施設の適切な維持管理に努めながら、将来に向けてさらに安定的な飲料水供給」が望ましい姿であり、これを目指す。

当該地区（集落）の現状を把握し、住民に寄り添いながら課題解決に向けて執行機関が主体的に取り組むように方向づけるために、議会として決議した。決議後に議会は執行機関を監視するとともに、住民との意見交換会を通じて住民の意見を適切に捉え解決に向けてこれからも提言する意向である。

これは、地域経営の閉塞状況の突破の一つの事例である。これだけではなく、最近では市営住宅の今後の方向性を議論してきた。専門的知見の活用なども行い、調査・研究を進めていた。老朽化の激しい市営城前団地建替計画書（案）が行政より提出されると（2012年3月）、専門家からの講義や住民との意見交換を踏まえて、「概ね賛成できるが」いくつかの改善点を求めて附帯意見を決議している（同年9月）。その後、行政から議会の意見を取り入れた修正案が提出された（2013年1月）。

会津若松市議会のこれらの実践は、一朝一夕にはできない。議会基本条例制定（2008年）以降、住民との意見交換会の意見に基づき、政策課題を明確にした議会からの政策サイクルを実践しているから可能となった。まさに伝統の強みである。住民の意見を踏まえて議員間討議により政策の合意がうまれ、住民や専門家の意見を活用して行政との政策競争ができた。議会の特徴を活かした議会からの政策サイクルの作動である。すでに指摘したように、これを通じてこの地区の区長会との懇談会にとどまらず、住民との意見交換会（2回）も開催されている。地域経営の閉塞状況の突破の実践は、（議会自体の閉塞状況を突破したとは断言できないまでも）その窓を開けた。

## 議決責任の自覚と住民に寄り添う覚悟

議会自体の閉塞状況の確認とその突破の可能性とともに、今日広がっている地域経営の閉塞状況を突破する可能性を探ってきた。議会改革の到達点は、地方自治の原則を踏まえたものであること、それを議会からの政策サイクルとして動かし住民福祉の向上につなげることである。議会の閉塞状況も地域経営の閉塞状況も、これによって突破する可能性はある。

議会自体そして地域経営の閉塞状況は常にある。その際、オール・オアー・ナッシング（すべてか無か）の発想は厳に慎むべきである。議会には、現実的な思考と制度化が求められている。つまり、閉塞状況の存在を前提として、それを徐々に突破する議会が求められている。合議体という特徴を活かした議会からの政策サイクルの実践である。

会津若松市議会は、議会基本条例の中に議決責任を明記した。それを実現するために開発したのが「議会からの政策サイクル」である（会津若松市議会の用語では、政策形成サイクル）。このサイクルは住民から切り離されたものではなく、起点は住民との意見交換会にあった。そのため、議会は「住民に寄り添うこと」を強調する。議決責任を何のために全うするのか。住民に寄り添うこと。それを再確認させた。そして、議会からの政策サイクルによる閉塞状況の突破は、執行機関の緊張感を高める。それによって、両機関の政策競争を生み出す。このことも議会からの政策サイクルの意義である。

（注1）さまざまな紹介があるが、江藤俊昭『討議する議会』（公人の友社、2009年）47～54頁参照。
（注2）公募委員は議会基本条例の制定や、議員報酬・定数について議会としてまとめる際に重要な役割を果たしている。
（注3）会津若松市では、「市政の総合的かつ計画的な運営を図るための中長期的な計画の基本理念、基本目標、政策、施策等を体系的に示した基本構想及び基本計画の策定、変更又は廃止」について議決事件としている（「会津若松市議会基本条例」2015年改正）。
（注4）『あいづわかまつ広報議会』2013年8月1日号、および会津若松市議会へのヒアリングによる。

# 議会からの政策サイクルの課題

議会からの政策サイクルのさまざまな動向や、それを推進している長野県飯田市議会と福島県会津若松市議会の事例を紹介してきた。これらの二つの議会の動向を紹介することで議会からの政策サイクルの到達点を確認したかったからである。それは、完成版という意味ではない。もともと、地域民主主義の実践で完成版などあろうはずもないが、努力しながら成果を上げつつ、その水準を引き上げている。とはいえ、これらの議会も課題はある。さらなるバージョンアップを図るための課題を検討しておこう。

## 飯田市議会の政策サイクルのバージョンアップのための課題

飯田市議会の政策サイクルは高く評価してよい。指摘した必要条件を確認すれば、体系的であることは理解できる。その上で、今後の課題を考えておこう。

第1には、議会からの政策サイクルの統合の必要性である。二つの流れが、独立している印象を受ける。議会からの政策サイクルの多層性で指摘したように、条例制定・修正・廃止の議論とも連動させたい。代表質問・一般質問も重要な政策サイクルである。行政評価と所管事務調査の流れを、総合計画を軸に統合する運営が必要になっている。また、すでに指摘したように執行途中の予算を考慮することも必要である。

第2には、政策サイクルの視点についてである。総合計画に即して行政評価を行うことになっているが、「即して」であって、総合計画自体を俎上に載せることはしていない。また、行政評価は、そもそも執行機関の評価の手法である。合議体の議会の特徴が求められる。効率性だけではない視点の確立が必要である。

第3には、執行機関からの政策サイクルとの調整の場と手法についてである。まさに、機関競争主義の真価が試される局面である。委員会や本会議が舞台であるが、それを円滑に進める手法の開発が求められている。その際、議会の合議制や住民近接性を意識して提案することが前提になる。その調整は、常に住民福祉の向上のためであることにとどまらず、公開で行い、住民による「裁定」を意識する必要がある。つまり、その都度住民を意識するとともに、時には住民の声を聞きながら進めることである。

第4には、道具の再検討についてである。これは飯田市議会の特徴ともかかわる。飯田市議会では、常任委員会が重要な役割を果たす。定数削減を踏まえて、議員は複数の常任委員会に所属している。かなりの活動量が想定される。議員の複数所属で可能かどうか、慎重に検討してほしい（現在飯田市議会では、複数所属を廃止した）。

議会報告会は、基本的に常任委員会ごとの分科会の開催である。それ以外の提案は出しにくいシステムとなっている。常任委員会ごとの分科会で行っている個別の課題の議論は、関連団体、住民との懇談会、公募による住民との意見交換会などで行い、議会報告会ではより広い議論ができるように再編することも考えてよい。なお、今後住民の中から行政評価を行うグループが出てくることも期待される。それを参考にしたり、またそのグループとの意見交換も想定されてよい。

飯田市議会は、すでに紹介した三つの特徴を持ち、第一線で活動している。議会からの政策サイクルを意識してこの三つの特徴を統合し、さらにバージョンアップしている。この意義は非常に大きい。飯田市議会の議会改革は、先進的で継続的である。それを保障するために、さまざまな組織を立ち上げてきた。議会制度検討委員会は、自治基本条例の議会条文の再検討を中心に「議会改革・運営ビジョン」をまとめた。今後の議会改革の方向を示す文書である。また、さらなる議会改革を進めるために「議会改革推進会議」を常設機関として設置した。

なお、自治基本条例の再検討にあたっては、議会条文だけを対象にした。その制定にあたって積極的な役割をはたした議会だからこそ、そろそろ議会としてその全体的な評価をすべき時期を迎えている。これは、議会からの政策サイクルの前提、議会の構えを再考する機会でもある。

以上、いくつかの課題を提示したが、さらなる飛躍と、新たな飯田市議会モデルを創り出してほしい。

## 会津若松市議会の課題

会津若松市議会の議会からの政策サイクルは、議会活動の中心的な位置を占めている（会津若松市議会の編書のタイトル『議会からの政策形成――議会基本条例で実現する市民参加型政策サイクル』（ぎょうせい、2010年）もこの自負がわかる）。すでに指摘した必要条件を念頭におけば、議会基本条例に政策サイクルは明確には規定されていない。ただし、議会の議決責任の明記と自覚は、議会からの政策サイクルに直結する。したがって、広い意味で明記されていると理解できる。問題は、総合計画との連動である。会津若松市議会による「議会からの」という特徴づけが、それを困難にしている可能性がある。

本書では、住民近接性、合議体、少ない資源という議会の特徴から、総合性（総合計画）やニッチャー（隙間）政策を対象にすることを提起している。結論を先取りすれば、会津若松市議会は、住民近接性と少ない資源という特徴づけから、議会の政策提言をニッチャーに限定することになる。そうすると、合議体の視点が登場していないために（実際には行っているが理論上で）、総合性（総合計画等）の視点が軽視される可能性がある。

つまり、会津若松市議会の議論は次のようになっている。経営資源に優れている執行機関に対して、議会は追認機関的な「フォロワー」の役割を担ってきた。そこで「まず、監視機能に関しては、チャレンジャーとしての地位でその機能を発揮することを起点とする」。そして、ここで獲得した「『すきまの政策情報』を活かして、…（中略）…『政策立案機能』については、ニッチャーとしての地位でその機能を果たしていく」（会津若松市議会資料）。議会への住民参加を重視しつつ、執行機関との関係では、監視機能と政策立案機能の「相乗効果」を発揮することを目指す。

そこで、次のようなモデルを提起している。職員数、資金、生産能力といった量的経営資源の軸と、マーケティング力、技術水準といった質的経営資源の軸を考慮する。「量が小、質が低い」というフォロワーから脱却して、「量が大、質が低い」というチャレンジャーを経由して「量が小、質が高い」というニッチャーへと移行させる戦略である。

〈住民の意向→ニッチャー→ニッチャー〉は重要ではあるが、それを隙間だとみなすには総合的な視点が必要である。そのことは、ニッチャーに移行する前のチャレンジャーでもいえる。総合的な視点は、少ない資源を前提として、住民近接性だけではなく、合議制の要素を加味して総合性を意識する。住民の意向を踏まえた総合性の確立である。その上で、一方でニッチャー戦略、他方で総合性戦略を立てるのである。なお、ここでのニッチャーは総合性を踏まえたものとなる。会津若松市議会の政策討論会分科会の活動量を念頭に置けば、「総合性」の視点の確立は可能である。

なお、会津若松市議会は、住民と歩む議会、充実した議員間討議を重視する議会、それらを踏まえた執行機関と切磋琢磨し議決責任を意識する議会という議会改革の三要素を政策サイクルに即して動かしている。その際、政策討論会全体会、および政策討論会分科会が重要な役割を果たしていることはすでに指摘した（注１）。そこでは、議案審議や執行機関との協議と区別して議員間討議を意識的に行うことを強調している。逆にいえば、委員会は所管事務調査をほとんど行っていない。そもそも会津若松市議会では委員会でも積極的に議員間討議を行っている。閉会中でも積極的に活動し議員間討議を行う委員会運営ならば、政策討論会は委員会との相違がなくなる。政策討論会は、議員間討議を作動させる機動的組織であったが、そろそろ委員会や本会議という議会本体に統合することも考えてよいだろう。

## 住民提案を議会の政策立案に
### ――議会からの政策サイクルにおける住民提案の二つの位置――

### ① 住民提案を起点とする

まず、議会からの政策サイクルの起点を住民提案とすることである。好例は、福島県会津若松市議会の実践である(注2)。そもそも政策サイクルは、執行機関の専売特許ではない。議会はサイクルを意識しなければ、分断され、場当たり的な運営となる。機関競争主義を作動させるには、議会が政策サイクル(会津若松市議会の言葉では「政策形成サイクル」)を理論化し、実践する必要がある。会津若松市議会では市民との意見交換会における住民提案を起点として、水道事業の民営化問題、議員定数・報酬、鶴ヶ城周辺開発などをテーマとして取り上げ、調査研究し、政策化(提言・議決)していることはすでに紹介した。住民提案はそのサイクルの起点として明確に位置づけられている。

これを実践できるのは、議会が次の原則に基づいて活動しているからである。一つは、議決責任の再認である。議決には説明責任がともなう。それを実行するためには、論点を明確にしてよりよい政策を形成する議員間討議が必要である。議員間討議を行うには、議員の独善性を排除しなければならず、調査研究とともに多様な住民との意見交換会が必要となる。

逆にいえば、この意見交換会における住民提案の中から課題を抽出し、議員間討議によって調査研究したものを政策へと練り上げ、首長等を監視したり政策提言して最終的には議会として議決する。つまり、意見交換会における住民の意見を起点にこの過程を遡ることではじめて議決責任を全うできると考えている。会津若松市議会は、議決責任を議会基本条例に明記し、これに基づき議会からの政策サイクルを作動させている。

もう一つは、議会からの政策サイクルは1年だけではなく議員任期4年を念頭に置くことである。そのためには一般選挙後すぐに住民との意見交換会を行い、前期の議会からの申し送り事項とともに、住民提案を募り議会として今後の任期中に取り組む課題を探る。それを踏まえて、議会は執行機関とは異なる視点から調査研究を行い、政策競争する。まさに議員の任期中の課題をこの住民提案から抽出することになる。

### ②　議会設定のテーマに応える住民

議会は住民に対して受動的に対応するだけではなく、政策サイクルを動かし、その時々で重要なテーマを議会から設定し、住民提案を受けることも必要である。これがもう一つの戦略的な位置づけである。長野県飯綱町議会は政策サポーター制度を設けている。公募による住民も含めて政策サポーターとなり、彼らが議員と一緒になって議会が設定した地域課題を調査研究し政策提言を行う。

２０１０年から制度化され、これまで3回設置され政策提言に至っている。設置要綱（２０１３年告示）によると、定数20人以下で議長が委嘱する。住民と議会との協働によって政策研究・提言を行うことを目的としている。同時に、この制度化は議員定数削減の中での議会支援のためでもあった。合併前の2村合わせて36人だった定数を15人に半減させた状況の下で、議会の役割を発揮するには、住民との協働が必要だった。

議会が住民に呼びかけた地域課題は、初回（2010年）は、行財政改革（行財政改革研究会：住民6人、議員8人）、都市との交流・人口増加（都市との交流・人口増加研究会：住民6人、議員8人）である（議長は両研究会に参加）。第2回（2013年）は、集落機能の強化と行政との協働（住民8人、議員8人）、新たな人口対策（住民7人、議員8人）である（議長は両研究会に参加）。第3回（2015年）は、高齢者の新しい暮らし方（健康戦略）の提起（住民8人、議員8人）、都市・農村の共生へ（新しい産業を生み出し若者の定住の促進を）（住民8人、議員8人）である（議長は両研究会に参加）。

第1回（注3）から第3回までいずれも、研究会で提起された政策提言を議員間で議論した後に、議会の政策提言として議長から町長に提出されている。これらの政策提言は次の効果を生み出した。

たとえば、議員はこの政策提言を軸に予算要求、予算・決算、一般質問等で積極的に活用していることである。特に第2回の「子育て支援の町・飯綱町」の提言は、次（2014）年度予算に反映させるべく前倒しして2013年11月の提出となった。これらの政策提言は、住民と議員が練り上げたものである。そのことで議員は提言の実現に責任を持つ。広い意味での住民との約束（マニフェスト）を創り出す。

もう一つは、提言をさらに充実させるべく議会として調査研究を行っていること。第2回の政策サポーター制度による政策提言を実現するために、条例制定を目指した（2014年に「集落振興支援基本条例」を制定）。

議会が地域課題を住民に提起し、議会（議員）は住民とともに調査研究を行い、それを踏まえて首長等と政策競争を行う。議会による地域課題提起が議会からの政策サイクルを作動させている。

### ③　再考・議会報告会

議会「報告」会からの脱却の必要性とともに、議会からの政策サイクルの作動の重要性を強調した。その作動にあたって、住民提案を起点とすること、および議会からの問題提起を踏まえて住民が政策提言することの重要性を確認してきた。前者は、住民提案に積極的に応える議会像（受動的議会）、後者は住民の提案を引き出す議会像（能動的議会）に適合すると思われるかもしれない。

しかし、前者の議会像は住民提案を無造作に受け入れるものではない。議会として受け入れるべき提案を選別し議会の政策課題として取り上げる。また、政策課題として取り上げるのは住民提案だけではなく、前期議会からの申し送り事項も含まれている。そして、何よりも提起された課題を調査研究して中間報告として住民に提起して議論を巻き起こす。議会は受動的に対応するのではない。

また、後者の議会像は議会だけでテーマを勝手に設定しているわけでもない。議員は日々住民と接している。また、議会報告会で多様な住民に接している。その際の住民の意見の中から重要課題を議会として設定する。住民の意見を踏まえた課題設定であり、それを踏まえた住民と議員の協働による政策提言となっている。

議会からの政策サイクルは、その過程全体にわたって議会が住民とかかわる必要がある。どちらかが常に発議者、常に受任者というわけではない。議会は、独自に活動する領域がある。その最たるものは、最終的な決定（表決・議決）である。その重みを再確認し過ぎることはない。一方の側に住民を、他方の側に議会（そして首長）を配置した螺旋を想定していただきたい。住民提案が議会に持ち込まれ、議会が受け止め討議しながら議会として政策化する。その中間報告などを住民に投げ返す。それを踏まえて住民は再び提案する。政策案を反復させながら機が熟した段階で議会が議決する。

住民提案は重要であり、議会からの政策サイクルにあたって第一級の位置を占める。とはいえ、住民提案だけで決定するわけにはいかない。住民提案はそもそも多様である。住民提案といっても、個人的に提出されたものと、住民間の討議を経た上での提案では意味は異なる。たとえば、審議会を想定しても、充て職、公募、抽選制、それぞれの選出方法によって選出された住民によって構成されたものでは、それぞれ見解は異なる。

そして、住民提案の中にはすでに類似政策があったり、法令の縛り、実際の財政状況、補助金の有無等を考慮すれば、政策化が現実的ではないものもある。そもそも政策はベターな政策の体系である。課題を共通に認識したとしても（その地域にとっての重要課題とするかどうかの共通認識を持つことは容易ではない）、その解決に向けた政策はさまざまである。政策は、その課題を他の課題と比較した場合の順位づけ（重要度）、単独事業か補助事業か、住民・NPO・企業との協働が可能か、自治体間連携・補完を模索するか、法令の縛りの程度は、といった要因に左右される。課題が自動的に政策を生み出すわけではない。多様な政策の可能性から一つを選択する強い意思が議会（そして首長）には必要である。議会の議決は、多様な選択肢からベターなものを選択することである。

このように考えると、住民提案を踏まえた議決には説明責任がともなう。議会報告会は、単なる決定の「事後」報告を超えて、住民提案がどのようになったかどうかを報告する場となる。議会からの政策サイクルを作動させる起点の議会報告会は、住民提案をどう実現したかを住民が評価する場ともなる。

今日、住民提案を地域経営に活かすことは認知されてきた。これは議会が得意とする分野である。議会は、住民提案を二つの視点から、議会からの政策サイクルに戦略的に位置づける必要がある。

（注１）政策討論会という用語とは同じではないが、公開で議事録を作成し、議員間討議を重視する政策討論委員会を立ち上げたのは富山県議会である（２０００年設置）。こうした「半公式」を会議規則（自治・議会基本条例）によって規定することによって、「公式」の機関とすることは可能となった（地方自治法第１００条第12項、２００８年改正）。とはいえ、そもそも委員会で議員間討議を行うことを実践すべきだろう（本会議でも模索しているところはある）。

（注２）会津若松市議会編『議会からの政策形成——議会基本条例で実現する市民参加型政策サイクル』（ぎょうせい、２０１０年）を参照。三重県議会の「新しい政策サイクル」をさらに発展させシステム化した。

（注３）『いいづな町議会だより』特別号（２０１０年11月18日）参照。

# 議会からの政策サイクルのポイント

## 執行機関の政策サイクルと異なる議会からの政策サイクル

これまで、議会からの政策サイクルの到達点と課題を確認してきた。再度、そのサイクルの特徴を新たな議会運営という視点から振り返っておきたい。それは、何のための議会からの政策サイクルかを明確にすることである。

### ① 議会運営の三要素を回す

今日の議会改革には、次の三要素が不可欠である。

・住民参加を肯定するだけではなく、議会報告会・住民との意見交換会の開催、公聴会・参考人制度の活用など積極的に議会に住民参加を導入する要素。
・議会を質問の場だけにせず積極的に議員間討議を行う要素。
・それらを踏まえて執行機関と政策競争を積極的に行う（したがって住民の支持の獲得を競争する）要素。

以上の三つである。これらの三要素はばらばらに作動させるわけではない。単に地方自治制度の理念が求めているという理由のみから実践するわけではないからである。住民福祉の向上のために、これらの三要素は戦略的に統合されなければならない。それが議会からの政策サイクルである。この確認がまず必要である。

## ②　執行を重視したＰＤＣＡサイクルを住民の視点から捉え返す

執行機関の政策サイクルは、今日ＰＤＣＡサイクルを活用している。数値目標を設定して実践し、そして評価を行って、改善を踏まえて新たな数値目標を設定する。こうしたサイクルによって目標は明確になり、職員はその達成に邁進する（注１）。議会からの政策サイクルが執行機関の政策サイクルと同様ではその意義は薄い。

行政と議会との相違を意識したい。職員は行政サービスの供給者の視点から行動するのに対して（供給者の視点）、議員は受け手の視点から行動する。住民の近くにいてそのサービスのよし悪しを判定する。また、「職員は細分化された組織の一員」であるがゆえに、住民が提案し望んでいるものであっても、組織内の合意形成において困難を伴う場合は、政策として強くは提案されない。それに対して、議員はその実現が困難な場合でも、住民のためならば、政策の細部の設計はできないにせよ住民の意向を「政策の大きな方向」に盛り込ませる努力をする（注２）。こうした議員の特性による行動様式は同様に、その集合体としての議会にも妥当する。

流布している政策サイクルをそのまま議会に取り入れる必要はない。議会は、ＰＤＣＡサイクルの手法を学ぶことは重要ではあるし、執行における成果と住民意識との感覚のズレやスピードの遅さを問題にすることも必要である。しかし、それ以上に重要なのは、その目標の妥当性を、住民の視点から捉え返すことである。単なる執行の視点ではない。ＰＤＣＡサイクルを相対的なものとして理解し、修正を常に意識する。時には、その方向の抜本的修正を提案することによって、執行機関の政策サイクルの舞台自体を創り変える役割を担う。ＰＤＣＡサイクルは重要であるとしても、執行の視点にからめとられる危険性には注意しなければならない。

### ③　総合的視点から戦略的にかかわる

執行機関のＰＤＣＡサイクルにからめとられないためにも、地域経営における討議や決定の重要性の確認（ＰＤＤＤＣＡサイクル）とともに、議会の特徴を再確認する必要がある。それは、すでに指摘したように住民目線での活動（住民近接性）、合議制（総合的視点）、これらとともに、資源の少なさである。こうした特徴を有している議会は、住民の意向を多面的に把握し、それを討議によってまとめあげることができる。住民近接性・合議制による総合的視点の確立である。この総合は、政策すべてにかかわることではない。資源の少なさというもう一つの特徴を考慮すれば、かかわる政策領域は限られる。そこで、地域経営にとっての軸、つまり、総合計画に戦略的にかかわることである。同時に、この総合的視点を持って、執行機関の政策サイクルからこぼれ落ちている重要政策を吟味し政策提言することができる。いわゆるニッチャー（隙間）の政策化である。つまり、行政が気がつかないだけではなく、住民にとって必要であるにもかかわらず財政的問題や他の理由によって時期を遅らせているテーマを取り上げ、積極的にかかわることである（注３）。

### ④　政策の多様性・重層性を意識する

議会からの政策サイクルを、総合性と、それに基づくニッチャー政策を作動させるためには、政策の多様性・重層性を意識しつつ、それを戦略的に活用することである。政策には、総合計画、財政、条例、政策提言・決議、質問・追跡調査（質問）といった多様性・重層性がある。地域経営の軸を設定しながら、それに基づいて多様性・重層性を活用することである。総合計画はまずもって軸となる。財政はそれに連動する。条例は、総合計画と直結するものだけではないにせよ地域経営と密接にかかわる。総合計画策定の際には、既存条例の見直し作業が必要となる。また、すでに指摘したように、総合計画は絶対的なものではない。修正を行うことも必要になる。議会からの提言・決議は、政策変更や政策実現だけではなく、総合計画の修正にも活用できる。質問・追跡調査も同様である。地域経営の軸を設定し、それを実現するメリハリの利いた戦略思考が求められている。

## 「大文字」の議会からの政策サイクルの構成要素

ここまで執行機関の政策サイクルと異なる議会からの政策サイクルを強調した。それを効果的に作動させるための手法を再確認したい。議会からの政策サイクルを統合化するという意味での「大文字」の議会からの政策サイクルの確立である。その必要条件を明確にしておこう。すでに指摘しているように、条例の提案・検証、財務の充実（行政評価→決算認定→予算要望）、総合計画の議決と検証などの実践はその構成要素として高く評価してよいことを前提としている。

### ① 地域経営にはＰＤＤＤＣＡサイクルを実践すること

執行機関のＰＤＣＡサイクルを意識しつつも、それに乗らず総体的・相対的な視点で議会からの政策サイクルを作動させることである。

執行機関のPDCAサイクルは第一義的には執行のサイクルだからである。それに住民目線や合議体という特性から議会は対応する。むしろ、地域経営全体では、PDCAを超えて、P（計画）とD（実践＝執行）の間に（正確には、Pは策定された計画というより提案という意味でのP（proposition, proposal, planning））二つのD、つまりD（討議：deliberation, debate, discussion）とD（決定＝決断：decision）を入れて理解し、その実践が必要である。討議する空間は議会であり、重要な決定は議会が担うということが政策過程からは抜け落ちている。従来のPDCAではそれが、つまり議会の役割が無視、あるいは軽視されていた。そのPDCAの発想と実践は個別にはいまだに有用だとしても、地域経営全体ではPDDDCAサイクルの発想と実践が不可欠である。

### ②　政策過程全体にわたって、議会が登場すること

機関競争主義の下では、「議会から」という特性が必要である。すでに指摘したように、資源の少なさを踏まえつつ、合議制と住民代表制を強調して、総合的視点での政策とのかかわり、そしてニッチャー的な政策立案が重要である。条例・財務など議会からの政策サイクルの多様性・重層性を意識して戦略的に取り組む必要がある。

### ③　議会からの政策サイクルの起点が住民との意見交換であること（政策サイクルの段階ごとに住民との意見交換を意識していること）

議員の地域問題の解決、地域課題の実現の想いは重要であるが、同時に全住民の代表として作動するに

は、さまざまな住民からの提案を受け止める包容力と政策能力が必要である。その際の起点が住民との意見交換会（議会報告会）となる。執行機関の政策サイクルが首長のマニフェストを起点としているのに対して、まったく異なる起点である（注4）。議会と住民との意見交換会は、議会からの政策サイクルでは第一級の位置を占める。

### ④　議会からの政策サイクルと総合計画が連動していること

総合計画は、将来像と行政計画とを併せもっているがゆえに（正確には、前者を踏まえた後者）、地域経営の軸となっている。したがって、議会からの政策サイクルが、この総合計画を軸に実践される。執行機関は、「執行」を重視するだけではなく、すでに指摘しているように、首長がみずからのマニフェストを基礎にしているがゆえに、保守的志向を持つ。議会もその総合計画に責任を持っている。しかし、議会は合議制と住民代表制から改革的発想でこれにあたることができる。

### ⑤　制度的に保障すること

議会からの政策サイクルを、一過性のものにせず継続して実践するためには、自治・議会基本条例にしっかり規定することが必要である。その制定にあたって、住民に開かれ、住民とともに検討することは、制度を強化する。

執行の政策サイクルとは異なる議会の特性を活かした議会からの政策サイクルの作動によって、ようやく機関競争主義は現実化する。

（注1）今日流布している首長のローカル・マニフェストは、政治的リーダーシップと連動させて政策を実現することになり、このＰＤＣＡサイクルを強化する。
（注2）中嶋年規「『議員になる』という道」（『地方自治職員研修』２０１２年2月号）38頁。
（注3）ニッチャーの政策化はこれだけではない。議員は、議員になる上での想いがある。その実践は、政策の体系のどこに位置づくかは明確にならないとしても、住民福祉の向上のための突破口にはなる。
（注4）もちろん、議員・会派のマニフェストも重要である。とはいえ、独任制の首長と異なり、合議制の議会の構成員である議員・会派のマニフェストはごり押しはできない。それらを議会の意思にしなければならないからである。住民との意見交換会はその正当化にも修正にも大いに役立つ。

# 第2章
# 議会からの政策サイクルを動かす手法

# 通年議会

## ❖❖議会からの政策サイクルと通年議会❖❖

議会からの政策サイクルによって、機関競争主義は現実的に作動する。これまで、その意義や重要ポイントを確認してきた。次に、議会からの政策サイクルを効果的に動かす手法を考えることにしたい。議会からの政策サイクルは、執行機関のそれと並走する必要がある。そのためには、議会自体が連続的・継続的に動くことが前提となる。

今日、それに適合する手法が自治体議会で開発され、実践されるようになった。まず、その一つである通年議会の意義と課題について確認したい。その広がりを意識しつつ、通年議会の誤解の解消を踏まえて、通年議会を推進する上での課題を考える。また、今日広がっている通年議会と地方自治法2012年改正によって可能となった通年期制との相違も明確にしたい（本書では相違を意識して通年議会と通年期制とを区別している）。通年期制を住民自治の推進の立場から活用することはできないわけではない。しかし、そもそもの発想はアメリカ合衆国の多くの市町村議会のような夜間議会、しかも月1回程度の開催を念頭に設計されている。そのために、そのイメージどおり運用すれば今日期待されている新しい議会の役割を果たせない可能性もある。

## 通年議会の広がり

今日広がりつつある通年議会は、定例会を年1回として会期日数を長期にし、たとえば会期を4月1日から翌年3月31日までとする条例（議会基本条例など）を定めて議会運営を行うことである（後述するように、地方自治法改正（第１０２条の２）による通年議会（通年期制）には不可欠な定例日まで条例で定めていないことには注意）。通年議会を運営しているのは、北海道白老町が最初で、その後、宮城県蔵王町、北海道福島町、千葉県長生村、神奈川県開成町、熊本県御船町、長野県軽井沢町、同県小布施町と続いている。市では三重県四日市市議会が実践している。都道府県では、長崎県議会（その後廃止）、茨城県議会がはじめた。定例会数を2回、それぞれの会期日数を長くして年間２４０日程度とした三重県議会は、２０１３年から通年議会とした。また、後に検討するように、地方自治法第１０２条の2に基づくものも（通年期制・通年会期制）新潟県柏崎市議会などで行われている。

この通年議会は、「議会の監視機能の更なる充実・強化を図り、議会が主導的・機動的に活動」するためであり（白老町議会）、「議事運営の弾力的、効率的な運用によって議会の機能強化を図る」ためである（三重県議会）。

このようにいうと、年間を通して毎日議会が開催されているような印象を受ける読者もいるかもしれない。しかし、制度化された通年議会は、従来の定例会の期間（四日市市議会の用語では「定例会月」、一般に3月、6月、9月および12月）に集中して開議する。それならば、従来の議会運営と同じではないかという疑問を持つかもしれない。しかし、新しい議会運営の試みであることは確かである（表参照）。

まず、制度上の「欠陥」を埋める意味がある。その一つが専決処分の是正である。議会は常に生きているのだから、専決処分は事実上なくなる。地方自治法を素直に読めば専決処分は議会が成立しないときや議決しないとき以外、あり得ないとはいえ(注1)、実際にはいまだ行われているからである。

もう一つは、議長に招集権がない制度的欠陥を、運用で是正することができることである。執行機関とは別の機関である議会の招集権は、いまだ首長が持っている。通年議会では一度招集されれば、議会はその後自主的に開議することができる。会期を4月1日から3月31日までと規定した福島町議会では、議会の招集日は決まっているのだから、町長がわざわざ招集する必要もなくなっている。自主的に開議できる通年議会によって、災害時にも議会は積極的に対応できる。

こうした制度上の「欠陥」の是正にとどまらず、新しい議会を議会内外、とりわけ住民にアピールすることになる。その一つは、議会が常に活動していることをアピールすることである。定例会と定例会の間、議会は死んでいるとは言わないが、存在しない(委員会活動は可能)。通年議会は、いつでも対応できる体制を創った。議会側に会議開催の

表　通年制導入の意義

| 事項 | | 定例会・臨時会 | 通年議会 | 備考 |
|---|---|---|---|---|
| 専決処分 | | 有 | 無 | 制度上の相違（通年議会は災害時等でも議会側で開議可能） |
| 首長の議会招集権 | | 有 | 無(実質上) | |
| 議会運営の手法 | 常に執行機関との善政競争 | △ | ○ | 通年議会に不可欠ではないが、志向している。なお、執行機関をできるだけ呼ばないことなどに配慮している。 |
| | 住民参加（参考人・公聴会等の重視） | △ | ○ | |
| | 議員間の自由討議 | △ | ○ | |
| 議会の姿勢（地域経営のかかわり） | | △（会期ごとの断片的思考） | ○（1年、あるいは4年の思考） | |

注：△は可能であるが、実際には議会改革を進めている議会を除いて行われていないこと、○は現在導入している議会が志向していることを示している。

出所：江藤俊昭「地方議会改革における通年議会の位置―通年議会は地方議会活性化の切り札になるか―」（『月刊都政研究』2012年6月号）

イニシアティブがあり、機動力と監視力をアップさせる。常に活動できる体制になれば、議会は緊急事態に対応できるとともに監視力もアップさせることができる。

このことと関連して、集中的に議会を開催するとはいえ、「通年」で議会運営を行う共通認識が醸成される。議会の存在意義である議員間討議の時間の確保、参考人・公聴会などの住民の広聴機会を挿入することが不可欠であるという意識を広げる。これらは従来の定例会・臨時会制度でもできないわけではない。しかし、定例会という会期の限定があることを意識すれば充実した議会を創り出すのはなかなか困難である。通年議会はその意識を払拭する意味がある。

これらによって、議会の姿勢（地域経営のかかわり）を大きく変えることになる。定例会・臨時会の運営は、会期ごとの断片的思考を培ってしまう。それに対して、通年議会は、1年（さらに後述するように任期4年）の思考に基づく運営を目指すことになる。まさに、機関競争主義の作動である。

## ❖通年議会と通任議会❖

通年議会の徹底によって、通任議会の発想が広がる。1年間にとどまらず、任期の4年間を念頭に置いた活動を目指すことになる。三重県議会は、機関競争主義を作動させるために、すでに通年議会に匹敵した活動を行っている。その審議会である議会改革諮問会議（会長＝筆者）は、さらなる充実のための方策の一つとして通任議会（通任期制）を視野に入れた議会活動を提起している（11頁の図参照）（注2）。

「1年間の議会活動スケジュールだけでなく、議員任期の4年間を通して具体化を図っていくことが重要となります。

例えば、県内全域で議会報告会や市町議会との交流・連携会議を実施しようとした場合、地理的に広い県域を有する三重県では、1年間で全ての圏域を回るのはかなり難しいのではないかと推察されます。そこで、2～4年間のサイクルで、全域をカバーできるようなスケジュールを検討する必要があるでしょう。また、これと合わせて、議会活動の中心的な役割を果たす各常任委員会の委員任期を従来の1年間から2～4年間とするなど、議会スケジュールと連動した見直しをすることも重要となります。

さらに、三重県議会が2005年にまとめた『二元代表制における議会の在り方』最終検討結果報告書の中で、中長期的な視点に立った新しい『政策サイクル』（議会による政策方向の表明（Plan）→政策決定（Decide）→執行の監視・評価（Do-See）→次の政策方向の表明（Plan））を概念的なものからより具体的なものにしていくためには、単年度での議会活動だけでなく、4年間を見据えた議会活動を考慮しておく必要があります」という指摘である（注3）。

地域経営に責任を持つ議会を目指すとすれば、議員任期全体を視野に入れた活動が重要になっている（注4）。

## ❖❖通年議会慎重論の誤解❖❖

通年議会の開催にあたって、誤解や検討すべき論点がある。まず、その誤解の解消からはじめよう（注5）。

### ① 執行機関との緊張感が薄れるという誤解

誤解の一つは、通年議会では定例会の節目がなくなることで、緊張感が薄れるというものである。しかし、現時点の通年議会は従来の定例会月に集中的に審議している。そもそも、機動力や監視力をアップさせた議会は、むしろ執行機関との緊張感を高める。議員間討議の時間の確保、参考人・公聴会などの広聴機会を挿入する時間の確保を目指した議会が通年議会を開催している。これらを十分に行うのは執行機関と政策競争するためである(注6)。

### ② 行政職員の業務量の増大を否定的に捉える誤解

たしかに、通年議会開催に伴って、執行機関職員の業務量の増大も懸念されている。三重県では、業務量の増大が意識されている(通年議会とほぼ同様に運用していた二会期制の場合の評価)。議会関係業務にかかわったことのない職員を含めた全体でも、業務量の増大を意識している職員は30%程度だが、現在担当している職員では73%、以前担当していた職員では54・7%と過半数を超えている。問題は、その評価である。業務量の増加の「趣旨は理解でき仕方がない」と考えているのは、現在担当している職員は29・0%、以前担当していた職員は15・2%である。それに対して、業務量の増加が「県民への行政サービス等にも影響がある」と考えているのは、現在担当している職員は44・0%、以前担当していた職員は39・5%と問題として受け止めている職員の割合の方が圧倒的に多い(注7)。

執行機関が議会のための仕事量が増えるのは、機関競争主義の作動にとってむしろ当然である。議会への対応は執行機関の説明責任を果たす上で第一級のものである。さらに、議会の新しい作動によって政策競争が行われることは住民福祉の向上につながる。このように理解すれば、議会対応は邪魔なものではなく、積極的に受け入れるべきである。もちろん、どこでも入手できる資料の提供要請や基礎的な質問を差し控えるなど、議会も節度をもって対応することは当然である。

### ③ 議場への出席義務による職務の支障という誤解

首長等が恒常的に議場に呼び出されることによって執行業務に支障をきたすという誤解もある。「議会への出席を求められる執行機関について、その職務遂行に支障が生じないように配慮すべきである」という誤解というか、余計なおせっかいも聞かれる（第29次地方制度調査会「今後の基礎自治体及び監査・議会制度のあり方に関する答申」２００９年）。後に検討するように、条例に基づき通年期制が可能となる地方自治法改正が行われた。それに伴って、執行機関は議長の要請があれば議会に出席しなければならないが、「ただし書」が挿入されている（地方自治法第１２１条）。つまり、「出席すべき日時に議場に出席できないことについて正当な理由がある場合において、その旨を議長に届け出たときは、この限りでない」というものである。

これらは、議会が執行機関抜きに議員同士で議論するという議会の存在意義を実践しようという時に、誤解に基づく条文となっている。執行機関が議場にいるのは、議長が要請しているためであり（地方自

表　会期の見直しにかかる現状認識（単位%）

| | 業務量は増加したが趣旨は理解でき仕方がない | 業務量が増加し県民への行政サービス等にも影響がある | 会期等が見直されたが、業務量は以前とあまり変わらない | 分からない | その他 |
|---|---|---|---|---|---|
| 現在担当 | 29.0 | 44.0 | 13.0 | 6.0 | 8.0 |
| 以前担当 | 15.2 | 39.5 | 19.3 | 21.1 | 4.9 |
| 経験なし | 6.8 | 16.6 | 31.1 | 42.7 | 2.8 |
| 計 | 9.5 | 21.9 | 28.1 | 37.0 | 3.5 |

注1：三重県議会「三重県議会及び議会改革にかかる職員アンケート」（2010年実施）（http://www.pref.mie.lg.jp/KENGIKAI/katsudou/shimon/tyousa/04syokuin-anke.pdf）より作成。
注2：「担当」は、議会関係業務にかかわる者をさす。

治法第121条)、通年議会の試みは議員同士の議論を重視するところにその真髄がある。議長による要請は最低限度とすることを条例に明記している議会もある（北海道栗山町議会等）。むしろ、執行機関抜きで議会が動き出したら、それこそ執行機関が不安になるのではないだろうか。よい意味での情報交換が必要になってくる。

## 通年議会の促進のための課題

通年議会を採用する際には、議会運営上検討すべき論点もある。以下、確認しておこう。

### ①　一事不再議の限定

一事不再議は、同一会期中に一度議決した事件（議案）については、その会期においては再び議決しない、というものである。通年議会を選択した場合、この会期中である1年の間は議決された事件を再び提出できないことになる。状況の変化等により、再び提出する必要が生じる場合はある。そのためには、事情変更の原則の採用、あるいは会期中でも「定例会月議会」である6月、9月、12月、3月（2月）（また、1年間の会期の決定や議長・副議長等の役員選出等を行う首長により招集される5月に開催される開会議会）を過ぎれば可能とする原理の採用が必要である。会議規則改正により可能となる。

### ②　従来の臨時会のような議会（「緊急会議」など）の開催手続

議会としては、会期中なので、議長の権限で議会が開催される（三重県四日市市の場合は「緊急会議」）。それに対して、首長からの「緊急会議」開催要請の担保が必要となる。後述するように、地方自治法改正による通年議会でも首長からの会議開催の請求権を認める（「議長は、当該請求のあつた日から、都道府県及び市にあつては7日以内、町村にあつては3日以内に会議を開かなければならない」（地方自治法第１０２条の２第7項））。従来の通年議会でも、同様な権限は明記すべきである。

### ③ 議長権限の明確化

通年議会では、議長権限が大幅に強くなる。定例会月議会を別として、議員の要請に基づき開議することになる。その場合、議長が無視する可能性はゼロではない。それを是正するために、議員による開議請求を条例、会議規則で規定することも必要である。こうした制度改革と同時に、議会の指導者として民主主義的な議長を選出する選挙のルール化（立候補制と所信表明など）が重要である（注8）。

### ④ 文書質問を活かす

文書質問は閉会中に行われることが想定されるが、通年議会の場合、形式上閉会はない。その可能性について検討しなければならない。文書質問を考える上で、議会と執行機関との関係は議場で言論を主とすること、また文書質問を政策形成・監視機能を高める目的で挿入したとしても公開をすることを原則とする必要がある。いくつかの議会の議会基本条例には、文書質問が挿入されている。自覚的に政策提言機能や監視機能を高めるためである。文書質問への回答に基づき開議中の質問に活かそうとしている。公開の場ではないことから透明性に問題があるが、文書質問とその回答は議会だより等で公開する。大量の文書質問によって執行機関の活動を停滞させる危惧もあるが、現実的には多くの質問があるとは思われない。その危惧が強いのであれば、「ただし、正当な理由がある場合において、その旨を議長に届け出たときは、この限りでない」といった文言を議会基本条例、会議規則に挿入することも考えてよい。

北海道福島町議会では、文書質問を制度化している（国会の質問主意書制度を参考）。この制度について、福島町議会では、執行機関の事務量の増大を考慮することとともに、文書質問と回答を公開している。また、文書質問を活用してよりよい一般質問とすることも意識している。

## 従来の通年議会と自治法改正により可能となった通年期制

通年議会を採用する議会は広がっている。これは、定例会・臨時会という、これまでの会期制を前提とするもので、定例会を1回にして通年とすることである。一般に1回の定例会は、国会の常会のように集中的に審議し表決し、その後は閉会となることが想定される。今日広がっているのは、定例会・臨時会の規定（地方自治法第102条）を逆手に取りながらの通年議会の採用である。

こうした動向とは別の通年期制（通年会期制）を採用できる根拠が地方自治法改正に盛りこまれた。ここで指摘した「別の」という表現には注意していただきたい。この点を議論する前に、通年期制開催にかかわる地方自治法2012年改正を概観しよう。

① 自治体の議会は、条例で定めるところにより、定例会及び臨時会とせず、毎年、条例で定める日から翌年の当該日の前日までを会期とすることができる（地方自治法第102条の2第1項関係）。
② この議会は、条例で、定期的に会議を開く日（以下「定例日」という）を定めなければならない（地方自治法第102条の2第6項関係）。

③　自治体の首長は、通年期制を選択した議会の議長に対し、会議に付議すべき事件を示して定例日以外の日において会議を開くことを請求することができる（地方自治法第１０２条の２第７項関係）。

④　この場合、議長は当該請求のあった日から、都道府県及び市にあっては７日以内、町村にあっては３日以内に会議を開かなければならない（同項）。

この改正の中には、二つの方向、いわば二つの議員像が混在している。正確にいえば、二つではなく、主軸があり、それとは異なる方向も可能と理解した方が妥当である。「地方議会の会期のあり方の見直し（基本イメージ）」（注９）の新制度の要点は次のとおりである。

i　定例会・臨時会の区分はなく、一般選挙後30日以内に首長が議会を招集するほか、招集行為は行わない。

ii　会期は、原則として、条例で定める日から翌年の当該日の前日までと法定する。

iii　条例で、定期的に会議を開く日（定例日）を定める（必要に応じ、定例日以外に随時開催も可）。

iv　首長等が出席できない正当な理由を議長に届けた時は、出席義務を解除する。

運用イメージとして、「毎月第２水曜日、18時から20時まで」が例示され、括弧の中には、「予算・決算については、2～3月、10～11月に集中審議→定例日を集中的に規定するか委員会付託」と明示されている。

## 地方自治法改正による通年期制の射程と課題

新制度によって、今日試みられている通年議会と同様に、専決処分や首長の議会招集権の問題を是正できることは了解できる（58頁の表を再度参照）。しかし、議会運営の手法（執行機関との善政競争、住民参加、議員間の自由討議）や議会の姿勢といった議会改革の志向は一致するかどうか定かではない。重要なことは、新制度がまさにアメリカ合衆国の大規模自治体以外の多くの議会などをイメージしていることである。これは、当初、地方行財政検討会議によって検討され、第30次地方制度調査会でも引き続き検討されてきた論点である。総務省原案では、通年の会期にあたって、次のことが考慮されていた。

○通年の会期とは、1月中において条例で定める日から翌年の当該日の前日までを会期とするもの。

○通年の会期を選択した場合、議会は会議を開く定例日（毎月1日以上）を条例で定める。一方、首長は随時会議の開催を請求できることとする。

○首長等の議場への出席義務については、定例日の審議および議案の審議に限定。

新制度のイメージと総務省原案では、相違がある。新制度のイメージ（地方自治法改正）では、会期の最初を1月中とすること、定例日を毎月1日以上とすること、が削除されている。それにもかかわらず、条例で定期的に会議を開く日である定例日を規定しなければならないという原案のイメージを継承している。

地方自治法改正の根拠となっている第30次地方制度調査会「地方自治法改正案に関する意見」（2011年12月15日）でも、「この方式を選択する途を開くことによって、議会運営の方式の選択肢が広がるのみならず、より幅広い層の住民が議員として参画し易くなることにつながるものと考えられ、その制度化を図るべきである」としている。この文脈からすれば、アメリカ合衆国の市町村の多くの議会のイメージを踏襲しているといえる。まさに夜間開催のボランティア議会の誕生である。なお、「意見」では、幅広い層が議員になるために労働法制改正の必要性を示唆しているが具体策はまったくない。

今日試みられている通年議会は、機関競争主義を作動させるためである。昼間にしっかりと調査・審議する議会を想定するのであって、ボランティア議会はとても採用できない。ここに議員像の分岐がある。

とはいえ、通年議会を採用している自治体が、この地方自治法改正を活用できないわけではない。新制度の目的の一つは条例で定例日を定めることで「住民にとって予見可能性のある形で会議が開かれるようにする」ことである。議会活動の透明性から、この点は一考に値する。

また、今日行われている通年議会と新制度を連結することもできる。新制度の運用のイメージでもすでに指摘したように「予算・決算については、2～3月、10～11月に集中審議→定例日を集中的に規定するか委員会付託」となっている。定例日を集中的に規定することも可能であり、定例会月会議を設けることは十分できる。ただし、この場合、条例で定例会月会議の日を定めなければならない。

もちろん、地方自治法改正の規定では縛りがきついと判断し、従来の定例会・臨時会に基づく定例会の回数を年1回として、通年の会期とすることは可能である。

## 住民自治から考える通年議会の射程

通年議会は、機関競争主義を作動させる一つの手法である。もちろん、すべての議会が通年議会を採用すべきだと断言することが筆者の目的ではない。たとえば、議会改革を進めた北海道栗山町議会は、通年議会を採用してはいない。定例会を中心に集中して議論するとともに必要に応じて臨時会を開催する。臨時会の開催にあたっても、議員からの招集請求（定数の4分の1）も議長の招集請求（議会運営委員会の議を経て）も議員同士の顔が見える議会だからこそ容易である。また、閉会中も委員会がそれぞれ競争しながら積極的に活動している。通年議会を採用する必要を感じないだろう。議会の活動日数は100日近くになっており、形式は異なるが通年議会の運用とも考えられる。

また、すでに指摘したように、福島県会津若松市議会は、定例会・臨時会という従来の会期制の下で、「議会からの政策形成サイクル」を実践している。長野県飯田市議会も同様である。どちらも、住民との意見交換会を起点として議員間討議を充実させ、それに基づき執行機関と競争する。閉会中でも、委員会（会津若松市議会の場合、それに類似した政策討論会分科会）が充実した活動を行っている。通年議会が議会改革に不可欠だとは断言できない。

とはいえ、議会が恒常的に議会主導の政策サイクルに主体的にかかわるとすれば当然、従来の定例会制の再検討に進む。その新しい議会運営の試みとして通年議会（および通年期制）を高く評価しておきたい。また、通年議会は議会事務局の充実や議員報酬の限界を意識することになる（注10）。

議会改革が通年議会を生み出し、それが地方自治法改正の契機となっている。自治は一朝一夕には進まないとしても、着実に進む。今日、まさにそれが急激に進んでいることを実感できる。

（注1） 2012年の地方自治法改正の一つは、専決処分が議会で不承認になった場合の対応を方向づけたことである。専決処分は例外であることの確認と、それが不承認になった場合には法的効果は変わらないという解釈を変えたこと（何らかの方策をとることが明記されたこと）である。

（注2） 通年議会と地方自治法改正による通年期制も、選挙後の最初の議会（臨時議会）が招集されれば、次の選挙まで続く議会とする通任議会（通任期制とでも呼べる）にも連動する（『読売新聞』2010年10月25日付夕刊）。ただし、それだけでは、三重県議会が目指す通任期制と趣旨が異なる。

（注3） 三重県議会議会改革諮問会議『「三重県議会における議会改革のさらなる取組」—改革度No.1議会の次への展開—（三重県議会議会改革諮問会議最終答申）』、2011年。

（注4） 通任議会は一般的には会期制ではなく「議会期制」（議員期制、立法期制など）の文脈で理解されている。しかし、日本では通年議会も通任期制も会期制の中の1バージョンとして理解されている。地方自治法改正の通年議会は、1年間連続して定例日を明確に設定するという意味で明らかに議会期制の流れであるが、1年間という会期を決めているという点で会期制を維持している。

（注5） 執行機関と議会との関係の誤解に限って検討する。議員自身が、地元住民との接触時間がとりにくくなり、住民の声を吸収することに支障が生じるという誤解もある。この点については、住民参加と議会との関係を考える際に検討することにしたい。

（注6） 2010年3月から通年議会を開催している長野県小布施町の町長は、「閉会中の間は解放されたような感じがあったが、通年議会になったことで町、議会とも緊張感が生まれた」と評価している（『信濃毎日新聞』2012年10月22日付）。なお、この「通年議会」の特集では、「活発化の実感乏しく」という指摘もある。

（注7） 三重県議会議会改革諮問会議、前掲答申書。

（注8） 江藤俊昭『自治体議会学』（ぎょうせい、2012年）第6章参照。

（注9） 総務省資料。たとえば、植田昌也「地方自治法の一部を改正する法律について」（『地方議会人』2012年11月号）参照。

（注10） 通年議会や議会からの政策サイクルに、役務の対価を原則とする議員報酬はなじまない。成果を重視し、年俸制を意識した議員歳費（北海道福島町議会）などへの名称変更を採用する時期が来ている。

# 議会「報告会」からの脱却

## 住民参加における議会の位置

議会からの政策サイクルを実践する際の基礎知識として、ここでは、住民参加（協働）を考えたい。議会からの政策サイクルでは、住民参加が起点になるとともに、政策サイクル全体にわたってそれが張りめぐらされることの重要性を強調してきた。

議会が住民参加にかかわる際、二つの視点から検討する。一つは、議会自体の住民参加の視点である。地方政治は国政と異なり、常に住民参加が必要である。一般に住民参加は行政が想定されるが、議会も住民参加を積極的に採用することが重要である。もう一つは、行政への住民参加に議会がどうかかわるかという視点である。今日、急展開している行政への住民参加の動向を確認しながら、その課題を抽出し、議会のかかわりを考えることになる。

ここでは、まず議会の住民参加を確認する。議会が単に住民参加を積極的に行うだけではなく、議会自体がフォーラムとなることを強調する。

## 議会「報告会」からの脱却

### ① 議会報告会の課題

議会への住民参加は、徐々にではあるが、広がっている。法制度として規定されている、たとえば参考人、公聴会を充実させ、請願・陳情を議会への政策提言としてしっかり受け止める議会は増加している。こうした制度の活用に加え、議会への住民参加も実践されている。附属機関とともに、議会報告会を想定するとよい。議会報告会は、一般に宮城県本吉町（現・気仙沼市）で行われたことに端を発し、初の議会基本条例（2006年）を制定した北海道栗山町議会で行われた（2005年）ことで全国に普及したといわれる。

議会報告会は、議会基本条例などで規定されて実践されている。今日、その課題も浮き彫りになってきている（注1）。課題の一つは、議会報告会の「報告会」の意味である。住民にとって、議会は執行機関と住民福祉の向上のためにどのように政策競争したかに関心がある。それもせず、単に「このような活動をしてきた」といった報告では、議会・議員の自己満足に過ぎない。この議案が可決されたと報告するだけでは、行政報告会、首長の懇談会と何らかわらない。

### ② 議会「報告会」からの脱却

従来の議会の「報告会」からの脱却が必要である。そのためには、しっかり議会運営を行い、執行機関と政策競争することが前提となる。逆にいえば、そうした政策競争をやらざるを得ないようにするのが、議会報告会である。議会基本条例に規定していても義務化（年1回以上、少なくとも年1回）していないものは、このことを理解していない。

栗山町議会は、議会基本条例制定時の議長も事務局長もいない新しい体制で2012年3月の議会報告会に臨んだ。筆者はその2か所に参加したが、資料も実際の報告も行政報告と差異がないと感じた。しかし、やはりこの自治体には、議会改革の伝統（DNA）がある。その議会報告会で、直接住民から「これでは町政報告（行政報告会）と同じではないか」「議会報告会の特色を出すべきだ」といった意見が出ていた。それを受けて、議会報告会の期間に行われた議員懇談会では、「やり方を根本的に見直すべきだ」という意見が議員から出されていた。そして、議会報告会の内容を報告した『議会だより』（第132号）では、「議会報告会のあり方を見直します」としている（注2）。

これを受けて、翌年の議会報告会（2013年3月実施）の資料では、議会が重要議案（交流プラザ条例＝指定管理者、自治基本条例、総合計画の策定と運用に関する条例など）にどう対応したかが明記・報告されている。議会での議論の論点が明確になり、議会報告会の意味を再確認し復権させた。これは、議会改革の伝統とともに、議会報告会が義務化されていることによって水準低下を住民が許さない装置として機能していることを示している。

議会「報告会」からの脱却のもう一つの方向は、単なる「事後」情報の提供・報告からの脱却である。結果のお知らせ情報は意味がないわけではないが、まずもって政策情報を提供するとともにそれによって討議を巻き起こす機会の提供が必要である。

もともと、議会報告会は、二つの意味を合わせ持つ。「報告」という広報機能だけではなく、「監視・政策提言の起点」という広聴機能である（福島県会津若松市議会や長野県飯田市議会などについては、主に24～36頁参照）。このように、議会報告会（あるいは住民との意見交換会）は、議会からの政策サイクルの起点である。それだけではなく、中間報告を素材に住民と語る場として、また議会として取り組んだ成果の報告の場の役割も担っている。

## 「フォーラム」としての議会を

「議会報告会」という名称の広がりは、住民と歩む議会に舵を切るものとして重要であった。しかし、議会の住民参加の今後を考えた場合、そろそろ変更することも考えてよい。団体等とも自由に討議することを強調する一般会議（栗山町）、議会との意見交換を重視する意見交換会（会津若松市）、住民と気軽に議論する井戸端会議（山梨県昭和町）、地元を強調した「市民と議員でゆんたくさびら！」（那覇市）、テーマを設定して住民と討議する市民議会（岩手県滝沢市、議会基本条例を２０１４年1月施行。市民議会（第８条）のほか、議会報告会（第9条）、市民懇談会（第10条）、政策討論会（第11条）が設置される）、など力点の置き方の相違からさまざまな名称が考えられている。議会と住民参加の独自の機能や名称を再考する時期に来ている。

議会報告会（住民との意見交換会）は今日、公共施設、公民館、自治会館等に議員が出向いて行われている。住民に身近な場で行うことは、住民が気軽に参加でき、議会を身近なものにするという意味で重要である。しかし、本来は議会本体で行う必要がある。議場をより開放的にすること、したがって陳情者・請願者と議員の意見交換や重要議案での公聴会の開催や参考人制度の活用など既存の制度を充実させたり、委員会を出向いて行うことなどである。そのことが議会を「フォーラム」として位置づけることになる。

本書で強調している機関競争主義は、たしかに議会と首長等との政策競争を構成要素としている。しかし、これに不可欠なのは、むしろ住民参加である。今日、その政策競争を忘却して「対立の激化」を強調したり、その表裏一体なものであるが、首長支援議員の多数派による議会の追認機関化を肯定する議論もある（首長主導型民主主義）。これでは、マニフェストの重視（市場競争型民主主義）や、白紙委任の重視（エリート競争型民主主義）のために、住民参加は軽視される。また、議会と首長との政策競争は理解しつつも、住民参加を軽視・否定する実践も行われている。なお、機関競争主義を理解しない従来の議会と首長の地域経営も同様に、住民参加には消極的である。住民、議員、首長等が住民福祉の向上のために集い討議し、最終的には議員が議決する場として議会を再定義する必要がある。

議会は、多様な住民代表が集う合議体である。したがって、住民の意見を早めに察知するアンテナの感度は高い。その意味で、個々の職員や縦割りの組織が担う行政よりも、議会の方が住民参加は向いている。筆者は、協働型議会（２００1年）や機関競争主義という用語を使って、新たな時代の民主主義の道筋を示すことを試みているが、これはなにも筆者が最初ではない。代表的な論者の議論を確認しておこう。

松下圭一氏は、議会は立法機構以前に「市民のヒロバ」であることを早い時期に強調している（注3）。議会を「情報・意見の集約機構」として位置づけつつ、議会は次の課題を有しているという。①政治争点の集約・公開、②政策情報の集約・公開、③政治家の訓練・選別、④首長・行政機構の監視、⑤政策の立案・

改定・評価（立法・提言ならびに予算・決算）――である。その上で、「議会は市民の⑤立法機構である以前に、まず①②③④の意味で市民のヒロバ」であることを強調している。

議会は、間接民主主義の機関だけではない。住民自治の時代に中央集権制時代に忘れ去られていた討議の広場、市民のヒロバ、フォーラムとして議会を「復権」させていこう（詳細は第3章）。

（注1）議会報告会の広がりによって、「参加人数が少ない」「参加者が固定化する」といった課題が指摘されている場合もある。根本的には、議会の権限を議員も住民も自覚することが解決になる。当面は、広報や自治会等との共催など運営の改善とともに、本文で指摘するように、議会の「報告会」からの脱却が必要である。

（注2）「今後の議会報告会のあり方についてさらに見直しを行い、議決に至るまでの論点、争点など審議内容をわかりやすく伝えていく」と今後の方向性を議会として示している。

（注3）松下圭一『自治体は変わるか』（岩波新書、１９９９年）。それ以前に、寄本勝美氏は、監視機能や政治争点の集約・審議機能のほかに、利害の建設的調整および優先順位づけ機能とともに、議会は「住民参加を期待し、参加のもろもろの可能性を引き出す姿勢と努力を示すべきである」と提案している（西尾勝・大森彌・新藤宗幸・寄本勝美『自治行政要論』第一法規出版、１９８６年）。

# 総合計画をめぐる住民参加と議会

## 行政への住民参加の進展

これから、今日急展開している行政への住民参加に議会がどうかかわるかを考えていこう。深化している行政への住民参加に議会がどうかかわるかというテーマを、「議会」の特徴を念頭に置いて考えていく。結論を先取りすれば、行政への住民参加によって議会が蚊帳の外に置かれている状況への消極的対応ではなく、「住民自治の根幹」としての議会が多様な視点から、住民参加を評価し活用することの意義を確認したい。

まず、総合計画への住民参加に議会がどうかかわるかについて焦点を絞って考えることにする。地域経営の軸として実効性ある総合計画の策定、それとの議会のかかわりの重要性（議決事件の追加等）については、すでに指摘している。

今日、従来の充て職だけの総合計画審議会の答申を踏まえた策定とは異なる新しい試みも実践されている。たとえば、無作為抽出の2000人アンケート調査後に、希望を募った住民による討議型の意見聴取を踏まえて総合計画を練り上げた神奈川県藤沢市の実践（2010年、討議型世論調査）がある。また、東京都三鷹市では基本構想の見直しと第3次基本計画策定にあたって全員公募の組織（みたか市民プラン

21会議）を立ち上げ、それを中心に総合計画を練り上げた（1999～2001年）。そのほぼ10年後、第4次基本計画の策定にあたって、さまざまな住民参加の手法を多層的・多段階的に配置し実践している（2010～2012年、アンケート、パブリック・コメント、ワークショップ、市民討議会、地区別懇談会など）(注1)。総合計画への住民参加も新しい段階にある。

## ❖住民参加の課題――総合計画を中心に住民参加を統合❖

今日、自治体では住民参加は当然として受け入れられ、さまざまな手法が開発され、さまざまな分野で実践されている。個別計画策定の際には、審議会やパブリック・コメントなどは必須となっている。各自治体の個別計画策定をめぐる審議会での議論は膨大なものになっている。全体を把握している職員や議員はどれくらいいるのであろうか。総合計画が地域経営の軸として位置づけられ、それが個別計画と連動するのであれば、むしろ、多様に実践されている住民参加は総合計画の策定と評価に重心を移すべきである。つまり、総合計画の策定と評価を中心とするように住民参加戦略を練り直す必要がある。広域的・高次的な視点から総合的な計画行政を行うための指針である総合計画を中心に住民参加を配置し、さまざまな個別計画、地域別計画への住民参加と連動させるのである。

## ❖総合計画をめぐる住民参加を進める議会の課題❖

### ① 住民参加の中心に総合計画の策定と評価を位置づける

地域経営の軸である総合計画を主要なターゲットとして議会が活動することはいうまでもない。同時に、住民参加の中心に総合計画の策定と評価を位置づけなければならない。そのためには、総合計画を議決事件に追加し自治体計画に位置づけるだけではなく、その策定にあたって、広範な住民参加の採用を明確化する必要がある。

たとえば、多治見市市政基本条例や草津市自治体基本条例では、総合計画策定を義務づけるとともに、その構成（基本構想・基本計画・実施計画など）や、住民参加による策定という手続を明記している。「総合計画は、市民の参加を経て案が作成され、基本構想と基本計画について議会の議決を経て、策定されます」（多治見市市政基本条例第20条第4項）という条文はその一例である。

北海道栗山町では、総合計画策定を義務づけた自治基本条例を策定した。「最上位の計画として総合計画」を規定（栗山町自治基本条例第10章）するとともに、「検討段階から適切な方法で町民の参加機会を提供」する事項の最初に総合計画の策定・改定があげられている（同条例第21条）。それを受けて「栗山町総合計画の策定と運用に関する条例」（総合計画条例）を制定して、その構成や策定にあたっての策定手続を規定している（どちらも2013年3月議決）。この総合計画条例は、そもそも議会が総合計画策定の義務化とその際の住民参加の手続を定めた議会案（2010年）を町民参加の具体化を明示せずに、つまり「後退させて」まとめたものである。議会がそれを議決したことにより、最終的な条文と議会案との乖離を住民に説明しなければならない。とはいえ、策定手続の最初に「町は、総合計画の策定に当たっては、その過程を明らかにするとともに、町民の意見を反映させるため、広く町民の参加機会を保障します」（総合計画条例第9条第1項）と規定していることなど、全体的に見て、住民に開かれ住民参加を充実させながら地域経営を進めようとする意欲は見て取れる（注2）。

## ② 行政への住民参加の多様な手法を「監視」する

総合計画策定にあたっての議会のもう一つの役割は、総合計画を住民参加の中心にしているか、その配置が的確かどうかを監視することである。行政への住民参加、より具体的には、基本計画策定にあたって多様な住民参加を活用したことはすでに指摘した。

後に検討するように、今日脚光を浴びている抽選制と討議を要素とする市民討議会などのミニ・パブリックスでも課題はある。そのテーマは個別であり、開催期間は短期である。したがって、地域経営にとって個別のテーマや重要なテーマは対象として選択できるが、地域経営全体を対象にしたり、総合計画全体のようなテーマにはなじまない。

また、「手を挙げる行為こそは、自発性、権利性、開放性、対等性に基づく市民社会の実質化に不可欠な要素であろう。参加には、多様な方式があってよく、それらの組み合わせを考えつつも、公募を軸に市民の自発性を促し、市民自治を一層充実させたい」という視点から、参加方式の多様性を踏まえて、住民参加の多様性と総合性を組み合わせることの重要性が指摘されている。つまり、「問題は、公募か無作為抽出かといった二者選択ではなく、複数の参加方式を時間軸と計画相互の間でいかに組み合わせるかという、経験と洞察に基づく制度設計上の課題」がある（注3）。東京都武蔵野市の長期計画にかかわった経験からの提起である。ミニ・パブリックスの手法の一つである市民討議会の開催や、5分野51本の計画にあたっては公募住民も参加しているが、長期計画本体の策定委員会には、6人の大学教員、2人の副市長、それに公募市民1人が加わっている。この公募市民は、全員公募の「武蔵野市の将来を考える市民会議」から選ばれている。

総合計画とかかわる個別計画の策定ならば、さまざまな手法が実践されるべきであろう。しかし、総合計画をまとめあげるには、優先順位や財政を考慮しなければならない。そのために専門的な知識と長期の期間が必要になる。さまざまな新たな参加手法を政策過程上どのように配置するか、そしてそれを住民に明らかにすることが重要となっている。

多様な住民参加を行政は実践している。総合計画を中心にすることとともに、多様な住民参加手法がその特徴を踏まえて適切に配置され、実践されているかどうかを常に反省することが必要である。行政自身も必要であるが、行政への住民参加を「外から」総合的な視点を持って議会が評価・監視し、さらに提案することも必要である。

総合計画をめぐる住民参加の手法を政策過程にしっかりと位置づけるとともに、多様な住民参加を的確に配置する議会の役割を強調した。これは、すでに何度も指摘している総合計画サイクルに議会が主体的にかかわるための住民との懇談会（審議会委員等と所管委員会との意見交換会、参考人制度・公聴会制度の活用）をより充実させるためでもある。行政への住民参加を充実させることは、議会への住民参加をより豊富化することになる。

（注1）『広報みたか』２０１２年４月29日号（号外、第４次基本計画・個別計画特集号）参照。

（注2）「多様な方法で町民の参加を推進」（総合計画条例第９条第３項）をあげ、解説では、そのことについて多様な手法を列挙するとともに、公平性の確保を強調している。また、「町民参加の目的と論点の明確化、参加の対象者の明確化、場所の設定、意見等を出しやすい手法の工夫など、町は常に創意工夫を重ねる必要があります」と説明している。

（注3）西尾隆「公募市民・市民委員方式の再評価」『地方自治職員研修』２０１２年５月号。

# ミニ・パブリックスの登場と議会

## ミニ・パブリックスの台頭

今日、従来とは異なる住民参加の手法としてミニ・パブリックスが広がっている（注1）。それには、さまざまな方式が開発されているが、「ミニ・パブリックス」という用語のとおり、「社会の縮図」を作り上げようとすることでは共通しているし、そこにこの真髄はある。そのために、裁判員制度のような無作為抽出方式（抽選制）が採用される。とはいえ、裁判員制度のような強制力はなく、あくまで自由意思に基づく参加になる。また、その縮図のメンバーが討議（熟議、deliberation）を行うことに積極的な価値を見出している。なお、それらのメンバーにより提言を出すかどうかは手法によって異なっている。

従来の審議会方式では、充て職（自治会連合会、ＰＴＡ、地域の経済団体等からの推薦）＝行政から見える住民の参加が一般的であった。この方式では、若者や女性、新住民がなかなか入りにくく、関心ある積極的住民も対象外となることが多かった。

そこで、最近では公募制が広がってきた。意見を積極的に提言する住民の参加である。従来、政策過程に登場しない住民（積極的住民）の声がインプットされる。ノイズィ・マイノリティという揶揄もあるが、選考基準の不明確性も指摘されている。そもそも、公募しても応募がないため、結局行政から見える人に頼んで応募してもらうこともある。ともかく、積極的住民が政策過程に登場できる公募制は広がってきた。

ただし、これらではどうしてもサイレント・マジョリティ（声なき多数派）の意見が表出されにくい。そこで考案されたのがミニ・パブリックスである。この手法は、審議会、あるいはまちづくり委員会（考える会）などのような半年を超える制度ではない。諸外国の事例の紹介も進んでいる。これらを参考に日本でも、ミニ・パブリックスが実践されている（表参照）。

これらの自治体はミニ・パブリックスの手法だけを採用しているわけではないことを強調しておきたい。従来の住民参加のさまざまな手法を併用している。どれか一つが万能というわけではない。ここに、議会がかかわるポイントがある。

なお、本来「社会の縮図」は議会が体現しなければならない。抽選制を原則とするミニ・パブリックスは「縮図」を創り出すものとして、脚光を浴びている。その射程を確認しておこう。

## ミニ・パブリックスの課題

ミニ・パブリックスは、今日の住民参加の新たな手法である。社会の縮図による討議が重視される。この限界と課題を探ることが必要で

表　ミニ・パブリックスの手法の比較

| | 討論型世論調査（ディリバレイティブ・ポール） | コンセンサス会議 | 市民討論会（プラーヌングス・ツェレ） |
|---|---|---|---|
| 発祥の地 | 米国 | デンマーク | ドイツ |
| 日本での初実施 | 2009年 | 1998年 | 2005年 |
| 参加者 | 数十～300人 | 15人程度 | 数十～100人 |
| 日程 | 1～2日 | 4～5日 | 2～4日 |
| 内容 | グループ討論と専門家との質疑を重ねて、意見の変化を探る。合意は求めず。 | 科学技術に関する専門家と市民との対話を経て市民提案を作成する。 | 5人程度の小グループ討論を繰り返し、市民提案を作成する。 |
| 取りまとめ | アンケート結果を公表 | 報告書を作成・公表 | 報告書を作成・公表 |
| 日本での事例 | 神奈川県、藤沢市 | 北海道・農水省 | 三鷹市、各地の青年会議所 |

注：「フォーカス　行政への市民参加に新手法」『日経グローカル』206号（2012年10月15日号）の表（「日本での事例」等）に加筆。

あり、議会がそれにどうかかわるかを確定する必要がある。まず、課題を確認しておこう。

### ①「社会の縮図」の内実と住民

社会の縮図を考える上での射程を考えておきたい。ミニ・パブリックスは、どれも社会の縮図を目指している。とはいえ、前述のとおり、強制力はなく、市民討議会のように、報酬といった経済的動機づけがあるものもあるが、どれも自発的参加が基本である。したがって、案内状を送りつつも、それに応えない住民も多数存在する。社会の縮図を目指そうとしても、実際にはそうなっていない。

とはいえ、この「案内状」により、関心を持ち討議に参加しようという住民がいる。従来、住民参加とは無縁あるいは疎遠だった住民が参加することは社会の縮図とはいえないまでもそれに近づく重要な機会を提供している。また、討議に参加することによって、住民は地域に関心を持ち自治意識は高まる。その意味で、社会の縮図としてミニ・パブリックスを高く持ち上げることには問題はあるが、逆に低く評価することはない。

### ② 討議の揺れ

ミニ・パブリックスの手法の肯定的評価の要素に討議がある。また、住民投票にあたっては、情報提供とともに、住民間での討議の必要性、ポピュリズムに対抗するためにも住民間での討議が必要である。たしかに、住民間での討議は民主主義の基盤である。

今日、熟議による合意を高く評価する議論が広がっている。しかし、討議型民主主義の台頭に際して、合意を目指す志向は少数者の排除につながるという批判も行われていた。また、討議の実証分析によると、同質集団が閉鎖性を強めると異論の排除に走るという「集団極化」を招くことが指摘されている。また、社会の縮図を目指しても、「遠慮」などが働き、討議の効果が妨げられる（注2）。

このように、討議によって必ずしも「正解」が得られるわけではない。また、住民投票のような二者択一的発想を脱却する、あるいはポピュリズム的思考を脱却するはずの討議自体が誘導される危険性も指摘されている。市民討議会は、公平・公正さが重要であることはいうまでもない。行政単独開催の場合、この点に問題が投げかけられている。「本来行政そのものが市民に監査されるべき対象であり、市民参加の主催者となることが難しい存在である」からである。今日広がっている行政と青年会議所との共催（実際は実行委員会）でも、「事実上行政が主導を握り、青年会議所や他の市民の意見がなかなか通らない実行委員会もあったし、行政側が自分たちの意見を押し通すために青年会議所のメンバーを非公式に呼び出し、事実上の圧力をかけてきた」という事態もある（注3）。

こうした場の設定の際の問題点とともに、実際のミニ・パブリックス（無作為抽出型事業仕分け）に際しての誘導の危険もある。つまり、「行政職員が提供する情報のみで判断するということは、たとえ、操作する意図がなかったとしても、情報が限定されることにより、結論が一定の方向に導かれてしまう危険性が否定できない」ということである（注4）。

## 住民参加と議決責任

ミニ・パブリックスを中心に最近の住民参加手法の動向と課題について確認してきた。今日広がっているミニ・パブリックスは住民自治にとっての意義はあるものの課題もある。議会は、すでに指摘した多様な行政への住民参加自体が的確に導入されているか、誘導はないかどうか「外から」評価・監視する役割がある。ミニ・パブリックスだけではないが、その公平・公正さの保障として議会が積極的に「監査的な役割」を担うべきとの提案もある。住民参加でも､行政評価で行われているような外部評価が重要である。「せめて、それが叶わぬのであれば、二元代表の一翼を担う地方議会が監査的な役割を果たしてはどうか」という指摘もある(注5)。議会が検証し、問題があれば改善提案を、問題がなければ、そのことを署名入りで報告するというものである。

同時に、そもそもミニ・パブリックスを含めて多様な住民参加の手法ごとに、得意なテーマがある。それらが恣意的ではなく、よりよい地域経営を行うために戦略的に配置され、さらにその住民参加による提案が行政の政策に的確に反映されているかどうかが問われる。議会は、独自な住民参加手法を開発するとともに、この監査的な役割を積極的に果たす必要がある。

ミニ・パブリックスの課題を踏まえて政策過程に位置づけ、多様な住民参加の中に的確に配置する際の議会の役割を検討した。これは、すでに何度も指摘しているように政策サイクルに議会が主体的にかかわるための住民との懇談会（審議会委員等と所管委員会との意見交換会、参考人制度・公聴会制度の活用）をより充実させるためでもある。

（注1）　篠原一編『討議デモクラシーの挑戦――ミニ・パブリックスが拓く新しい政治』（岩波書店、2012年）、篠藤明徳『まち

づくりと新しい市民参加』（イマジン出版、２００６年）、『とうきょう自治』№82（特集　参加と民主的合意形成）、『地域開発』№５７４（特集　公共政策と市民討議）参照。

（注２）討議に多くの問題があることを指摘する論者もいる（キャス・サンスティーン、郡須耕介編・監訳『熟議が壊れるとき――民主政と憲法解釈の統治理論――』、勁草書房、２０１２年）参照。このことは多数派の声にかき消される少数派の声を登場させる際の梯子ともなるという積極的な側面もある。

（注３）小針憲一「市民討議会の課題と可能性」『地域開発』２０１２年７月号（vol.５７４）38頁。

（注４）長野基「自治体事業仕分けと無作為抽出型市民参加」『地域開発』２０１２年７月号（vol.５７４）53頁。

（注５）小針、前掲論文、39頁。なお、小針氏は、市民討議会について質問されている議会の議事録を読むにつけ「的外れなものが多く」、「ぜひ、市民参加について積極的に関わっていただき、議会の存在意義を広く市民に知らしめていただきたい」という提案もしている。

# 自治体内分権の急展開と議会

## 自治体内分権の進展

自治体内分権は、平成の市町村合併を契機に広がっている。地方自治法や合併特例法といった法律に基づくもののほか、三重県名張市、同県伊賀市など独自の設置もみられる（合併をしていない名古屋市でも地域委員会が設置された）。一般に「自治体内分権」（「地域内分権」「域内分権」）と呼ばれている。自治体内分権は、都市的ではない地域も含む一般的用語として用いられている。自治体内分権は、地域協議会などの住民参加組織とともに、地域自治区の事務所（区長設置）や支所が置かれ、そこにある程度権限が移譲されるとともに、その住民参加組織を支援する役割を担っている。

広がりを見せてはいるものの、地域自治区の廃止も進行している（合併特例区は、二〇一四年度ですべて廃止）。「地域の一体感が生まれない」といった自治体内分権の意義をほとんど理解していない理由による廃止も多い。廃止は2012年2月までに北海道士別市など15にのぼっている（今後増える見込み）（注1）。

支所機能は、災害対応の拠点機能の役割でも、また身近な行政サービスの提供やコミュニティの維持においても高く評価されている（注2）。それにもかかわらず、市町村合併後の支所・出張所等の活用方法の見直しでは、この評価と逆行した動向となっている。見直しを行った市町村は36・8％（全体・580合併自治体）である。見直しを行った市町村では、総合支所方式を採用する市町村の割合が59・9％から23・0％に減少する一方、窓口サービス中心の支所方式を採用する市町村の割合が5・5％から34・6％に増加している（総務省「支所・出張所等の活用方法の見直し状況について」２０１３年）。総合支所方式の激減、窓口サービス中心の支所方式・出張所方式の増加が見て取れる。広がっている総合支所における職員の減少を考慮すれば、自治体内分権の充実にはほど遠い。

これらの動向を考慮すれば、合併後の自治体内分権の充実も厳しい状況である。しかし、住民自治を進める上ではさらにバージョンアップを図るべきである。

## 地域協議会の新たな役割

地域協議会（地方自治法や合併特例法を用いない独自の場合、まちづくり委員会、地域委員会など名称はさまざま）は、首長の諮問に対して地域課題を提案・具申したり、独自の提案を行う役割を担う。

地域協議会にはもう一つの役割が期待されるようになった。たとえば、従来、新潟県上越市では、地域協議会は首長に対して提言・提案することを主な役割としていた。２０１１年度から、地域活動支援事業として地域自治区ごと（全28地区）に総額2億円（予算額の1％）が分配された。その活用を地域協議会が決める。まさに、首長の諮問機関から住民代表としての役割にシフトしている（現在も首長の諮問機関）。これは上越市に限ったことではない。

宮崎市では、地域自治区それぞれに地域協議会が設置されるとともに、そこと密接な関係を有している地域まちづくり推進委員会が組織されている（任意組織であるが全地域で設立）。この地域まちづくり委員会が提出する事業計画を地域協議会が承認する（約８０００万円）（注3）。地域まちづくり委員会は、自治会、商工会・振興会、ＰＴＡ、老人クラブ、ＮＰＯなどと密接な関係を有している。自治会だけではないことに留意してもらいたい。

同様に、長野県飯田市では地域自治区ごとに地域協議会が設置されるとともに、自治会等の再編でまちづくり委員会が組織されている（両者ともに自治基本条例に規定）。パワーアップ地域交付金（毎年度1億円）は、各まちづくり委員会に交付され、そこで使途が決められている。飯田市の場合、地域協議会ではなくまちづくり委員会が決定している。

それぞれの地域の動向を踏まえて首長が地域協議会委員を委嘱する。地域の意向を尊重するために、公募公選制（準公選制）を採用する自治体も登場した（上越市）。後述するように、その委員を公募し、それぞれの定数を超えたときにのみ選挙を行うというものである。しかし、第1回の公募の際以外、それぞれの地域協議会の定数を超えていないために、選挙は行われていなかった高田区で11年ぶりに選挙になった（２０１６年）。選挙にならない理由の一つに、「挫折感」があげられる。「自分の意見が市政に反映されていると思うか」という問いに、地域協議会委員の24％は「思う」と答えているが、それよりも多い33％は「思わない」と答えている。地域協議会での議論が、市政に反映されていないことで「挫折感」が広がり公募に消極的となる（注4）。理由のもう一つに、市議会や町内会組織との役割分担の不明確さがあげられる。それが「できている」29％に対して、「できていない」は41％にのぼっている。従来は、旧町村の住民の声を届ける「議会の代わり」の性格を持ち、地域協議会委員も旧町村議員がなることも多かった。次第に、それが薄れ、町内会長が委員を務めることが増えたために、町内会と地域協議会との役割分担が曖昧になっていることもあげられている（注5）。

## ❖地域課題の提案を議会に❖

議会は、自治体内分権の意義を理解し、その充実を提言すべきである。飯田市議会は、自治体内分権を明記した自治基本条例を自ら提案し可決している。また、上越市議会は、自治体内分権を規定した自治基本条例制定過程において、自治体内分権にかかわる事項を含めた積極的な提言を行っている。

その上で、制度化された場合の議会の役割を考えておこう。まず、地域の課題を提言する地域協議会との関係についてである。地域協議会委員の委嘱は首長によって行われ、地域協議会からの提案は首長に向けられる。首長はそれを参考にして政策形成を行う。

しかし、多様な意見を調整するのは合議体が適している。正統に選挙で選ばれた議員によって構成される議会が地域協議会からの提案・具申を受け取ってもよい。また、議会は地域協議会委員との意見交換会を恒常的に設けてもよい。これらを議会からの政策サイクルを回す際の参考として大いに活用すべきである。首長の委嘱によって成立している地域協議会であっても議会は遠慮する必要はない。

もう一つはコミュニティの意思決定の役割を担う地域協議会との関係である。今日、包括的補助金の割り振りにかかわるようになっている。すでに指摘した「立ち位置」の変化である。今後の課題ではあるが、都市計画のゾーニングの同意権などを勝ち取れば、その正統性問題が浮上する。それは地域協議会委員の選ばれ方である。現在、法定の地域協議会を採用するのであれば、委員は首長の委嘱が前提となっている。それは首長による正統性付与はあるものの、地域住民が承認しているかは別問題である。多様な人材を委嘱する度量が首長には求められている。

正統性をより強固なものにするには、準公選制（選挙を行ってその結果による委嘱）が妥当であろう。上越市の準公選制は正確には公募公選制であり、公募によって定員を超えた場合にのみ選挙が行われる。定員を超えない場合には、公募者とともに定員に満たない人数を首長が委嘱する。公募という契機はあるものの、首長に正統性の権限がある。

議員は、実際には地区代表となる場合がある。とはいえ、議員は全住民の代表として動かざるを得ない。それぞれの地域協議会に影響を与えるのは論理的にいえば妥当ではない。しかし、議員は地域のリーダーである。それぞれの地域協議会メンバーとの交流は、すでに指摘した地域からの提案においても、またコミュニティの意思決定においても中心的な役割を果たしてよい（注6）。もちろん、その場合でも「口利き」活動ではなく、透明性を前提として、地域課題を全行政区の課題、つまり個別課題を公共の課題とする役割を果たすべきである。

自治体内分権が進展すれば、議会はより広域的な視点で活動する地域ビジョン構想者として登場することになる。その意味で、自治体内分権は議会改革を進めるベクトルになる。

（注1）『日経グローカル』２０１２年10月15日号（２０６号）（特集／住民自治は進化したか）。総務省「地域審議会・地域自治区・合併特例区一覧（平成27年4月1日現在）」も参照していただきたい（地域審議会89自治体、地域自治区（地方自治法に基づくもの）１４０自治体、地域自治区（合併特例法に基づくもの）25自治体）。なお、合併して約10年後（２０１３年度）に新たに地域自治区を設置した自治体もある（愛知県新城市、２００５年）。

（注2）第30次地方制度調査会第28回専門小委員会「資料２　基礎自治体について（「平成の合併」後の課題）」。なお、第30次地方制度調査会答申では、大都市制度改革についての文脈であるが、自治体内分権の系譜である「都市内分権」が括弧が付されているとはいえ、採用された。

（注3）当初（２００９年4月）、宮崎市では地域コミュニティ税（市民税に1人５００円上乗せ）を創設していたが、2年で廃止された。

（注4）『新潟日報』２０１２年3月2日付。なお、２００８年1月31日、2月1日付の同様の調査では、「思う」29％、「思わない」42％、と「思う」者以上に「思わない」者が増加している。

（注5）三浦一浩「上越市の地域協議会は『岐路に立っているのか』」（『月刊自治研』２０１２年4月号）に詳しい。

（注6）地域協議会の決定事項がいままで以上に重くなれば、その正統性が問われる。そこでは選挙が想定される。とはいえ、地域協議会だけの選挙は、コスト・労力を考えれば現時点では妥当だと断言するわけにはいかない。そこで、選挙区を設置しそこで選出された議員が地域協議会委員の全員あるいは一定数を担うことも想定してよい。

# 住民自治の豊富化に連動させる議会

## 住民自治の進展を議会改革に引き寄せる

今日、議会は「住民自治」を拡充・強化するべく、議会自体に住民参加を取り入れている。その代表例は、急激に流布している議会報告会である。本書では、議会報告会などの意義とともに、その課題を確認した。議会への住民参加をさらに進めるためである。また、議会報告会などの「出前」だけではなく、参考人・公聴会制度の活用、請願者・陳情者に意見を聞く場の提供など、議会本体への住民参加の必要性も強調した。

同時に、すでに指摘したように行政へのさまざまな住民参加の手法が開発されている。これらは住民自治を拡充・強化する試みである。「住民自治の根幹」としての議会は、それと無縁であってはならない。単なる理念の問題だけではなく、議会からの政策サイクルを創り出す上でも重要だからである。地域経営の軸としての総合計画へのかかわりの重要性を指摘するとともに、住民参加の最近のトピックとしてミニ・パブリックスと自治体内分権を取り上げ、それらと議会のかかわりについて確認してきた。

パブリック・コメント、タウン・ミーティングなどはいまや当然なものとなった。これらは誰にでも開かれ開放的ではあるが、討議性や熟議性が欠如している。最近の審議会では充て職中心から公募制、そして抽選制（市民討議会）も採用されている。充て職は、地域団体推薦が多く地域に根ざしているとはいえ、新住民や女性が参加しにくい。また、公募制は積極的な住民の声は通るが、消極的な住民の声（サイレント・マジョリティ）は届きにくい。そこで、抽選制が脚光を浴びている。とはいえ、この抽選制も裁判員制度のような参加の強制力はない。従来、行政に参加していない住民の参加機会の提供としては重要ではあるが、抽選制がイメージする効果とは異なる。また、市民討議会の重要なポイントである討議でさえ、運用を間違えれば「極端化」したり、行政による誘導の危険性もある。従来の住民参加の手法も新しい手法であるミニ・パブリックスにもそれぞれ課題がある（表1参照）。

今日行政には住民参加は多様に配置されているが、その配置が適切かどうかに、議会は関心を持たねばならない。また、それらの住民参加方式ごとに住民の意見は異なる。住民の意見を尊重することを前提としつつも、住民の意見の多様性を踏まえてそれらが公平に行政の政策過程に反映されているか、議会はこれらについて別の視点から行政を監視することも必要である。さらに踏み込んで、議会自体が行政に参加している住民との意見交換をしたり、すでに指摘した議会自体に住民参加を組み込むことが必要となる。提起された住民の意見を議会

表1　住民参加の方法の比較

| | 代表制（全体の意思を反映しているか） | 開放性（誰にでも開かれているか） | 討議性（意見交換の機会はあるか） | 熟慮性（基礎情報を基に考えられた意見か） |
|---|---|---|---|---|
| 住民説明会 | × | ○ | △ | △ |
| パブリック・コメント | × | ○ | × | △ |
| 世論調査 | ○ | × | × | × |
| 百人委員会 | × | ○ | ○ | ○ |
| 審議会（含公募制） | △ | △ | ○ | ○ |
| 討論型世論調査などのミニ・パブリックス | △ | × | ○ | ○ |

注:「フォーカス　行政への市民参加に新手法」『日経グローカル』206号（2012年10月15日号）の「表1　市民参加の方法の比較」に加筆。

が受け取り、監視や政策提言に生かすことになるが、ここでも住民の意見は多様であることを認識すべきである。この多様な意見を踏まえて議員間討議を行い、最終的に議会として自治体の意思とする議決を行う。ここに議会の存在意義がある。

場当たり的な住民参加の活用を超えて、議会自体が最終的な討議空間として再生することが必要になる。まさに議会はフォーラムとして登場する。

## 住民投票における議会の役割

議会と対立的に考えられることの多い住民投票にも議会の重要な役割がある。住民投票実施「時」あるいはその条例制定「時」といった政策過程における「点」としてではなく、住民自治を豊富化するために、政策過程全体の中に位置づけることが必要である。リコールや市町村合併特例法に基づく合併協議会設置をめぐる住民投票は法律に定められている（法定）。それ以外の住民投票は条例に基づくものであり、したがって諮問型住民投票である。この「諮問型」を導入すれば政策過程が完結するわけではないことを意味している。つまり、住民投票は住民の意向を確認はしているが最終的な自治体の判断は議会の議決である。場当たり的な住民投票を回避することは当然ではあるが、住民投票を単独で考えるのではなく、地域経営全体の中で考えることが必要であり、その重要な役割の多くの部分を議会が担わなければならない。

住民参加にも課題があると同様に、住民投票にも課題はある（注）。情報や住民間の討議が不十分である場合には、住民は感情に流されやすいことは常に指摘されている。また、そもそも住民投票に不可欠な二者択一の決定方式によって住民の意向が正確に表出されるかどうかという根本的課題もある。つまり、住民投票に不可欠な二者択一に単純化した場合の住民の意向と、世論調査における複数回答や順位づけ回答（点数づけ、ボルダ方式）方式を採用した場合の住民の意向の結果が異なることがある。

このような住民投票の限界を念頭におけば、住民投票を実施する場合、情報の提供や住民間の討議が適切に配置されているかを提案し監視することが必要である。それを担うのは議会である。同時に議会自体が討議空間とならねばならない。多様な場で議論することが必要ではあるが、正統に選挙された議員によって構成されている議会がその重要な役割を担わなければならない。住民投票過程における議会の役割を考えよう（表2参照）。

簡単に表を説明しておこう。左欄が住民参加の中に住民投票を位置づける際の留意事項であり、それを踏まえた議会の役割を右欄で確認している。左欄の住民参加の中に住民投票を位置づけるがゆえに、他の住民参加方式と同様に情報提供と討議空間が重要となる。その上で、争点化される場合に、住民投票が行われる場合と、行われない場合（行

**表２　住民参加の一環としての住民投票**

<table>
<tr><th colspan="2">住民参加の中に住民投票を位置づける</th><th>議会の役割</th></tr>
<tr><td colspan="2">〔前提〕<br>①十分な情報提供　②さまざまな場での十分な討議空間</td><td>ⅰ議会が独自の情報提供<br>ⅱ左欄の前提の監視</td></tr>
<tr><th>争点化された場合</th><th>義務的レファレンダム</th><td></td></tr>
<tr><td colspan="2">〔恒常的な住民参加〕<br>①多様な住民参加の配置　②配置の妥当性の検証</td><td>ⅰ議会としての住民参加<br>ⅱ多様に配置されているか、その配置が妥当かの監視</td></tr>
<tr><td>〔争点化〕<br>α議会と首長が対立する場合<br>→議会あるいは住民が住民投票を発議<br>β議会と首長が同一で対立がない場合<br>→住民が住民投票を発議</td><td>義務的に実施<br>（執行機関が実施しない場合議会が発議）</td><td>〔住民投票運動期間〕<br>ⅰ情報提供と執行機関の情報提供の監視<br>ⅱ討議空間の創出</td></tr>
<tr><td colspan="2">〔決定〕<br>住民参加の意向、住民投票の結果を踏まえて、議会で討議し決定</td><td>フォーラムとしての議会を創り出し、議決に責任を持つ<br>→説明責任をともなう</td></tr>
</table>

注：本表の義務的レファレンダムは、地域経営にとっての重要事項（市町村合併等）を条例に明記するとともに、それを議論し議決する場合には、かならず住民投票を実施しなければならないというものである（条例に基づいた諮問型住民投票なので最終的に議会が議決、制定している自治体はない）。

われなくともよい場合）がある。後者でも多様な住民参加が配置される必要がある。前者では、それらを踏まえて住民投票が行われるが、だれが発議するかが重要である。また、市町村合併など自治体にとって重要事項を条例で規定し、それを議決する前には必ず住民投票を実施するという、いわば義務的レファレンダムも必要である。こうした手順を踏んで、そしてこれらの意向を踏まえて最終的には議会がしっかり討議をして議決することになる。つまり左欄の住民参加の中に住民投票を位置づけることに議会はまず主導的に動くことである。そして議決責任は議会にあることを再確認すべきであり、その役割を担う。

（注）　江藤俊昭「住民投票による住民自治の拡充・強化――住民投票を住民参加の一環に」『ガバナンス』2013年5月号参照。

# 住民と議員との討議による政策提言

これまでフォーラムとしての議会の必要性を提案してきた。議会は正統性を有する公共空間として、住民、議員、首長等が集い討議する場である。これを活性化させるためには、まず住民間の討議の場が広がらなければならない。行政主導のワークショップなどの試みも広がっているが、それだけではなく、住民と議員が自由に討議する雰囲気を広げ、その手法を双方がそれぞれ会得しなければならない。

しかし、結論を先取りすればフォーラムとしての議会は、この水準にとどまるわけにはいかない。課題設定や議決という重い責任を負わなければならないからである。とはいえ、住民と議員には開かれた議論の経験はほとんどない。そこで、住民と議員との気楽な討議空間としてのワールド・カフェやワークショップの実践を紹介しつつ、フォーラムとしての議会の課題を探ることにしたい。これらは、住民とのコミュニケーションのハードルを低くする手法の一つである。住民と議員の「よい関係」＝信頼関係を創り出すとともに、そのアイデアを活用できるという利点がある。

## ❖❖住民と議員の垣根を低くする❖❖

### ① 住民との討議は怖くない

福岡空港に隣接する福岡県志免町《しめまち》では、住民と議員が「もっとよい関係」を築くための場が設定された（2012年10月28日）。両者が垣根を取り払い、気軽に議論しアイデアを出せる場としてのワールド・カフェという手法が採用された。住民が自主的に学ぶ「まちづくり志民大学」の呼びかけに議員が応えて実現したもので、議員（14人）の約半数が参加した。「志民と議員とのもっとよい関係」を考える場であった。議員からの一方通行的な議会報告会には満足しない住民からの要請でもあった。

ワールド・カフェは、次のような特徴を持っている。少人数（6人以下）で議論する。議論にあたってはよく聴く、否定はしない、アイデアをつなげる、などを原則としている。ある程度議論したら、一人を残して（母国）、それ以外の者はばらばらに他のテーブル（外国）に移動する。新たなテーブルでは、母国での議論の紹介からはじまる。各テーブルの上に置かれた模造紙に、議論した内容がメモされているのでそれも理解に役立つ。ここでも新たなテーマが設定されて討議が行われる。何回かこれを繰り返した後、最後に最初のテーブルに戻り、それぞれの旅の「思い出」を紹介しつつ、テーマに沿ったアイデアをテーブルごとに、2枚（あるいは3枚）の紙に簡潔にまとめる。それを会場の前にまとまりごとに貼り出し、アイデアを共有する（ラッピング）。

住民と議員は、自由で充実した討議の時間を共有した。テーマは「議員と語ろう」であって、政策課題ではない。まず、地域経営にとって重要な議会・議員を知り、より良い関係を築くことが目的であった。議員活動の現状を住民が理解するとともに、議員は住民と「平場」で自由に話せることを実感した。包括的な解決が目的ではなく、現状を知りながらより良い関係を築くアイデアを出し合った。最後のまとめでは、「ここに出席していない議員こそ問題だ」といった発言も住民から出された。また、議会が住民アンケートを取っていないという現状を踏まえて、議会が住民の意見をもっと取り入れる必要性も強調された。

ワールド・カフェの手法は、一方的な報告の場になっている、行政の説明会との違いがわからない、参加人数が増えず特定の人だけが参加する、といった議会報告会の問題点のすべてといわないまでも、そのいくつかは解決できるものである。また、議会の広聴機能を有効に作動させるための一つの手法になる。

### ② 政策提言につなげるワークショップ方式

住民と議員が、特定の分野で意見交換をして現状と課題の共通認識を持つ試みも行われている。岩手県滝沢村議会議員と滝沢村ＰＴＡ連絡協議会との懇談会は継続して行われてきたが、２０１３年8月28日の懇談会では、初めてワークショップ方式を採用した（それまでに3回開催）。滝沢村ＰＴＡ連絡協議会28人と滝沢村議会議員10人（注）が参加した。「これからのＰＴＡ活動に対する夢」をテーマに教育の現状と課題の共通認識を両者が持った。

ＰＴＡ連絡協議会は「日常感じているＰＴＡ活動の課題等について情報交流することを通し、ＰＴＡ活動の活性化を目指」すことを目的としている。議会は、住民の声を聞く仕組みとして位置づけている。

3回目までは、全議員が参加して2グループに分かれて、それぞれ意見交換を行っていた。地域や家庭で努力すべきことも行政に要望するかのように議会に要望されていた。それが4回目では、従来の発想を変え、ビジョン志向、未来志向で課題を両者が共有し展望を探ることを意図した。

全体会（開会、挨拶、自己紹介、説明等）、ワークショップ（夢を語る、夢を叶えるためには何が必要か、それを実現させるためには、何が問題なのか）、各グループの発表、総括としての感想発表、という手順となっている。各ＰＴＡ会長が、これまでの経験をもとに、ＰＴＡ活動の活性化のために日頃感じている考えを語った。

ワークショップ形式での懇談会は、これまで経験がなかったので双方とも不安を抱えていた。しかし、「夢を語ることから実現のための戦略、戦術について意見交換をしたので全体として想いを共有できた」「要望的なものがなかったので、目に見える形でのフィードバックはないが、持続的にＰＴＡ連絡協議会が取り組んでいくテーマを探ることができた」という。そして、なによりも「各グループともとても盛り上がり、よい雰囲気で終わることができた」。こうした感想が寄せられた。

従来は、学校とＰＴＡの二者の一体性が強調されていたが、住民と議員のワークショップ方式によって、両者のほかに地域を加えた三者の一体性が重視された。今後の課題として、地域と学校とＰＴＡが共有すべき夢（ビジョン）とそれを実現するための役割分担などが確認されている。また、懇談会を中心にＰＴＡと議員との継続的な連携の必要性も確認された。

## アイデアの出し合いから政策提言へ

ここで紹介した住民と議員の開かれた自由な討議空間の創出の試みは高く評価されてよい。住民は、議員が自治の重要な担い手であること、その議員が同じ住民であることを討議しながら認識する。他方で、議員はさまざまな住民の声を、支持者という狭い枠を超えて直接聞くことになり、地域政策を考える上での豊富な素材を得ることができる。懇談会をさまざまな団体、中学生・高校生、子育て世代の団体などに広げることは必要である。そうすれば、住民と議会との垣根は非常に低くなるであろう。

とはいえ、前述のとおり、議会はワールド・カフェにとどまるわけにはいかない。議会間の討議とその後の決定が残っている。単なるブレイン・ストーミングやアイデアの出し合いで終わってはならない。このワールド・カフェのファシリテーター（加留部貴行氏や山口覚氏）は、取り留めのない会話から、アイデアを出す対話、そしてその後の決定をともなう議論があるという。

議論には、自由な空間が必要であるが、思いつきではなく、政策の連鎖を意識した討議と決定も必要である。議会には、「驚くべき権限」が付与されているからである。アイデアのない議論では、創造的な活動はできないが、アイデアの出し合いで終わるわけにはいかないのが議会である。今後、議会でも地域政策に結実するようなテーマに絞ってワールド・カフェやワークショップなどが試みられてよい。住民と議員が、特定の分野で意見交換を行い、現状の問題点や課題を共有することは重要である。これは議会からの政策サイクルの重要な要素となる。これを前提とした議会からの政策サイクルの意味と課題を次章で考えることにしよう。

（注）内訳は、議長、副議長、総務教育常任委員会委員、議会運営委員会副委員長および広聴広報常任委員会委員長である。なお、滝沢村は２０１４年１月１日の市制施行により、滝沢市となった。

# 第3章

# フォーラムとしての議会

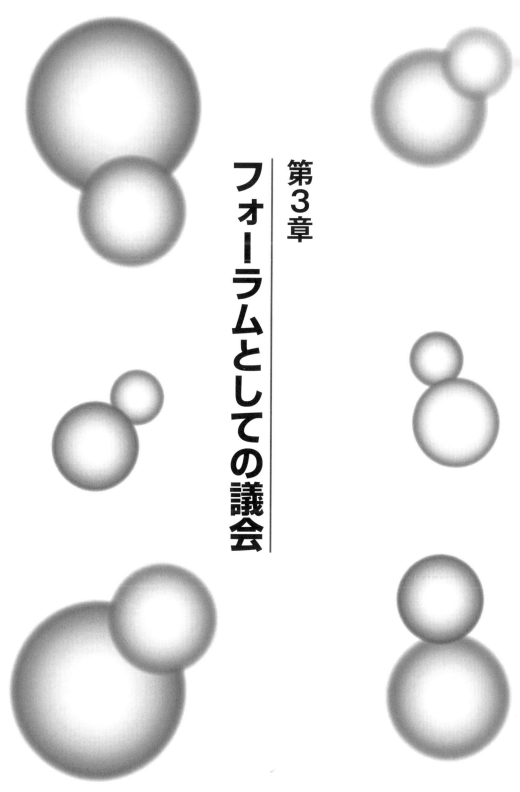

# 議会本体への住民参加の充実

## ❖議会本体への住民参加の現実❖

議会報告会のような出前の議会は身近な議会を創り出す上で重要である。同時に、議場で行うことの意味を再度確認したい。それによって、議会からの政策サイクルは重層的になる。しかし、これらはこれまで有効に機能していなかった。参考人制度の活用は、徐々に拡大してきているが、公聴会制度の活用はいまだ少ない。市議会では、参考人制度156議会（19・2％）、公聴会制度2議会（0・02％）といった状況である（注1）。

公聴会制度の活用の少なさを踏まえて、「議会は、公聴会を歓迎していないのではないか」とまで言われている。委員会条例で定めている開催方式が面倒だからである（注2）。委員会がその開催の是非を決めるが議長の承認を受ける、開催が承認されれば日時、場所、意見を聴く案件等を公示する、また公述人は意見を述べたい応募者から委員会が選任する（賛成反対の数の均衡を考慮）、という手続が必要である。公聴会開催のためには少なくとも3か月を要する。

また、請願・陳情の手続は一般的には会議規則に明記されている。実際の請願は委員会に付託するといってもその委員会ではほとんど議論されていない。陳情は全議員にコピーを配布するだけの議会も多い。

いわば議会本体への住民参加は、「絵に描いた餅」程度の意味しかなかった。

## 議会への住民参加の進展

公聴会が頻繁に行われるようになれば、議会の審議は地域に即したものになるだろう。地方議会によって提出されたTPPをめぐる意見書が「通り一遍の内容」であるのに対して、たとえばニュージーランドのオークランド市議会の意見書の内容は「充実していて質が高い」。それは、後者がしっかりとした公聴会を開催しているからである（注3）。公聴会は、議会審議を豊かにする。

そもそも、公聴会は執行機関や住民を議会に呼んで説明や意見を聴き、それを踏まえて議員間で議論し議決するというアメリカの議会を参考にして制度化されたものである。執行機関だけを呼んでいるのは、議案のほとんどが首長から提案される現実があるからである。同時に、住民の声を聴かなくともよいという議会の思い上がりの一つの現れでもある。公聴会制度を採用した意味を再確認したい。この延長線上で参考人制度を考えるべきである。

また、請願・陳情も単に聞き置くだけのものではない。住民からの貴重な政策提言として位置づけること、そのためには請願者や陳情者からの意見を聴く機会を設ける必要がある。

最初の議会基本条例である北海道栗山町議会基本条例では、議会報告会の義務化や（少なくとも年1回、基本条例第4条第8項）、「一般会議」により町民が「議会の活動に参加できるような措置」を講じること（同条第2項）、町民、町民団体、NPO等との意見交換の場を設定して、議会・議員の政策能力を強化し、

「政策提案の拡大を図る」こと（同条第5項）とともに、参考人・公聴会制度の積極的な活用（同条第3項）、および陳情・請願を政策提言と位置づけ、その審議には「これらの提案者の意見を聴く機会を設けなければならない」ことまで（同条第4項）が明記されている（傍点引用者）。

開かれた空間としての議会を規定している議会基本条例などは広がってきた。

## 公聴会制度の活用を

手続上開催が難しいといわれる公聴会であっても「一度開催すれば、議員も事務局も手順に習熟していき、公聴会の開催はそれほど大事《おおごと》ではなくなっている」。埼玉県所沢市議会（人口34万人）は50年ぶりに、2009年に議会基本条例制定の際に公聴会を開催し（公述人7人）、それ以降、自治基本条例議会改革案（9人）、議員定数条例改正案（7人）などで連続的に行っている（注4）。意欲ある議会では可能である。議会からの政策サイクルを考えるときに、公聴会制度は次のように活用できる。

### ① 議案に対しての公述

議案（主な議案として設定することも考えられるが、住民からみた「主な」が欠落する場合もあるがゆえに、「すべて」）に対して事前に申し込んでおけば誰でも参加して公述できるとするものである。アメリカの地方議会の実践を踏まえた提案である（筆者の経験からすれば、通常の議会の中に公聴を組み込む場合と、別に設定する場合がある）。それを踏まえて、議員は議論する。

### ②　所管事務調査を踏まえた議会提案に対する公述

議会からの政策サイクルは、議会の広聴・広報機能を張りめぐらせることを強調してきた。公聴会は、その一環に位置づければよい。

議場（委員会室を含む）という場で、住民や、専門家（専門的知見の活用を含む）が参加して意見を述べ、首長等との質疑等とともに、それらを踏まえて議員討議し議決する。もちろん、議員も積極的に住民に語りかけてよい。まさに、議会から政策サイクルの充実である。

厳格さは求められるが、議会審議の活用が目的であるがゆえに、運用の改善も必要である。「ここはまるで被告席のようだ」という印象を受ける公述人もいる(注5)。所沢市の場合、意見陳述の後、議員からの質問時間（全体で30分程度）がセットされている。議員も慣れていないこともあり、執行機関への質疑と同様にしているからである。質問の手法を考慮する必要もある(注6)。同時に、恒常的に公聴会を配置すれば、住民も慣れて悪い印象は払拭できる。

参考人制度・公聴会は、従来は委員会においてのみ活用できる制度であった。2012年の地方自治法改正によって、本会議でも可能になっている。小規模議会で委員会を設置していない議会での活用が大いに期待できる。同時に、本会議はほとんどセレモニー化しているのでそれらを活用する意味を見出せないという見解もなくはない。しかし、今後は、本来議会は住民に開かれたものであるという法改正のメッセージをしっかりと受け止め議会運営を改革する必要がある。委員会を設置していない小規模議会ではすぐにでも、また小規模議会以外でも活用してほしい。

## 陳情・請願の有効性

栗山町議会の場合、請願・陳情の提出者は参考人として発言している（2003年から2013年までに9人）。こうした動きは広がっている。茨城県取手市議会基本条例は、陳情・請願を政策提言と位置づけることを明記するとともに、それらを提出した住民が要請すれば意見陳述が可能なことを明記している。「議会は、請願（請願の例により処理する陳情を含む。以下「請願等」という。）を政策提案として受け止め、常任委員会、議会運営委員会及び特別委員会（以下「委員会」という。）における当該請願等に係る質疑が終結するまでの間に請願等の提出者から発言の申出があったときは、特別の理由がない限り、委員会において提出者の代表の意見を聴く機会を設けなければならない。」（議会基本条例第5条第3項、傍点引用者）（注7）。

大幅な時間増への危惧も想定できる。一方、住民による最も重要な政策提言だとすれば、時間を惜しむことは本末転倒という意見もある。しかし、民主主義は永遠の討議に終始するわけにはいかない。ある時点の「決断」が必要である。これらの提言を政策提言として位置づけつつも、たとえば、質疑応答を含めて15分といったような発言の時間的な制約は承認せざるを得ない（アメリカの地方議会の事例を引き合いに出せば、5分程度もよくある）。一方的な発言ではなく、質疑答弁の挿入を提案していることには注意していただきたい。

取手市の場合、請願や陳情を提出した者のほとんどは発言している。5分の発言の後に議員からの質問を受けている。その時間制限の根拠は、申し合わせ事項である。参考人制度の活用から、基本条例制定以降、これを根拠に意見陳述を行っている。

なお、請願・陳情者だけではなく、傍聴者からも意見を聴くことを想定している。常任委員会、議会運営委員会及び特別委員会（以下「委員会」という）の「委員長は、傍聴人から発言の申出があった場合において、必要かつ適当と認めるときは、委員会に諮り傍聴人の発言を許可することができる。」（議会基本条例第5条第4項）。実際には、請願・陳情者からの意見陳述と関連して実施されることが多い。

（注1）全国市議会議長会『市議会の活動に関する実態調査結果平成26年中』２０１５年。
（注2）大森彌「公聴会制度を積極的に使うには（進め！地方議会）」『議員ＮＡＶＩ』Vol.39（２０１３年9月号）。
（注3）片山善博「自治体の政策実現力とミッション」『ガバナンス』２０１３年9月号。
（注4）江藤俊昭編著・自治体学会議員研究ネットワーク著『Ｑ＆Ａ　地方議会改革の最前線』学陽書房、２０１５年、44～47頁。
（注5）同右。
（注6）一方的な質問の場の改善も必要である。筆者は、公聴会の公述人になったことはないが、参考人として出席を要請されることも多い。その際、参考人は議員に質問してはならないと、釘をさされることがある。しかし、運用で参考人として質問することもあった。より議論が深められた印象を受けている。
（注7）「特別の理由がない限り」が明記されていることには注意していただきたい。意見陳述は権利であって義務ではない。意見を有しているにもかかわらず発言が苦手な者もいるからである。そうした住民からの意見提出を進める意味で「特別の理由がない限り」を挿入したことは画期的であり、義務化は慎重にすべきである。もちろん、障がいのある住民にはその程度に応じた支援が必要である。

# フォーラムとしての議会の要素

## 住民からの提起を実質的なものに

住民と議会の新たな関係は、公聴会の充実など議会本体の開放と、議会報告会など議会が住民の前に出向く場合の二つがあることを指摘してきた。住民と議会のもう一つの論点として、起点が住民側・議会側のどちらにあり、それが討議の場を創り出せるかというものがある。

まず、住民側を起点とする要請を議会としてしっかり受け止めることが必要である。その場合、住民からの要請を聞く場、意見交換会をする場の設定の義務づけが想定できる。条例の制定改廃の直接請求の代表者から意見陳述を受けることは法律で義務づけられている（地方自治法第74条第4項）。同様な方向としてすでに紹介した請願・陳情の代表者が委員会で必ず意見陳述できる制度も議会基本条例で設けられている。住民側からの提案を議会として討議の場に引き上げる制度である。

また、議会側を起点とする住民と議員との討議空間の充実も必要である。すでに指摘した議会報告会や住民との意見交換会は一般に議会側を起点とするものである。「少なくとも年1回開催」を議会基本条例等に規定するなど開催の義務づけは必要である。これにより住民と議員との討議空間は恒常化する。それとともに、住民から要請がある場合に、「必ず」開催することも制度化され実践されている。

たとえば、長野県大町市では、議会基本条例に「議会は、市民から意見交換会開催の要請があったときは、これに応じるものとする」ことを明記した（第13条第2項）。その結果、議会側からの意見交換会とともに、住民による要請で開催されている。議会主催の意見交換会は２０１１年から毎年6会場で行っている（10年は1会場のみ）。住民からの要請による意見交換会も開催されている（注）。

北海道栗山町議会は議会基本条例を初めて制定したことで知られるが、議会報告会の制度化がそのきっかけであったことはあまり知られていない。宮城県本吉町（現・気仙沼市）を参考にして始めた議会報告会の中で、住民から「ぜひ恒常的に開催してほしい」という意見が出た。同時に、その報告会の中で、「何か町に問題が起こったら、議長にこのような集まりを開催してほしいと言って、それができれば、きっといい町になるだろう」というある住民の意見を踏まえたものでもあった。

栗山町の場合、議会報告会は義務化されているが、住民からの要請による議会報告会開催は議会基本条例で明記されていない。その制度化は必要である。とはいえ、制度化以前に理念や実践が不可欠である。栗山町は、住民からの要請があれば住民と議員が意見交換をする「一般会議」で対応している。総合計画をめぐって総合計画審議会委員からの要請で開催した。これも住民側から討議の場を設定する制度である。

また、すでに紹介したように、福岡県志免町では住民の要請に議員が応えてワールド・カフェを行い住民と議会との垣根を低くした。２０１４年3月にも住民（実行委員会）の主催で、議長が議員に参加を呼びかけている。大きな前進である。住民の意向を議会として形にしようとしている一例である。このような住民と議会とのキャッチボールがフォーラムとしての議会の基盤となる。

フォーラムとしての議会、いわば住民、議員、首長等が集う討議空間としての議会を創り出すための手法は構想され実践されている。これらを通して、二つのことを明確にしたい。一つは、議会は行政へのさまざまな住民参加手法を発展させる責務があること、そして議会はフォーラムとして再定義されなければならないことである。もう一つは、フォーラムとしての議会を構想したとしても、議会は住民同士、あるいは住民と首長等間、住民と議会間、といった討議を踏まえた議員間討議後の議決の役割が重要となることである。そこでは、「おしゃべり」を超えた議決責任をまっとうすることになる。

そこで、前者は前章で確認したので、後者を検討する。これまで紹介してきたさまざまな手法をさらに発展させつつ、議会本体を開放型にする必要がある。

## フォーラムとしての議会の意義

フォーラムとしての議会は徐々に姿を現している。議員同士の議論は議会の存在意義として不可欠である。それにとどまらず、住民間の討議を巻き起こすとともに、住民と議会が討議する場の設定の重要性も指摘してきた。議会は、このように住民を巻き込んで議論する場として再生される。まさにフォーラムである。

もちろん、議会は住民と議員のためだけのものではない。日本の地方自治制度では、首長提案も多いことから首長等（説明員を含む）は通常議会に出席し発言する（議長による要請、地方自治法第121条）。時には、反問権を行使することにより、議員と首長等との議論が行われ論点が深化する場合もある。その意味で、議会は住民と議員だけではなく首長等を含めて構成されるフォーラムとなる。その要素を確認しておこう。

①討議の場の設定、②住民、首長等、そして議員それぞれからの提案と討議、③調査研究を踏まえた提案と監視と討議、④最終的な議決責任の行使（説明責任を伴う）、という四つの要素が必要である。今日、本会議では困難だろう。委員会を想定して議論を進めよう。質問の場だけではなく、住民、首長等が提案し、議員もその提案への質問とともに意見を述べる空間として委員会を設定する。これを踏まえて途中段階および最終段階で議員同士が討議する。その際議員も主体的に政策提案を行い住民や首長等と討議する。そのためには、周到な準備が必要であり調査研究は不可欠である。これらを踏まえて、最終的に議員は重い責任を有する議決をする。

## 主体的ではない議員では政策サイクルを担えない

このフォーラムとしての議会という発想と実践は今後広がるであろう。ここで、その理解についての分岐が生じる。本書で強調してきたこととは異なる議員の役割に限定する考え方がある。議員は場の設定と住民の議論、時には首長等の提案を踏まえて、住民の福祉にとって最善な政策を選択（表決）することに専念すべきだというものである。

比喩的にいえば、住民の声や首長等の声を聞いて最終的に「判決」する主体（判事の役割と類似）として登場することを想定する。この選択（判決のイメージ）は重要である。しかし、この理解では、議員による積極的な政策提言の役割は軽視される。議会事務局をはじめとした資源の少なさ、および議員の中途半端さ（兼業の多さ）から、フォーラムとしての議会という住民自治を踏まえた議会を設定しながらも、こうした発想が生まれる。

筆者はこの考え方を理解しつつも、採用していない。この考え方が想定する選択（判決のイメージ）だけではなく、議員は積極的に政策提言をすべきだと考えているからである。

議会は議会からの政策サイクルを採用してはじめて首長等からの政策提言についてもしっかりとした統制（監視）が可能となる。政策提言を軽視した議員による選択は不可能である。議員自身が恒常的に、したがって委員会の所管事務調査等により十分な調査研究を行うことを通して、議会として何を選択するかが明確になる。判事ならば、法論理によって選択（判決）が可能かもしれないが、議員は生きた現実の中から選択する。そのためには日常的な調査研究が不可欠である。調査研究は、監視でも政策提言でも重要である。

そもそも選挙は、まさに議決を行ってきた事後評価だけではなく、どのような政策を実現するかという事前の評価を含んでいる。また、議員自身も提出される意見や議案への評価にとどまらず、政策実現を目指して議員を志願している。このことを考えれば、資源の少なさや議員の「中途半端さ」はありながらも、諦めずに、問題の打開を常に省みる必要がある。つまり、積極的な政策提言が期待されているのである。

（注）　たとえば、2010年1回（連合自治会、大町市議会基本条例の説明、参加者29人）、2011年3回（大町市を愛する女

性の会、高校再編と市街地活性化ほか、10人、議員報酬を考える会、議員報酬、8人、連合自治会、議会基本条例、23人)、2013年2回(大町市を愛する女性の会、環境問題・福祉問題、7人、大町の給食を考える会、子どもの内部被ばく、約40人)、2013年1回(大町市を愛する女性の会、防災対策特別委員会答申・介護保険制度ほか、7人)である。

# フォーラムとしての議会の議決責任

## 議会からの政策サイクルとフォーラム

議会の議決（表決）には、議員・議会の主体性・積極性が不可欠である（受け身の裁定とは異なる議決）。このことは、議会からの政策サイクルを強調する本著の立場からすれば当然である。議会からの政策サイクルは、執行機関とは別のサイクルを継続的に回すことである。そのサイクルの起点は、住民の意向である。そもそも「住民自治の根幹」としての議会であるがゆえに、そのサイクルでは住民を意識し住民と議会とのキャッチボールが常に必要になる。議決の前に住民の声を聴くだけではなく、その実効性を保障するためには、議会・議員の主体的で着実な調査研究とそれを踏まえた提言が必要である。

したがって、議決だけが議会の役割ではない。そこで、おのずと「フォーラムとしての議会」は、住民との意見交換会（公聴会等）を議決前に設定するだけではなく、政策過程全般にわたって張りめぐらせる必要性が出てくる。政策形成（立案）の段階（住民の意向を起点）、議決の段階（公聴会や参考人制度の活用等）にとどまらず、評価・監視の段階においても住民の意向を踏まえて、議会の役割を発揮することである。それぞれを有効なものにするには素案、中間報告、最終提案といったように多段階での実践が必要である。その際、複眼的思考が重要である。一方では、すでに指摘しているように議会本体への住民参加（公聴会・参考人制度、陳情請願の提出者からの意見陳述等）とともに、出前議会の活用（議会報告会、住民との意見交換会等）といった場を、他方では、議会としての意思を住民に問うこと、調査研究を住民に報告し意見聴取すること、課題発見のために住民と意見交換することといった中身を考えることである。これらをつなげ合わせながら、政策過程全体にわたって〈住民―議会〉の新たな関係を創り出す必要がある。

フォーラムとしての議会を議会からの政策サイクルという視点から捉えたものが、表である。左欄の議会からの政策サイクルの段階は、中身にかかわるものである。単純化していえば、住民と議員との自由な意見交換によって課題設定をする第0段階、議会の調査研究を踏まえて住民の意

表　フォーラムとしての議会における〈住民―議会〉関係

| 議会からの政策サイクルの段階 | 〈住民―議会〉関係 |
|---|---|
| 第0段階（フェーズ0）：課題の設定<br>〔調査研究以前の課題設定〕 | ・住民から湧き上がる課題<br>→議会報告会、議会懇談会、陳情請願（要望があれば委員会等で意見陳述）<br>・委員会の所管事務調査<br>→通任期制を意識する |
| 第１段階（フェーズ１）：現状の共通認識 | ・住民間→情報公開、ワールドカフェ<br>・住民と議会間→議会報告会<br>・議員間→委員会の調査研究 |
| 第２段階（フェーズ２）：課題の設定 | ・住民間→情報公開、ワークショップ<br>・住民と議会間<br>→議会報告会、ワークショップ<br>・議員間→委員会の調査研究 |
| 第３段階（フェーズ３）：政策化（含む監視）<br>〔当該自治体の資源、当該自治体の政策体系の整合性、他の自治体の動向〕 | ・住民間→情報公開、ワークショップ<br>・住民と議会間<br>→参考人・公聴会制度の活用、議会報告会<br>・議員間→委員会の調査研究 |
| 第４段階（フェーズ４）：優先順位 | ・住民間→情報公開、ワークショップ<br>・住民と議会間<br>→参考人・公聴会制度の活用、議会報告会<br>・議員間→委員会の調査研究 |
| 第５段階（フェーズ５）：議決 | 〔必要によって、住民投票〕 |
| 第６段階（フェーズ６）：執行 | 〔住民として公共サービスを担う〕 |
| 第７段階（フェーズ７）：監視・評価 | ・住民間→情報公開、ワークショップ<br>・住民と議会間<br>→参考人・公聴会制度の活用、議会報告会<br>・議員間→委員会の調査研究 |

注１：「住民間」は議会が主体として舞台を設定しているものに限定している。自発的なものが前提となることはいうまでもない。
注２：下線は、議会本体への住民参加。

向を聴く第1段階・第2段階、議会の意思を示して議決の前に住民の意見を聴く第3段階・第4段階（そして第5段階）、議決（第5段階）・執行（第6段階）を経て監視・評価を行い次の政策サイクルにつなげる第7段階へと至る。そして、右欄の〈住民―議会〉関係は、「場」を示している。議会本体や出前議会など多様な「道具」が配置できる。

表で示した段階（左欄）は、議会からの政策サイクルにおいて議会が踏む過程である。それぞれの段階で活用される道具（右欄）すべてを常に活用すべきだと主張したいわけではない。争点ごとに、また住民の関心ごとに活用する道具は選択されてよい。表で強調したいのは、議会からの政策サイクルにおいて、議会本体であれ出前議会であれ多様な議会への住民参加を張りめぐらすことの重要性である。

## 議会における議決権限の行使

フォーラムとしての議会を強調しているのは、単に討議の重要性を指摘したいためだけではない。地方自治の理念に即しているとともに、議会の重要な役割である議決を有効なものとするには不可欠だと考えているからである。議会の存在意義は、討議を踏まえた議決にある。その議決は自治体の意思（団体意思）となる。それほど議決の責任は地域経営にとって重い。フォーラムとしての議会は、この議決に結晶する。議会・議員は、討議を踏まえた議決を担う。

住民間、住民と議員、議員と首長等、そして議員間の討議がフォーラムとしての議会にとって重要である。そして、それらを踏まえて最終的に自治体の意思を確定するのは議会・議員である。ぜひ、地方自治法を再読していただきたい。首長等の執行機関は自治体の事務を「誠実に管理し及び執行する義務を負う」が、その際の議会の議決の重要性（地方自治法第138条の2）や、首長の権限（地方自治法第149条）と比較しての議会の議決（地方自治法第96条）の重さなどを想起していただきたい。しかも、列挙されている議決事件だけではなく、議決事件の追加も広く行われるようになった（地方自治法第96条第2項）。地方分権改革（2000年）以前には想定できなかったことである。

筆者は、議員の方々にこのことを自覚してほしいために、研修では必ず「議決の前日眠れますか」あるいは「1年前や半年前に議決したことで、本当に正しかったかどうか、うなされて起きることは1年のうち何度ぐらいありますか」と問うている。

議員にプライドを喚起してほしいためである。同時に、結果責任を問う素材が提供されているからである。多くの議会で議案への賛否が公表されるようになった。各議員の賛否の公開は、すべての議案について約34％の議会で、重要議案については約4％の議会で行われている(注)。住民にとって次期選挙での重要な判断材料になるだけではなく、将来にわたってどの議員がどのような議決をしたのかが明瞭であり、結果責任を問う素材となる。なお、会派の賛否の公開は重要であるとしても、全国政党の名を冠した場合はともかく、そもそも住民に会派の性格やそれぞれの政策の相違は明確ではない。次期議会ではまったく異なる会派が形成される場合も少なくない。すべての議案か重要議案で議員の個人名の賛否の公開が重要である。

議会は、原則4年ごとに住民の審判を受け、選挙ごとに議会の構成員は異なる。にもかかわらず、行政の継続性と比べて議会の継続性を強調する議論はほとんど聞かれない。しかし、議会は将来にも過去にも責任を負う。議会にこそ継続性が必要である。より正確にいえば断続性を踏まえた継続性が必要である。議会は、将来の地域経営を縛る議決を行う。このことは将来にわたって責任を持つことである。議員の議決の賛否の公開は、この責任を問うことを可能としている。同時に、議員全員が入れ替わっていたとしても、過去の議決に責任を持たなければならない。常に過去の議決を評価することはできる。今日、議員提出条例への検証が行われている（三重県議会等）。それを超えて、自治体の意思を決める機関としての議会（人格を持った議会）が、過去の議決についても責任を負っている。一般選挙後にいままでの重要な議決の検証が必要である。問題が生じたときには、過去の議決でも現在の議員も責任を負うことになる。その検証の際にも、住民の声を聴くことは忘れてはならない。

（注）　廣瀬克哉・自治体議会改革フォーラム『議会改革白書２０１３年版』（生活社、２０１３年）。

# 住民自治から考える二元代表制論の陥穽

## フォーラムとしての議会の実践

フォーラムとしての議会のイメージと重なる実践がすでに行われている。愛知県新城市の「市民（住民）総会」（市民まちづくり集会）がその一つである。

これは、「まちづくりの担い手である市民、議会及び行政が、ともに力を合わせてより良い地域を創造していくことを目指して、意見を交換し情報及び意識の共有を図るため」三者が一堂に会するものである（自治基本条例第15条第１項）。年１回以上の開催が原則で、首長または議会が主催（共催も可能）するが、住民からの開催の発議（有権者の50分の１以上の連署）も可能である。

プレ市民総会は、無作為抽出で住民に呼びかけて文化会館で行われた（テーマ：自治基本条例、第１回は２０１１年10月、第２回は２０１２年７月に開催）。条例に基づく市民まちづくり集会（２０１３年８月）は、住民に呼びかけてこれも文化会館で行われた（テーマ：新市庁舎や新城市の未来）。このように議場の枠を超えて、三者が地域問題を考えることも、フォーラムとしての議会の一つのあり方である。議場以外の場で行われるという意味で、これを〈広義のフォーラムとしての議会〉と呼びたい。

それに対して、議場という空間で住民と議員、議員と首長等（そして住民と首長等）、議員と議員が集い討議することを〈狭義のフォーラムとしての議会〉と呼ぼう。

その際、住民と議員との討議としては請願・陳情の代表者による意見陳述の場の設定、公聴会の拡充強化などが想定できる。現実的には、これは委員会で行われることになる。また議員と首長等の討議としては質問・質疑の際の首長等による反問の行使などを想定するとよい。参考人制度の積極的な活用はそれらを補完する。フォーラムとしての議会に連なる萌芽は出始めている。それを充実させていけばよい。

## 二元代表制の誤解

今日、二元代表制という用語が流布している（注1）。従来は、首長主義として理解されてきた。首長に拒否権（再議請求権）があることで、強首長制ともいわれる。その用語の感覚から首長が強い権限を持っているというイメージが広がっていた。

二元代表制の流布はよいことであるが、フォーラムしての議会とは異質だと感じることも多くなった（本著では意識的に二元的代表制を用いている）。筆者自身、二元代表制を広げた一人だと思うが、当初想定していたものとはズレがある（注2）。それは、流布している二元代表制が地方政府形態としてのみ理解され、つまり、議会と首長との関係のみに焦点が当てられているからだ。その問題の一つは、両者の競争というより対立がクローズアップされる。橋下徹前大阪市長や河村たかし名古屋市長を想定するとよい。議会と首長は住民から選挙で選ばれるという正当性を同様に有している。それぞれの資源や運営手法の相違をことさら強調して対立を煽ることになる。両者は異なる特徴があるがゆえに、討議ができ、それによって善政競争が充実するという筆者の立場（機関競争主義）とは異なる。

もう一つの問題は、議会と首長の関係をことさら強調することで、住民が登場しなくなることである。議会権限の自覚は重要であるとしても、住民と分断した独善的な議会が作動することもある。そこでは、住民とともに歩む議会とは異質な住民参加なき議会と首長の関係が主題化される。国政と異なる地方自治の特性はこれでは活かされない。

なお、フォーラムとしての議会と似て非なるものとして、アリーナとしての議会がある（注3）。アリーナとしての議会は、議院内閣制の下で議会が与党と野党に明確に分かれる闘議（対立であって討議とは異なる）の場である。議会、正確には野党議員の監視の役割が強調される。イギリスの国会をイメージするとよい。その対極の議会は変換型議会である。議員それぞれが法案を提出し、議会による首長とは異なる視点からの政策化を重視する。議会、正確には議員の政策立案の役割が強調される。アメリカの国会をイメージするとよい。

こうした二つの議会像を考慮すると、本書の首長は変換型議会と親和性があると思われるかもしれない。しかし、住民がその議会類型には入っていないために、アリーナ型はもとより変換型も採用していない。ただし、アメリカの国会のように立法過程に公聴会が組み込まれていることを考慮して、充実した公聴会制度等の住民参加を組み込めば、変換型の新たなバージョンに地方議会を位置づけることができるかもしれない。しかし、現時点では変換型も日本の自治体議会には馴染まない。

## 「傍聴」から「参加者」へ

フォーラムとしての議会にとって、住民はその参加者である。その場が広がっていることを繰り返し紹介してきた。また、その場が与えられるだけではなく、住民自らがそれぞれの場を創り出せる制度も確認してきた。陳情・請願の代表者が意見陳述をしたい場合には可能であること、定例のものだけではなく住民が申請すれば開催が可能となる議会報告会などを想定するとよい。また、前述した市民総会（まちづくり市民集会）も住民が開催を請求できる。

議会への住民参加の広がりとともに、住民を参加者としてみなす動きは広がっている。しかし、それにもかかわらず議会への参加の最も基本的なものは、いまだ「傍聴」のままである。各議会は、傍聴に関する規則を策定することになっている。「議長は、会議の傍聴に関し必要な規則を設けなければならない」（地方自治法第130条第3項）。従来は、傍聴人の取締りに関する規則であったものが現行のようになっている。このように時代が変わっても、大幅な変更がないことを見れば、議会が「住民自治の根幹」として作動していないことは悲しいことではあるが現実である。だが、議会改革の中で徐々にではあれ、「傍聴」に関する改善も行われている。

氏名・住所が他の「傍聴人」に分からないように「申請用紙」を裏返して出したり、箱に入れるものなど（京都府木津川市は議員や首長選挙の際の投票箱を活用している）、プライバシーを考慮した改善も行われている。また、「傍聴人」に対して議案等の資料を配布する議会も増えている（終了後回収も多い。その場合は貸与）。委員会審議の際に、慣例であろうと、「傍聴人」に意見を聴く議会もある（慣例では東京都青梅市、議会基本条例に明記しているのは茨城県取手市）。

住民を「傍らで聴く者」にしない改善も徐々にだが行われている。フォーラムとしての議会では、住民は、重要な参加者である。そのためには、「傍聴人に関する規則」を大幅に変更しなければならない。北海道福島町議会は2009年、傍聴人に関する規則を全面改定して「町議会への参画を奨励する規則」を制定し、運用している。「『傍聴』（以下『参画』という。）とは、前条に規定する基本条例の理念・原則に基づき、会議においてその議論等を一方的に聴くだけではなく、議長の許可を受けて討議に参加することを言う」（同規則第2条）、「議会は、町民自治を基礎とする町民の代表機関であることから、町民参加の大事な場としてとらえ、参画者を積極的に受け入れ、その意見等を聴く機会などを設けなければならない」（同規則第3条）、と定めている。

傍聴の問題だけを切り離さないで、議会基本条例体系、より正確にはまちづくり基本条例（自治基本条例）体系の中で理解しなければならない。まちづくり基本条例の下に議会基本条例が制定されている。その下に、議会会議条例、議会議員研修条例、政務活動費の交付に関する条例、議会議員の不当要求行為等を防止する条例、議員の経費及び費用弁償等に関する条例、町長の専決処分事項の指定に関する条例、議会事務局設置条例が制定されている。福島町では、その議会会議条例の下に「町議会への参画を奨励する規則」が制定された。

このように、住民は議会の傍聴者ではなく参加者として位置づけられなければならない。

（注1）中学校の『公民』（東京書籍）にも、二元代表制が明記されるようになった（2012年版）。

（注2）江藤俊昭「どの地域経営手法を選択するか――二元代表制を考える」『地方自治』（2012年9月号）。筆者は、ここで強調する二元代表制に見られる議論、つまり議会と首長に限定し対立を煽る議論および住民参加を軽視する議論に与しないとともに、そもそも日本の地方自治制度では議院内閣制に特有の、議会による首長の不信任議決や、逆に首長による解散権が付与されていることを考慮して、二元的代表制（「的」を挿入）の用語（西尾勝氏の提案）が現時点では妥当だと考えている。

（注3）N．W．ポルスビー（加藤秀治郎・和田修一訳）「立法府」『議会政治』（慈学社出版、2009年）。

## 再生・議会報告会

議場内での住民との意見交換会はようやく始まったばかりなのに対して、議会が議場の外に出て行う住民との意見交換会（議会報告会）は、さまざまな実践が行われ、実績もある。

それをさらに充実させるために、今日、明確になってきた議会報告会の課題を考えることにしよう。なお、議会からの政策サイクルやフォーラムとしての議会を強調する本書の視点からは、議決されたことの報告の水準を大きく超える必要がある。そこでは広聴を踏まえて政策サイクルを回し、そこで討議した内容を報告する。その意味で、「議会報告会」という名称はそろそろ変更すべきだと筆者は考えている。とはいえ、馴染んでいる名称を新たなものに変えることは容易ではない。そこで、議会報告会として検討する。

### 「議会として」と「議員として」の相違

議会報告会では、重要議案への議員個人の賛否とその理由を問いただす質問が住民から出されるという。情報共有という視点からは、これにも当然説明するべきであろうという見解もないわけではない。しかし、本書で強調する議会報告会は、機関競争主義を作動させるために「人格を持った議会」として登場する議会を創り出すためのものである。それはバラバラな議員を議会の構成員として登場させ、執行機関との充実した政策競争を行うための契機の一つである。もちろん、個々の議員の賛否の情報公開は必要である。議会報告会はこれとは次元が異なる。

表は、議会が主催する議会報告会と議員・会派が主催する議会（会派・議員）報告会との相違である。議会報告会は、議会からの政策サイクルに位置づけられる。議会が「人格を持った議会」として執行機関と対峙するための起点（および中間での意見交換）になるとともに、説明責任を果たす場として位置づけられる。それに対して、議員・会派による報告会は、議会全体の説明はするものの、自らの活動報告が主要なものになる。参加者は主に支持者、それに近い者になる。意識が異なっている場合もあるが現実には内輪の集いとなる傾向が強い。これも大いに開催して市民レベルの討議を巻き起こしてほしい。報告会という名称は同じでも、「議会として」と「議員として」はもともと趣旨が異なっている。

住民が個々の議員の賛否やその理由を知りたいことは理解できる。選挙後の監視の意味でも、また今後の選挙の際の参考資料となるという意味でも重要である。議会として、個々の議員の賛否の公開は必要であり、その理由を明示できる運営（討論）はぜひとも必要である。同時に、住民は報告会の相違を意識して、議会報告会で両者のすべてを兼ねさせるのではなく、情報を得る努力もするべきである。個々の議員の見

表　議会報告会

| | 議会報告会（意見交換会） | 議員・会派の議会報告会 |
|---|---|---|
| 特性 | 機関として | 個人・会派として |
| 機能 | 議会からの政策サイクルの契機としての広報・広聴 | 個人・会派としての広報・広聴 |
| 参加者 | 不特定多数、特定団体との意見交換会では特定 | 支持者・あるいは関心ある者 |
| 個人の見解の表明 | 基本的に述べない | 個人・会派の見解中心 |
| 選挙時の参考 | 比較が可能 | 支持の拡充・強化 |
| 備考 | 議会だより、HP等で補完 | 個人・会派の議会報各、HP等で補完 |

解を知りたければ、議会報告会の修了後に議員に個別にあたることも可能である。ただし、多くの議会報告会はグループごとに行っているために全員の見解を聞くことはできないことに注意してほしい。

なお、今後の議会で議論する重要議案についての見解についても同様に、議会報告会で議員が賛否を表明すべきではない。住民との意見交換会や執行機関との討議を踏まえた議員間討議の後に、議員は賛否を表明する必要があるからである。

## 住民への対応を越えて公共空間を創り出す

議会報告会を議会・議員への不満を投げかける場だと勘違いしている住民もいないわけではない。毎回、多くの会場に出席し必ず発言する住民は、議会にとっての「お得意さん」（目黒章三郎・福島県会津若松市議会議長）として、その成長を見守る姿勢も重要である。

しかし、こうした傾向があまりにも続き、度を越すとすれば、議員だけではなく参加した多くの住民も気持ちが萎えてしまう。それを打開するための手法を考えよう。

まず第1に、議会報告会の目的を毎回確認することである。また、テーマを設定した住民との意見交換会も有用である。テーマ以外の議論は付随的なものとなるからである。

第2に、議会報告会の目的とは異なる意見が出された場合、司会者がそのことを毅然として指摘することである。議員では困難な場合には、その役割を外部の専門家に委ねてもいい。このことは、議員は住民に対して厳しい姿勢をとることが困難で、司会を担うことが難しいといった消極的な意味だけではなく、議会からの政策サイクルをより活性化させるという積極的な意味もある。

第3に、住民自身が「理解していない住民」を正すことである。何度か筆者は、そうした場面に立ち会った。成熟した市民社会では、住民間の討議が可能である。なお、住民間、住民と議員との間の討議の手法も活用してよい。

そして第4に、（議員対住民）という構図を変更することである。前章で紹介した、住民と議員とのワールド・カフェやワークショップを活用することは、政策のアイデアの共有に役立つとともに、住民と議員との相互理解が深まる。

個々の住民も最初から「絶対に正しい」わけではない。議会報告会ではないが、筆者がある議会主催のパネルディスカッションのコーディネーターを務めたときのことを紹介しよう。

当該議会の議長のほか、議会改革のトップランナーの議長や副議長がパネラーとなり、議会基本条例の意義、通年議会、議会報告会の意義について議論していた。現場からの発信だった。

この三つのテーマについての質問を参加していた住民に募ったところ、その多くが全く関係ないものだった。「政務調査費が政務活動費となることについて」「夜間議会・休日議会をすべきではないか」「他の国は無報酬なのになぜ議員は多くの報酬をもらっているのか」……議会と住民の距離が広がっていることを実感するとともに、住民の間（全体ではないであろうが）で議会を悪として決めつける発想の広がりに唖然とした。コーディネーターの筆者は住民に対して、本日の議論と関係のないテーマであることを指摘した。同時に、住民と議会との溝をうめる場の必要性を主催した議会に提言した。

### ❖❖回数、タイミング、対応❖❖

まずは、議会報告会の開催を義務づけることが重要である。報告するには成果が不可欠であり、そのための運営が必要となるからである。同時に成果が出せない議会では、住民から批判され、是正する契機となる。

この義務づけられた議会報告会を予算確定後、あるいは決算認定後、そしてその双方で開催するかどうかは、それぞれの議会が住民とともに決めればよい。議会からの政策サイクルからすれば、次のことに留意していただきたい。

① 一般選挙後、住民との意見交換を行い、それを参考に議会として4年間のテーマを設定する素材とする（通任期の発想）。その際、不特定多数の住民を対象とするとともに、特定分野の住民団体との意見交換も想定してよい。なお、一般選挙後だけではなく、少なくとも年1回以上行うとともに、重要なテーマでは臨時に行うことはいうまでもない。テーマはその都度豊富化される。

② そこで設定されたテーマについての調査研究を行い、中間でも住民との意見交換の場を設ける。それを参考にして、さらなる調査研究を行う。

③ 議会での討議・議決を経て、その結果を報告する。その報告は、単なる賛否情報ではなく、どのようにして賛否の結論を出したかといった議会としての理由の説明が必要である。そして、住民の意見を聴き監視の視点を共有する。

こうしたサイクルを、連続的に回す必要がある。

## 参加者が少ないという悩み

議会報告会は、新たな議会にとって不可欠な要素であるとともに、議会改革を進める起爆剤になる。ところが、議会報告会が広がる中でその課題も明らかになっている。ここでは、議会報告会を開催しても住民の参加が少ないと真摯に悩んでいる議員が多いことに鑑み、参加者を増加させる手法を考えたい。

その際、住民自治、そして改革に関するオール・オア・ナッシング(すべてか無か)の発想からは脱却したい。議会報告会の参加者が少ないことを問題とすることはよい。しかし、住民すべてが突然に参加するわけではない。何度も繰り返すが、紆余曲折はありながらも着実に増加する、あるいはその可能性があるという思考の共有が必要である。

冷静に考えれば、議会への不信はいまだ蔓延しているし、議会の傍聴人数は少ない。議会報告会だけに多くの参加者が集まるわけはない。そもそも、地方議会だけが住民（国民）から不満を持たれているわけではない。自治体の首長や行政、さらには国政の議員や公務員に対する批判も蔓延している（注1）。マスコミは、政治への猜疑心や政治の役割の低下を促進させる状況に拍車をかけている。このことを強調するのは、改革をしない地方議会に免罪符を与えるためでは毛頭ない。身近な自治体の政治や行政の改革なくして政治・行政の復権はあり得ないことを地方議員に自覚してもらいたいからである。

## 原理的課題

議会の存在意義を再確認しながら実践することが、議会報告会への参加者を増加させることになる。そのことは本書の主題であり、原理的な課題でもある。

### ①「驚くべき権限」を行使する

地域経営にとって重要事項は議会の議決が必要となっている。議会が議決権をしっかり行使していけば、従来は首長（行政）に向いていた住民の意向や要望は議会に向く。議会報告会を充実させれば、それを通した政策の実現を住民は期待するようになる。

### ②論点を明確にした報告

単に決定事項を伝達するだけの議会報告会では、行政報告会とかわらない。それでは議会報告会に参加する住民の動機は減退する。議会が到達した結論（議決）に賛同するのは住民すべてではなく、異論もあるだろう。どのような論点で議論が行われたのか説明されなければならない。こうした地道な報告による論点の認知・明確化は、その後の検証にとって重要である。

### ③政策サイクルの起点に活かす

議会報告会は、広報機能だけではなく広聴機能を有している。議会報告会における住民の声を議会からの政策サイクルにつなげ、その成果を報告する必要がある。もちろん、議会報告会は政策サイクルの起点だけではなく、中間での議論にも活用する。また、議会独自の調査研究については、独自のテーマを住民と議論し豊富化する場でもある。

こうした原理的課題を常に検証する必要はある。そうすれば、住民は議会に関心を持ち自ずと参加するであろう。次に、すぐには成果が出ない場合でも、並行して議会報告会の参加者を増加させる技術的な手法を考えたい。

## 技術的な手法

### ① 議員による目に見える宣伝

大分市議会による議会報告会開催の駅頭でのアナウンスやチラシを入れたティッシュ配りは住民にとっては衝撃的だった。「見えない議会・議員」が住民の前に登場した。しかも議会としての試みである。すぐには参加者増につながらないかもしれないが、その機会は提供している。ICTの活用も含めて議会を開放的にすることが求められている中、議員が外に出て宣伝することは、住民にも、そして議員自身がマインドを高める上でも有効である。

### ② 地域の団体等との共催

議会活動の周知の意味で、地域の団体との議会報告会の共催も必要である。北海道栗山町議会は、自治会・町内会と共催している。また、長野県飯田市議会は自治会を再編したまちづくり委員会と共催している。テーマ別であれば、PTA、幼稚園・保育園の保護者会、消防団、商工会議所・商工会等と共催し、意見交換を公開で行ってもよい。

### ③ 要請による開催と議会の呼びかけによる開催

自治会、PTA等の団体からの要請によって議会報告会を開催することも必要である。それを議会基本条例に盛り込んでいる自治体もある。熊本県御船町議会は「あおぞら議会」と称して行っている。要請がなくとも、議会から団体に出向いて議会報告会を行うことも必要である。

議会が住民自治の根幹であることは中央集権制の下で多くの住民には認知されていない。議会の意義を広める技術的な手法を活用する努力は必要である。このことは次の市民教育の論点ともつながっている。

## 議会による市民教育

議会報告会の参加者を増やす短期的な手法の開発だけではなく、長期的な手法も考えたい。それは市民（政治）教育・主権者教育の充実である。学校教育における市民教育は認知されてきている。若者の政治的無関心の広がり、投票率の低さを背景にした中学生や高校生に対する市民教育である。選挙前の模擬投票の試みなどもその一環である。また、学校を越え、住民としての市民教育（自治教育）もある。さまざまな住民参加制度を通した実践は、格好の市民教育である。まちづくりを充実させる奨励金の交付を伴う子どもの提案制度（東京都世田谷区、高知市）なども実践されている。高知市では、その交付対象を決める審査を大人に交じって子どもも行う。これらは子どもの保護者に対する影響も大きい。子どもが家庭で語ることによって保護者も関心を持つからである。

こうした視点から市民教育を進める議会の役割を考えよう（詳細は、本書第5章・第6章参照）。

### ① 市民教育の充実を議会として提案

学校教育に市民教育を導入する提案は必要である。市民教育の充実を教育委員会だけに委ねるのではなく、積極的に推進することを議会としても提案すべきである。もちろん、内容にまで細かく介入すべきではないことはいうまでもない。また、奨励金の交付を伴う子どもの提案制度を首長に提案してもよい。

## ② 議会が小・中学校に出前授業

小・中学生が社会科見学の一環として議会を傍聴することはある。短時間で終わるこの活動を長時間にして（傍聴席が狭いので、中継を体育館・講堂等で見ることによって）、その後、議員との懇談の時間を取ることも必要である。また、議員が小・中学校に出向いて出前授業を行う。行政と同様に住民からの要請があれば議会が小・中学校に出向いて講義を行うことも必要である。その際、議会基本条例を自治の手引として活用してもよい。

## ③ 子ども・生徒・学生議会の開催

子ども議会は通常行政が開催し、一過性のものである。議場を活用するだけで、議員はかかわっていない。対象を広げるとともに、議会が積極的にかかわる必要がある。議員が子ども・生徒・学生と開催前から調査研究を一緒に行い、当日は議員が執行機関席に座り、彼らの質問に真摯に応える（注2）。質問を踏まえて議会が政策提言に活かして、その成果を子どもたちに報告することも求められる。

## ④ 議会への参加が市民教育に有効

子どもだけではなく、大人を含めた市民教育としては、首長の審議会への参加等とともに議会への参加がリアルで教育効果が高いことを認識すべきである。実践の中でこそ充実した教育は可能であり、住民は鍛えられる。住民自治を進めることが市民教育に有効なことを議員は自覚すべきである。

このような市民教育の充実は、長期的には住民自治を進め、議会報告会の参加者を増やすことにもなる。

議会報告会の参加者を一気に増やす特効薬はない。住民自治を進める着実な活動こそが住民に信頼される議会を創り出し、それが参加者増につながる。

## 議会報告会の二つの位置づけ

議会からの政策サイクルにおいて議会報告会を強調することは、選挙と議会報告会との関係、より具体的には選挙時の議員・会派の公約とその都度行われる議会報告会での意見の関係を問うことになる。なぜならば、議員・会派の行動は原則的・原理的に選挙によって拘束されるからである。

その際、選挙によって拘束される議員・会派の行動をめぐる二つのモデルを参考としたい。選挙の際の公約を重視するインプットモデルと、公約ではなく自らの信念を重視するアウトプットモデルである。これらのモデルは両極にあり、そのことによって議会報告会において表出された住民の意見の取り扱いは大きく異なる。

これらのモデルは、代表をめぐる二つの思考と重なる。つまり、支持者の意向に議員・会派の行動（意見表明、表決等）は「拘束」されるという代理の思考（インプットモデルとつながる）と、一度選出されると議員・会派は支持者のその時々の意向に拘束される必要はなく自らの意思で（理念的には全住民の意向に即して）行動するという信託の思考（アウトプットモデルとつながる）である。

結論を先取りすれば、インプットモデルでは議会報告会は政策サイクルにおいて重要な位置を与えられず、アウトプットモデルではそれを軽視するものと重視するもの（住民参加の消極的理解と積極的理解）という二つのバージョンがある。

### ① アリバイとして議会報告会を開催するインプットモデル

一方の極のインプットモデルは、選挙の際の議員・会派の公約を重視する。一般には、マニフェスト選挙を想定するとよい。公約（マニフェスト）を重視し、当選後は公約に基づき議員は行動するというものである。議員の行動はすでに選挙時に決まっていると想定しているために、議員間討議は争点を明確にすることに限定される。そこでは妥協はあるとしても新たな政策を追求する「合意形成」の視点は弱い。

議会報告会を行う場合はあっても、それを起点に議会からの政策サイクルを回すことは軽視される。「人格を持った議会」ではなく、政策ごとに分かれた議員によって構成される議会となる。このことは最初から首長の政策と合致し、その応援団となる「与党」議員（議院内閣制的な「与党・野党」関係を前提とした）を創り出す（逆の「野党」議員も）可能性は高い。

このように、インプットモデルでは、議会改革の到達点は便宜的に活用される。議会報告会は議会からの政策サイクルにおける起点の意味を失い、あるいは起点といってもアリバイの意味しか持たなくなる。議員・会派マニフェストは重要であるとしてもこの発想を加速させる。ただし、住民自治は選挙に収斂する。もちろん、次の選挙での審判は可能である。

### ② 政策選挙を軽視するアウトプットモデル

他方の極に、アウトプットモデルがある。これは選挙を重視するが、公約を軽視する。逆に、公約に拘束されない議員の信念に基づく自由な行動が重視される。

そのモデルは二つのバージョンを有する。一つは、今日の議会改革、とりわけ議会報告会との関係を考慮すれば議会への住民参加を軽視・敵視するものである。民意をそれほど意識しない（支援者の民意を意識することはあっても）従来型の議員が想定できる。しかし、本書では議会報告会などを通じた住民意向を踏まえながら、議員間討議も重視し、これらを通じて首長等との政策競争を行うという議会改革の三つの要素が作動していることを前提にしているので、このようなアウトプットモデルの一つ目のバージョンの議員を肯定するわけにはいかない。

そこでもう一つのバージョンが検討の対象となる。それは議会改革の到達点を理解し実践するものである。議会改革の三つの要素と親和性がある。ここでは議会報告会による民意は重視されるものの、逆に選挙の際の公約は軽視される。

しかし、議会は代表機関であり、その作動の起点は選挙である。このモデルでは選挙は人を選出するという機能に制限される。政策型選挙とは連動しない。選挙は正統な代表者の選出という「人の選挙」に限定される。インプットモデルとは逆に、選挙時の民意は軽視される。

これら二つのモデルは理念型（抽象化した図式）である。実際にはそれぞれを追求することは困難である。インプットモデルが基軸とする議員の政策型選挙は一般には行われておらず、議員が公約に拘束されはしない。また、アウトプットモデルでの住民参加を選挙に限定することは時代錯誤である。つまり、選挙を人を選ぶことに限定することには無理がある。政策型選挙は一般的ではないにせよ、選挙には当然政策が付随する。

このように考えると、二つのモデルは両者とも現実的ではない。公約から始まり選挙を経て、それを実現することを目指す議員・会派を想定すべきである。同時に、公約を重視しながらもそれだけに拘泥しない柔軟な姿勢を持った議員を想定する必要もある。議員間討議がその役割を発揮するのはこの文脈である。公約もしたがって選挙を重視しながら、意見の変更を前提とする議員間討議を重視するサイクルである。そこにおける議会報告会は、選挙と選挙の間に積極的に位置づけられることになる。

## 議会報告会と選挙の連携

次に議会報告会の地域民主主義にとっての意味を考えよう。

まず、原理的意味である。選挙だけを住民参加と位置づけるお任せ民主主義は採用できない。なぜなら、そもそも選挙の際に明確になっていない争点も環境の変化によって浮上するからである（「場合がある」ではなく「常にある」）。そもそも地方議会議員の選挙では、政策型選挙がほとんど行われていない。

そして、現実的意味はある。地域のことは生活している住民が最も詳しいがゆえに、生活の場からの提案が必要である。そうした多様な住民の意向を多様な議員が集う合議体という特性を有する議会は受け止めやすいことを考慮すべきである。

このように考えれば、議会報告会を選挙と選挙の間に張りめぐらさなければならならない理由は明確であろう。議会報告会では次のような性格を持った異なったものを開催する必要がある。

① 選挙によって選出された議会への期待を問う議会報告会

これは、一般選挙後すぐに開催されるものである。任期中にどのような議会を創り出すか、どのような地域経営を行うかを住民と考えるためのものである。それは、当該議会が4年間かかわるテーマ設定の素材になるものである。

② 中間報告の場としての議会報告会

議会は設定したテーマを調査研究することになるが、この報告会は中間でその方向を住民とともに確認し豊富化する場である。住民から提起された課題を議会としてどのように対応しているかの報告の場でもある。その認知は住民と議会の信頼関係を醸成することになる。

③ 結果報告としての議会報告会

これは、議会による調査研究の結果を住民に報告する場である。「住民に寄り添う議会」を追求しながら住民に結果を報告することになる。議会からの政策サイクルの起点である議会報告会で提起された意見の調査研究を経た結果であるがゆえに、住民にとっては興味深いものであり、それを誠実に追求する議会への信頼を増大させる。

このように考えると、政策型選挙は重要であるが、議会報告会も重要であるという結論に達する。議員の公約は重要であるとしても変更が前提となる。変更した場合はしっかりと議会の議論の際に明確にされなければならない。環境の変化にもかかわらず公約に固執するよりも、より住民に責任を持つことになる。また、これこそが政策型選挙を実質的なものにする。公約に固執するだけではなく、修正に責任を持ち説明責任を果たすことが重要である。

## 議会報告会と選挙のもう一つの関係

### ① 議会報告会を選挙の際の基準に

議会報告会とともに政策型選挙の重要性を強調してきた。どちらも政策サイクルをより豊かにするものである。その際、政策ではない「人」自体を選挙の投票基準とすることを消極的に理解してきた。しかし、地方議員選挙は最終的には人を選ぶものである。その意味と議会報告会との関係を考えてみたい。

本書の視点からすれば、有権者は単に知っている人、頼まれた人を投票の基準にするべきではない。政策を理解し政策実現を目指すとともに、議会改革の到達点に基づいた行動をとるかどうかを有権者は投票基準とするべきである。しかし、それを見極めるのは困難である。

それを可能とするのが議会報告会である。それが議会報告会のもう一つの役割、つまり議会報告会と選挙のもう一つの関係である。議会報告会は政策サイクルの起点だけではない。政策に強く議会改革に熱心な議員かどうかを選り分ける場なのである。このことは、選挙時に大いに活用できる。議会報告会での報告、住民からの質問に対する説明を理路整然と行うことは議員として不可欠な資質である。それを議会報告会で見極めることができる。

議会報告会は全員ではなくグループで回ることが多い。それでも住民は政策通か議会改革に熱心かどうかの議員間比較はできる。それだけではない。記録係など前面に出ない役割をしっかりこなしているかどうかも重要な基準である。参加した住民は、地元出身議員や関係団体の議員だけではない「いままで知らなかった議員」と出会う。議会報告会は、そこで住民が関心を持った議員がどのような活動をしているか追跡する起点となる。

議会基本条例を最初に制定した北海道栗山町議会が議会報告会を２００５年に開催した際に、橋場利勝議長（当時）が「住民は選挙する基準がない。（議会としての見解を述べるのであって、議員個人ではないが）議会報告会はそれぞれの議員がどのような人なのかをわかってもらう場でもある」と述べていたことは印象的である。住民から「議員は選挙のときだけ出てくるが、終わればまったく見えない」と言われたことも、議会報告会開催の理由であった。選挙後の議員の姿を住民に知らせ、次の選挙の投票基準を提供する場でもある。

議会報告会と選挙の間の密接な関係を創り出すことは地域民主主義の実現にもう一歩踏み出すことになる。

### ② 公開討論会・合同個人演説会も

もちろん、現職議員のためだけに、住民に投票基準を提供することは不公平である。したがって、投票基準の提供という意味での議会報告会の強調は、新たに立候補したい住民（新人）が多くの住民の前に登場し、その資質を問う場の提供を要請する。公開討論会（告示前に開催される立候補予定者によるもの）や、まだ一般化していないが合同個人演説会（告示後に個人演説会を合同で行うもの）の開催が必要である。住民は、議会報告会で現職議員を、公開討論会・合同個人演説会で立候補者すべて、したがって現職議員とともに新たな立候補者（前議員を含む）を評価することができる。

議会報告会を住民と歩む議会を創り出すとともに、住民に対する投票基準の提示の場として位置づける橋場氏が、栗山町議会議員選挙において合同個人演説会を提案したことはうなずける（２０１１年開催）。

## 選挙制度の欠陥を埋める

### ① 断片的思考を広げる選挙制度

議会報告会と選挙それぞれによって表出される住民の意見を調整する視点（政策の比較）とともに、議会報告会が選挙の際の投票基準を提供する視点（人の比較）の重要性を指摘してきた。議会報告会と選挙にはもう一つ重要な関係がある。現行の選挙制度は、有権者にも立候補者（したがって議員）にも自治の断片的思考を植えつける。議会報告会はそれを解決するとはいえないまでも、是正する手法の一つである。議会報告会は、「人格を持った議会」を創り出し、議員にも住民にも全体を考える機会を提供するからである。

たとえば、市町村議会議員選挙は世界的に見て極めて珍しい大選挙区単記非移譲式を採用している。議員定数が1ケタ台であろうと20人、30人であろうと有権者は1人1票だけを有する。当選ラインは、投票総数を立候補者数で除した数といってよい（実際にはそれよりも少ない）。住民から見れば圧倒的に少ない得票で当選する制度である。そのために、立候補者は全住民を視野に入れず、地元や関係する団体を念頭に支持を得ようとする。その結果、自治体全体や住民全体を考える議員を育てない。他方、有権者である住民は1票しか有していないために、常にベストの候補者を想定して（時にはそれが絶対的に有利な場合、第2順位の場合もある）投票する。これでは、議会イメージは、全体ではなく、議会を構成する議員に断片化される。住民にも自治体全体を考慮しない投票を促す。そこで、住民は議会全体に興味を持つことは稀である。

このように、市町村議会議員選挙は有権者にも議員にも自治の断片的思考を広げる。

### ② 断片化思考を是正する議会報告会

本書で強調する住民福祉の向上を目指す「人格を持った議会」を創り出す上で、現行の地方選挙制度には大きな欠陥がある。この抜本的な改革について今後議論しなければならない。とはいえ、どの改革も日本の現状に照らしてさまざまな課題を抱えている（注3）。議論を展開する必要性はあるものの、現行制度でも自治の断片化思考を是正することは試みられている。その重要な一つが議会報告会である。

議員は議会報告会に個々の議員ではなく議会の構成員として住民とかかわる。議員は、その準備も報告も総括においても自治体全体の住民をイメージする。そこでの住民の意見を自治体政策（政策提言や監視）に活かそうとする。これによって、議員の意識は地元や特定の団体の代表者から自治体全体の代表者に大きく変わる。「従来一般質問などで議員間の相違を出すことを意識していたが、議会報告会に取り組むことで議会として動くことの意味がわかった」という議員の言葉は、そのことを端的に表している。

他方で、住民は議会報告会によって個々の議員を超えた議会というものを知る。議会がどのような活動をしているか、議会にはどのような役割があるか――「住民自治の根幹」としての議会を知ることになる。地元や特定の団体と関連ある議員だけしか知らなかった住民は、議会の構成員としての議員を知ることになる。このことは、住民に広がる自治の断片的思考を是正する。

このことは市町村議会に限ってのことではない。むしろ、指定都市議会や都道府県議会では、より強調されるべきである。指定都市議会は、区ごとに選挙管理委員会が設置され区ごとの選挙区選挙となる。そのために地元思考が住民にも議員にも広がる。このことは住民に身近な議員を創り出すことでは意義がある。「都市内分権」の徹底による区ごとの独自な政策実現にあたって多様な住民参加とともに、区出身議員による地域版常任委員会の設置などが有効である(注4)。しかし、現行の選挙制度では、区ごとの発想に住民も議員も陥りやすく、市全体を議論する姿勢を弱める。都道府県議会議員選挙は、選挙区選挙であるために地域密着型議員を育成し、一般の市町村議会議員と同様な傾向を有している。

指定都市や都道府県でも、議会報告会によって市町村と同様に自治の断片的思考の是正を目指す必要がある。とはいっても、全議員で行うことは大規模議会では困難であるために、常任委員会ごとにテーマを定めて開催することなどを想定することになる。


議会をフォーラムとして位置づけ、その意義と課題を探ってきた。議会の「見える化」は必要であるが、それだけではなく議会は住民が主体的にかかわる場である。

（注1）コリン・ヘイ（吉田徹訳）『政治はなぜ嫌われるのか』（岩波書店、2012年）を参照。なお、欧米の地方政治衰退論を踏まえつつも、日本では地方政治が台頭していることを、江藤俊昭「地域政治＝地域民主主義の変容」（『ガバナンス』2013年8月号）において確認している。

（注2）山梨県昭和町議会は、山梨学院大学ローカル・ガバナンス研究センターとの提携事業の一環として、学生が議員に質問する場を設けている（ワークショップや模擬議会）。

（注3）地方選挙制度の問題点と改革の方向については、江藤俊昭「新たな議会に適合的な選挙制度を考える」『実践自治 Beacon Authority』Vol. 45―48（2011年）を参照していただきたい（より詳細は、江藤俊昭「地方政府形態と選挙制度――比較地方選挙制度論序説」『法学論集』68号、2011年10月）。

（注4）第30次地方制度調査会答申（2013年）は、この地域版常任委員会を提案している。地方自治法改正では盛り込まれていない。なお、同答申は中核市・特例市での選挙区選挙の意義も強調している。指定都市の区ごとの選挙区選挙と同様な課題を抱えている。

# 多様な住民意見の統合の難しさと可能性

## 住民提案と議会の葛藤

住民提案はフォーラムとしての議会にとって重要であるが、ア・プリオリに（最初から）正しいこと、良いこと（善）といえるわけではない。そもそも、住民提案といっても、最初から一つに統合されて（まとまって）いるわけではない。明確な意見を持っている住民もいれば、大海に漂っているようなあやふやな住民もいる。強い意見を有する住民の間では、争点が重要であればあるほど意見は多様化し、あるいは分岐する。多様な住民提案に議会はどう対応すべきかを考えたい。

本書では、議会が住民提案と切り離されて独自に動き出すことを想定していない。そうだとすれば、議会は多様な民意から住民提案を選択することになる。結論を先取りすれば、住民提案を踏まえるとはいえ、議会はそれと異なる「独自」の論理（長期的総合的視点）から議論し、首長等と政策競争をしながら決定する。議会はできるだけ多様な民意を鳥瞰して決定する。それには説明責任がともなう。

住民提案と議会の決定は予定調和（常に両者の意見の一致）ではない。住民提案を起点とした議会からの政策サイクルは、住民自治の正の連鎖を創り出すことを強調してきた。とはいえ、先駆的な福島県会津若松市議会では議員報酬・定数をめぐって議会からのサイクルを作動させたが、納得できない住民もいた。

そのため、再度、同テーマについて議会からの政策サイクルを作動させている（2013年度）。納得できない住民に寄り添うことを目指している。

そもそも重要な争点について住民は意見を一致させるわけではない。住民投票の結果はその一例である。また、住民の多数派の意向とはまったく異なる議決をした議会もある。たとえば、鳥取県智頭町議会は住民投票での市町村合併についての賛成多数とは逆の方向を選択して合併を進めなかった（注1）。住民投票によって表出した民意ではないが、日常的にも議会報告会などによる多様な住民意見の中で多数と思われる意見と議会の決定が異なることはあり得る。

住民が多様であるがゆえに住民提案は多様である。議論による合意が目指されるが、政治であるがゆえに提案は統合されない場合も多い。また、統合されてもさまざまな理由から議会はそれを選択できない場合もある。多様性を前提として、住民意見にどのように対応するかが議会に問われている。

## 住民の多様性を認識する

住民は多様であり、当然常に意見が一致するわけではない。分岐を起こす要因を確認しよう。

① 属性による相違＝性別による意見の相違は、「男らしさ」などのように社会的に形成される。また、子育て世代の教育重視や、高齢者の社会保障の重視といったように、年齢別の意見の相違もある。

② 社会観による相違＝大きな政府対小さな政府、経済重視対環境重視、といった社会観等は地域経営上のさまざまな政策の対立を生み出す。

③　政治・行政への関心度の相違＝関心度が高いことは、まずもって高く評価してよい。しかし、この関心は特定の価値や人への過剰な賛美となる場合もある。なお、議会への関心が高い者でも、議会不信をつのらせている住民と、そうではない住民との相違が生じる。

住民の意見の相違を生み出す要因は他にもあると思われるが、住民参加手法が時として、住民間の意見の相違を刺激して亀裂を広げて、議会からの政策サイクルを作動させないこともある。議会への住民参加は多様であるが、それらにはメリットもあれば、デメリットもある（表参照）。

このように参加手法の意義と限界を知るとともに、住民自治を進める上で参加技術の適用範囲も確認する必要がある。参加技術にもそれぞれ目指す目的が異なる（注2）。

たとえば、アンケートは重要

表　議会への住民参加手法のメリット・デメリット（概観）

| 議会への住民参加手法 | メリット（上段）・デメリット（下段） | デメリットの是正 |
|---|---|---|
| 議会報告会 | 議会情報の提供、多様な意見を聴取可能 | 第三者によるコーディネート |
| | 議会不信を持つ住民からの一方的な発言 | |
| 個別テーマでの住民、団体との意見交換会 | 多様な意見からの政策化の可能性あり | 首長の附属機関（審議会）委員との意見交換会の充実 |
| | 特定の団体との意見交換会では偏りの可能性 | |
| 議会モニター | 議会に関心を持った住民が継続的に提案 | 議員との継続的な意見交換会の必要性 |
| | 一方で議会に迎合する場合があり、他方で批判的になる場合もあり | |
| 請願・陳情 | 多様な地域課題の発見の場 | 特定の住民からの提案の可能性があり、他の住民からの意見聴取の必要性 |
| | 積極的な住民に偏る可能性 | |
| 参考人・公聴会制度 | 専門的で（参考人）、多様な意見（公聴会）を聴取可能 | それらの制度を義務化（重要な争点の場合） |
| | 公聴会は開催することが困難 | |
| 住民投票 | 多数派の住民の意見が明確になる | 住民間討議、住民と議員間討議、議員間討議を配置する |
| | 偏向の可能性あり | |

注：議会独自の住民参加とともに、行政への住民参加の活用（メンバーと議員との意見交換、提言の利用）も必要である。

だが、情報提供をした後だとしても、住民は日頃の感性で答えることもある。それは、住民間で討議して多様な意見を理解した上での回答とは異なる。同一人物でも同様である。このズレは住民投票でもあてはまる。

また、最初の思い（感性での判断）を是正するために、さまざまな討議の必要性が指摘されている。偏向した意見の是正として住民間の討議の意義は確かに認められる。しかし、他方で特定の集団で行われる討議は、是正に向かわず、偏向を強化することがある。公募による住民参加は重要であるとしても、特定の意見を持った積極的な住民だけが応募する際に、このような現象が生じる可能性もある。

ワールド・カフェは、議会報告会や住民、団体との意見交換会でも活用されている。これはアイデアを出し合うという意義はあるが、これだけでは提言に至らない。

これらを考慮して住民参加技術を活用する必要がある。どの住民参加といえども、自治を進める万能薬ではない。

## 多様な住民提案からの選択

本書では、住民提案にサイクル全体の第一級の位置を与えている。議会はその提案を受動的に受け入れているわけではない。そこでは、住民、そして住民提案と議会との緊張関係が生じる。

住民提案と異なる議会の議決はあり得る。議会からの政策サイクルの作動、およびフォーラムとしての議会の実現は、議会が議決の重みを感じ取れるかどうかにかかっている。「重み」とは住民提案のうちどれか一つ、あるいは多数派と異なっても選択する自覚のことである。この自覚は単に規範のレベルではない。問題が生じた場合にその発見を早め政策修正に役立つから重要なのである。

住民提案の選択にあたって、それがベターかどうかの評価は、やはり選挙となる。また、選挙という短期の評価を超えようとすれば歴史の検証に委ねられる。とはいえ、少しでもよりよい選択をするためには、多様な住民提案を受け取る必要がある。議会はそれらを比較衡量して、その時々でよりよい手法を議会として活用し（行政に指示することも含めて）決断する。その決断には多様な要因の分析が前提になる（注3）。地域課題は自動的に一つの政策を生み出すわけではない。

住民提案と議会の緊張関係を考えてきた。住民提案の多様性を強調したが、このことは、住民だけではなく、住民代表としての議会にも言える。議会はア・プリオリに正しいわけでもなければ、意見が一致しているわけでもない。だからこそ、住民提案を真摯に受け止め、議会全体としての対応を探り議会としての意思を示すことが重要となっている。多様な選択肢から議会が一つを選択する自覚が問われている。

---

（注1）山梨県増穂町議会は、逆に住民投票によって鰍沢町との合併を住民多数が選択しなかったにもかかわらず、合併への決議を行っている。

（注2）政策過程の中で不可欠、あるいは避けたい参加手法・技術については、すでに確認している。

（注3）課題を他の課題と比較した場合の順位づけ（重要度）、単独事業か補助事業か、住民・ＮＰＯ・企業との協働が可能か、自治体間連携・補完を模索するか、法令の縛りの程度は、といった要因を考慮しながら政策を選択する。

# 第4章

# 住民自治を進める議会・議員評価

# 議会改革のバージョンアップとしての議会・議員評価

新たな議会運営を明確にした北海道栗山町議会基本条例の制定（2006年5月）から10年経過し、そろそろ議会改革のバージョンアップに向けて課題を探る必要がある。その一つが議会・議員評価の充実の課題である（注）。

議会改革のトップランナーの一つである福島県会津若松市議会は、これまでの議会改革の集大成として、2015年の議員選挙前に住民に提示する総合的な議会・議員評価の実施を計画した（2014年）。偶然なのか必然なのか、北海道芽室町議会や岩手県滝沢市議会の事務局長から議会・議員評価の今後のあり方を模索しているとの連絡があった（2014年）。後に紹介するが、芽室町議会は、すでに議会基本条例の条項を基礎に詳細なリストから構成される「議会活性化計画」の策定とその達成状況の評価を行っている（2000年から）。また、滝沢市議会は、2014年1月の市制施行を機に議会改革を推進してきたが、さらなる改革の一つに議会・議員評価がある。

通年的な発想を超えて通任期をイメージした議会からの政策サイクルを作動させている会津若松市議会は、年度ごとの評価の一つである『見て知って参加するための手引書～会津若松市議会白書』を刊行するとともに、選挙前に体系的な議会・議員評価（総括）を行い、それを次期議会につなげる問題意識を持つ。

また、年次ごと（正確にはそれを超える）の議会・議員評価を蓄積させる手法を構想していた芽室町議会は、通任期の発想を持つに至っている。滝沢市（当時、滝沢村）は、２００６年度日本経営品質賞（日本生産性本部が１９９６年度から開設）を受賞しているが（自治体受賞は滝沢村のみ）、その応用を議会改革に活かそうとしている。そこにはＰＤＣＡサイクルが挿入され、年次を超えた通任期的な評価が想定される。

その際、さまざまな課題を検討することになるが、その中の一つは、４年間の議会・議員評価の手法である。議会からの政策サイクルを強調し、通年的な発想はもとより選挙を軸にした通任期的な発想が基礎となっていることはいうまでもない。同時に、フォーラムとしての議会をさらに実質化するために、住民と議員を結びつける選挙に第一級の位置を与えている。

本書で検討するさまざまな議会・議員評価が最終的に集約されるのは選挙である。議会・議員評価を総合的に検討し実践する際の素材を提供したい。

## 議会・議員評価の目的と視点

議会・議員評価は、すでにさまざまな議会で試みられてきた。議会・議員白書の刊行はその端的なものである。議会報告会など住民との意見交換会は広報と広聴を併せ持ったものであると同時に、住民からの議会・議員評価の場でもある。

また、議会・議員評価は議会独自で行うものもあれば、本書で強調するように議会モニターなど住民が評価するものや、住民が独自に評価するものもある（議会ウォッチャー）。早稲田大学マニフェスト研究所、日本経済新聞社産業地域研究所（『日経グローカル』）などによる議会改革ランキングや『議会改革白書』（廣瀬克哉・自治体議会改革フォーラム編、各年版）の議会改革評価など、外部による他の議会との比較を踏まえた評価も行われてきた。これらによって、評価の基準・項目も精緻化されてきている。

そこで、これらの多様な実践を踏まえつつ、議会・議員評価の課題を探りたい。そもそも、議会・議員評価は、議会・議員が議会改革の到達点を確認し、さらなる議会改革につなげる素材とすること、議会・議員を住民が評価し選挙の際の資料とすることを目的としている。議会への不満が蔓延し、議会は何をやっているかわからないという最大の理由に応えるためである。これらによって、議会活動への住民満足度の向上につなげる。さらに進んで、住民自身が議会に参加し議会改革を進める際の手引きの役割も担う。これに応えられる議会・議員評価を模索しよう。

議会・議員評価にあたって三つの軸から考える必要がある。まず事前評価と事後評価の軸がある。事前評価には選挙の際の公約を想定するとよい（議会改革の到達点への評価を含む。なお、個人の政策公約は事後評価の基準として活用）。事後評価は、定例会ごと、年間ごと、通年ごと、といった重層的な評価となる。次いで、議員個人と議会の評価の軸がある。議員評価は、議員の公約や年間の自己目標の達成度を、議会評価は議会としての活動が評価される。そして三つ目に、活動指標（何をやっているかという活動を示す：アウトプット）と成果指標（活動によって達成された成果：アウトカム）両者の評価の軸がある。

ここでは、実践的には事前評価と事後評価という時間軸を中心にそれ以外の要素を加味して検討したい。

## 時間軸から評価する重要性

### ① 時間軸からの評価の視点

そもそも、評価は過去への評価と未来への評価を含むものであるから、時間軸を無視した評価は考えられない。議会・議員評価の特徴は、選挙と選挙の間の任期中の活動評価を第一義的とすることである。その評価には、任期中のさまざまな議会・議員活動の蓄積はもとより、任期中全体の独自評価も含まれている。つまり、当選した議員によって選挙後に構成される議会としての任期中の目標（課題）への対応が問われる。

その際、事後評価を事前評価と連結する視点も必要である。事前評価は、事後評価と連動すること、逆に事後評価が事前評価にとって重要であることを確認したい。わかりにくいかもしれないが、時間軸で考えれば当たり前のことである。事前評価の際の基準（選挙時の公約など）が、その後の評価の基準（事後評価）になるし（事前評価を踏まえた事後評価）、事前に評価するといっても、過去の経歴・結果（事後評価）を素材にすることは日常的に行われている（事後評価を踏まえた事前評価）からである。

事後評価は何も議会全体としての、あるいは議員個人（会派）の選挙前の総括だけを想定しているわけではない。定例会後の総括なども重要な要素である。また、本来の目的は異なる議会報告会なども議会・議員評価の大きな素材になる。

なお、時間軸の設定では任期中の活動を念頭に置いているが、評価にあたっての視野は当然それにとどまらない。当該任期中の活動は将来を見据えたものでなければならないといった意味とともに、その任期前（過去）に議会が議決し現在も効力を有しているもの（条例等）も、その後の議会の責任として継続しているからである。それにどうかかわったか、現時点の議会・議員の姿勢も問われている。

### ②　時間軸を中心に何を、誰が、どのように

時間軸を中心に、議会・議員活動の何を評価するのかを考えよう。活動指標（どのような活動をするか）と成果指標（どのような成果が上がったか）の二つの視点で評価する。議会・議員評価にあたっては、議会改革それ自体（たとえば議会活性化計画に即した議会活動評価とそれによる成果）と、議会改革による自治体政策の充実＝住民福祉の向上への評価といった二つの領域それぞれで行う必要がある。

今日、議会・議員活動の「見える化」を進めるため、あるいは議員報酬を考える素材として提供するために、いくつかの議会で行われている議会・議員活動実態調査は前者に含まれる。

これらの他に、誰が（たとえば、議会モニターの設置など）やどのように・どこで（議会報告会の実施や議会・議員白書の刊行など）といった視点も併せて考えることになる。

(注)　筆者は、この他、自治・議会基本条例の再編強化（総合計画を地域経営の軸とすることを含む）、および自治体間連携・補完における議会の役割を議会改革のバージョンアップの課題だと考えている。前者は「再考・議会基本条例（前編）（後編）」『地方自治みえ』（2014年7月号、8月号）、後者は「自治体間連携・補完における新たな議会の役割」（江藤俊昭編著『Q＆A地方議会の最前線』学陽書房、2015年）においてデッサンしている。

# 議会・議員評価にあたっての目標の設定

## 議会の目標設定の意味

議会・議員評価にあたっては、まずもって目標設定が必要である。機関競争主義（住民参加を前提とした議会と首長等の政策競争）を作動させるには、議会は議員個人に細分化されるのではなく、機関として作動する必要性を強調してきた。議会・議員評価にあたっては、機関としての議会が評価される。そして、住民福祉の向上にとって議会が果たした役割を評価することがまず重要である。これらによって、最終的に自治を成熟させることになる。

結論を先取りすれば、個々の議員の公約とともに、議会と住民の意見交換会において提出された住民からの意見を参考にしながら議会改革や住民福祉の向上にとっての課題を発見し、その解決を目指すことが求められる。この議会の目標は当然選挙時に最初から設定されているわけではない。首長の公約とは異なり個々の議員の公約をまとめ上げる別の手法が必要である。

とはいえ、個々の議員が選挙時に公約を掲げ、それに基づき住民が選挙するシステムを充実させることは事前評価としての意義だけではなく事後評価の基準、あるいはそれを創り出す要素という意味で重要である。

○個々の候補者の公約

事後評価の素材は、議会改革の進展の中でさまざま試みられている。政務活動費報告、表決（議決）の際の賛否の情報の透明性の向上、議会活動や議員のマニフェストをまとめた議会・議員白書の刊行、議会・議員活動の評価の素材の提供となる議会報告会などが広がっている。折しも、民主党政権によるマニフェストへの落胆も影響して事後（業績）評価が重視されている。それは重要であり、そして本章ではまさに4年間の総括（評価）の仕方を重視し提起することになるが、それだけにとどまるわけにもいかない。今後の4年間の政策をめぐる争点も問われなければならないからである。新人候補者にとって、その経歴とともに、選挙戦における政策論争は極めて重要である。新人議員の登場の容易さは、住民と歩む議会の充実度を測る上での試金石だからである。事後評価とともに、事前評価の視点も重要である。

このために政策論争型選挙を推進する公約は必要である。候補者は公約を明示することにより、その後の活動が縛られる。同時に、公約は議員を選出した住民がその後の議員行動を監視する素材となる（注1）。すでに事前評価のバージョンアップは実践されている。①情報提供ツールの充実（ネット選挙解禁）、②公開討論会のバージョンアップ（各地の青年会議所等による主催）、③合同個人演説会の開催（個人演説会の合同版）などが想定できる。これらを日常的に実践したい。

○個々の公約に総合計画等への姿勢を

議会の目標は、個々の候補者の公約を踏まえつつも、それらの単なる寄せ集めではない。その目標設定の手法は後述する。まず候補者の公約を議会の目標につなげる契機について考えておこう。

当該議会が行ってきた議会改革の到達点（その中心にあるのは議会基本条例）への候補者の評価も選挙時には必要である。次期議会ではどのような議会を創り出すかのイメージを問う。それがないと、個々バラバラな議員集団としての議会に戻ってしまう。

また、機関競争主義を作動させるには、地域経営の軸としての総合計画への評価が必要である。これを意識しないと、個々の議員に分断され議会は機関としては作動できない。少子高齢化・人口減少を想定すれば、地方版総合戦略や公共施設の老朽化を把握するための公共施設白書を踏まえた公共施設をめぐる今後の計画に対する評価もこの文脈では重要なポイントである（注2）。

選挙時に議会改革、および地域経営の継続性（当然、再検討や修正を伴う）を候補者に意識させることは、議員となった場合、「人格を持った議会」としての議会を作動させる契機となる。

## ❖評価の二つの領域と三つの層❖

議会・議員評価にあたっては、「住民自治の根幹」としての議会の役割を念頭に置くことが必要である。単純化すれば、次の要素である。

①住民自治の機関として議会が作動していること、②それによって機関競争主義（首長との政策競争）を作動させること、③それらによって住民が当該自治体に誇りを持ち住民自治の主体となること（①の中に含まれる住民と議会との意見交換会などによる信頼関係の醸成＝満足度の向上、②による議会・首長等の信頼関係の醸成＝満足度の向上、といった契機が含まれる）――が想定できる。

これらの要素を中心とした議会・議員評価が目指される。結論を先取りすれば、このうち①と②の要素（以下に示す評価の領域と同義）が主題化される（注3）。議会運営（改革）が自己目的ではなく、住民福祉の向上（そして自治の進化）を目指すことからすれば、そこに議会・議員評価は収斂する。それをよりよいものにするには、また住民の議会への不信を是正するには、新たな議会を目指す改革の進捗度が重要である。そこでは関連ある二つの領域での議会・議員評価となる。単純化すれば、議会からの政策サイクルの作動の条件としての議会運営と、その結果としての住民福祉の向上を問うことになる。

まず、議会運営は新たな議会を目指す議会改革をめぐるものである。さまざまな評価リストがあるが、基本的な項目は議会基本条例に明記されている内容を参考とすればよい。議会基本条例が制定されていない場合は、議会改革推進計画などでもかまわない。これらが「目標」として設定され、実践が評価される。もし、こうした計画もない議会は、その遅れを反省するとともに、代替項目を設定する必要がある。PDCAサイクルを活用しつつ、数値化することが可能であり、それに基づき評価できる。

住民福祉の向上は、その実現を目指した活動、いわば政策をめぐる活動の成果にかかわる。議会が地域経営にどのようにかかわり、それによってどのような成果を上げたかが問われる。その評価は執行機関のPDCAサイクルを活用しつつもそれと異なる特徴を有している。Do（執行）やAction（改善）に議会は直接かかわるわけではないという意味だけではなく、そもそも執行機関の「執行の論理」に対する住民目線、執行機関の「縦割り」に対する総合性、といった議会活動の特徴がある。そして、議会事務局職員数の少なさ等、資源の少なさも特徴である。そこで、議会がかかわる住民福祉の向上のための活動の対象は、すべてではなく総合的な視点から議会独自のものに特化する。また、政策実現の成果の数値化は容易ではない。

数値化された議会改革の実践を踏まえた住民福祉の向上のための活動の成果が評価となる。首長提案への賛否（可決・修正・否決、認定・非認定等）や、財政の適正化や行政改革などの数値化は可能である。一方、これらが住民福祉の向上にとってどのような意味があるかの判定、あるいは住民福祉の向上のための成果の数値化は困難である。具体的には、総合計画やニッチ（隙間）政策を中心に自治体政策にどうかかわったかを問う。また、多様な住民の視点からの議論を行い、問題点を抉り出していることにより、「執行」の論理ではなく、常に議会の政策提言・監視の論理が組み込まれていることが問われている。

二つの領域の評価は、並列ではなく住民福祉の向上が第一義的である。それを進めるための議会運営という視点である。これらによって自治を進める視点と活動を常に念頭に置く必要がある。

こうした二つの領域ごとに、通年（年度、１年）、通任期（４年）での評価だけではなく、定例会ごとの評価も必要である（三つの層）。議会・議員評価は二つの領域と三つの層に分類される。

（注１）　市民教育に連なる論点である。
（注２）　たとえば「公共施設再配置計画・基本方針」「個別計画」（浜松市）など。公共施設の利活用と地域経営の軸となる総合計画に連動している。
（注３）　③については、議会だけではなく首長等、住民、ＮＰＯを含めたアクターが大いにかかわるという特徴もあり、この要素についての議会・議員評価の位置づけが定まらないことだけではなく、その評価の手法の（技術的・数値化）が困難であるという理由から、本書では検討の主要な対象からは外している。

# 二つの領域と三つの層からの議会・議員評価

## 目標に基づく工程表

議会・議員評価にあたって、新たな議会を創り出す議会運営評価と、それに基づきどのように住民福祉の向上につなげたかの政策をめぐる評価があること（二つの領域）はすでに指摘した。その二つの領域には、それぞれ三つの議会・議員評価の層がある。時期による区分、つまり定例会ごと、通年（年度）ごと、そして通任期（選挙と次期選挙との間）ごとの層である。前二者の実践と評価が通任期の評価の前提となる。逆に通任期に基づく計画（工程表）は、前二者を拘束する（表参照）。

議会としての通任期の評価によって、それを素材に議員と住民が「人格を持った議会」の作動の到達点を意識する。しかし、通任期の議会の評価における目標設定は容易ではない。

また、候補者個人（会派）の公約は、選挙後の通任期中の議員の目標となる。そして、そこに議会改革や総合計画といった今後の議会への評価も含むべきであることは、すでに指摘した。

選挙後に誕生する新たな議会は、通任期の目標設定では、「人格を持った議会」となるための努力を要する。選挙後の住民との意見交換会での住民の意見、前期議会からの申し送り事項などを参考とする。これらに、選挙時の候補者（会派）の公約（議会改革や総合計画に対する評価を含む）を踏まえて議会の目標が設定される（注1）。

表　議会・議員評価の二つの領域と三つの層の評価項目（基本項目と例示）と主体

| | 議会運営 | 住民福祉の向上 | 評価主体、媒体 |
|---|---|---|---|
| 通任期ごと | 〔議会改革（議会基本条例の内容）〕<br>①住民に開かれ住民と歩む<br>②議員間討議<br>③首長等との政策競争<br>④自治体間連携<br>⑤新たな議会の条件整備<br>〔議会・議員活動実態〕<br>①議会活動<br>②議員活動<br>③議会・議員活動に付随した活動（質問や議案に関する調査等）<br>④それ以外の活動（議員としてかかわる住民活動等） | 〔選挙後に集約した政策研究課題〕<br>①個々の議員の公約<br>②住民との意見交換によって提起されたもの<br>③前期議会からの申し送り事項<br>〔任期途中で追加した政策研究課題〕<br>①住民との意見交換会によって新たに提起されたもの<br>②議員が新たに発見した課題<br>③首長から提起された課題<br>＊議員個人の公約の達成度 | 〔主体〕<br>議員、議会モニター（最終的には有権者による選挙）<br>〔媒体〕<br>議会だより（選挙前の臨時号を含む）<br>議会・議員白書、議会報告会、HP等 |
| 通年ごと | 〔議会改革〕<br>工程表に基づく達成度<br>〔議会・議員活動実態〕<br>工程表に基づく達成度 | 議会としての研究テーマの達成度（工程表に基づく達成度）<br>＊議員個人の公約の達成度 | 同上 |
| 定例会ごと | 〔議会改革〕<br>工程表に基づく達成度<br>〔議会・議員活動実態〕<br>会議期日数、会議日数、委員会会議日数等、および一般質問・代表質問や表決の動向 | 〔議会としての研究テーマの達成度〕<br>首長（委員会、議員）提案に対する態度（表決の賛否、論点の整理と評価） | 同上 |

注：「定例会ごと」の評価は、当然「通年ごと」の評価、および「通任期ごと」の評価と連動している。いわば、前二者の蓄積があって、後者の評価が可能になる。

図　議会・議員評価の概念図

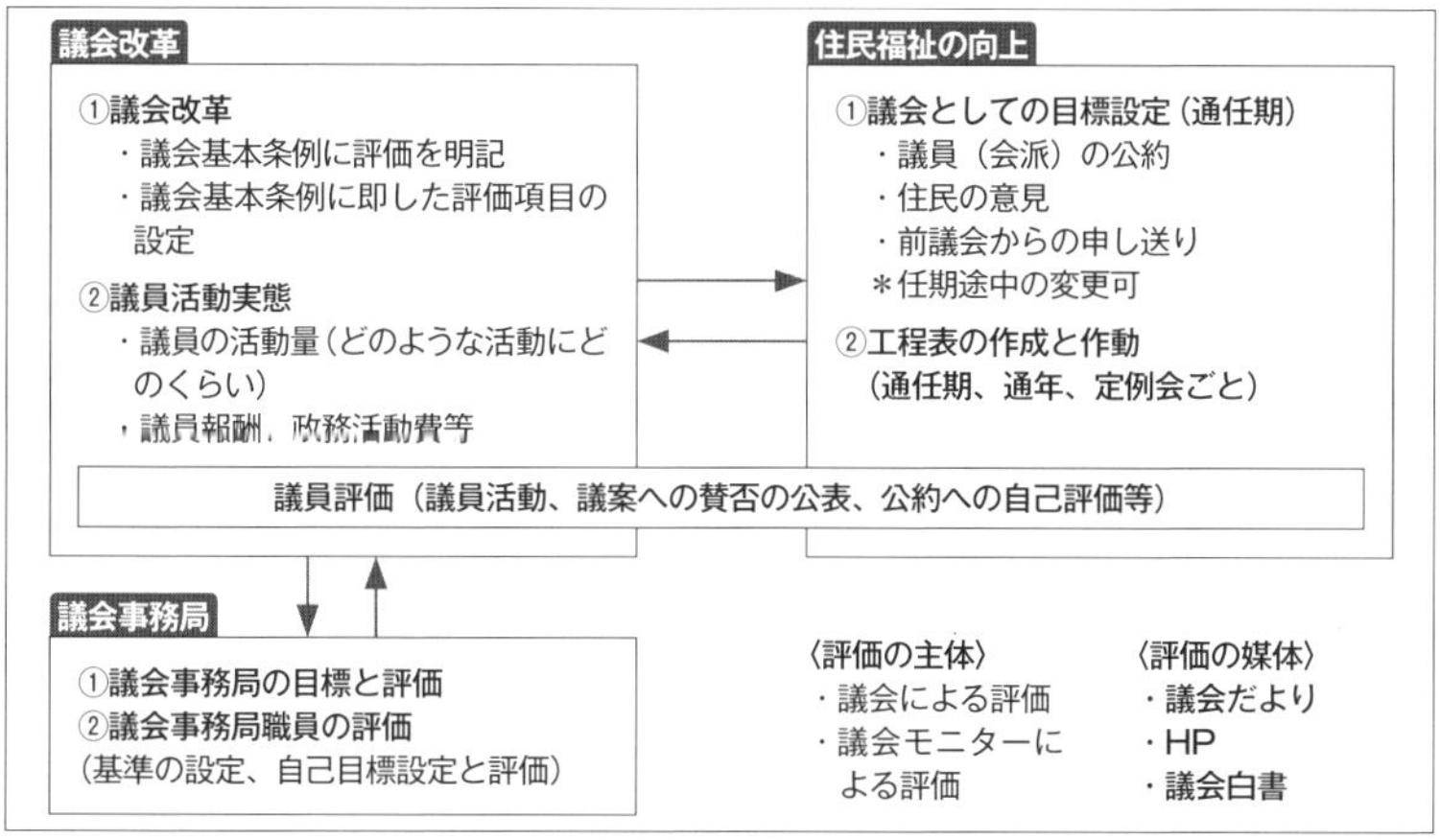


注１：それぞれ通任期、通年、定例会ごとに三つの層がある。
注２：単純化したため重複している項目もある。
注３：議会基本条例は、自治基本条例と読み替えることができる。

次に、この目標に基づいた詳細な工程表が作成される必要がある。定例会ごと、通年ごとの工程表である。その議会・議員評価を行い、集大成したものが通任期の評価となる。

これらの評価にあたっては、議会だけではなく、住民（議会モニター）および第三者機関（附属機関）による評価を加味することが重要である。定例会ごとの評価は、議会だより、ホームページなどにより公開する。通年ごとでは、それらに加えて議会・議員白書の刊行もある。

これから二つの領域と三つの層を検討するが、提示するのはモデル（理想型）であり、それぞれの自治体の現実に即して行う必要がある。ただし、何のための評価なのかは常に意識していただきたい（図参照）。まず二つの領域のうち議会運営、その中でも議会としての評価を中心に検討する。結論を先取りすれば、議会基本条例に議会・議員評価の義務化を明記して、議会基本条例の条文に即してその基本的な評価項目を設定すること、および通任期を意識した評価が必要なことを強調する。

## 議会改革の動向と課題――議会運営評価の到達点①

まず今日広がっている議会改革の評価の手法を確認しておこう。その一つに研究機関の議会改革ＰＤＣＡシートがある（注2）。基本項目として、情報公開、住民参加、機能強化（基礎力、応用力）があり、それぞれに小区分、その小区分ごとにＳＴＥＰとその細目である詳細項目が設定されている。そして、改革前（課題としていたこと、解決方法、取組内容、優先度、必要予算、達成目標）、改革後（進捗度、取組の結果できたこと、達成度、課題事項・問題点、住民から見た変化、今後の取組方法）の評価項目がＰＤＣＡシートに設定されている。この議会改革ＰＤＣＡシートは、議会改革の基本や進め方を理解する上で、大いに参考となる。

また、議会基本条例が制定されていない場合は、議会改革の項目を独自に設定し、常にそれらを意識した議会改革を進めることが重要である。北海道千歳市議会は、議会改革を進めることを目的に市民アンケートの分析を踏まえ「議会改革推進プラン」（２０１４年）を作成し実践している。

こうした議会改革の評価の動向は大いに参考にしたい。千歳市の議会評価は、議会および議員の努力によってそれぞれの改革の項目が設定されている。とはいえ、議会運営をより広く見た場合、やはり議会基本条例の制定が必要である。同条例が議会運営の最高規範であるがゆえに、それに基づいた評価が必要となるからである。条例を基準にして議会改革の評価を議会・議員も、そして住民も行うことができる。

## 議会基本条例に即した議会改革の評価――議会運営評価の到達点②

議会基本条例を議会運営の最高規範として位置づけている議会が多いことからすれば、やはり同条例の項目のチェックを基本とすべきであろう。早い時期に条例を制定した佐賀県嬉野市議会では、すでに数度の改正を行うとともに、議会改革を条例に即して自己評価している。活性化特別委員会で議論し、全員協議会に諮って決めている。条文ごとに、項、号に即して、○△×といった三段階の評価を踏まえて、「拡充」「継続」「努力」という今後の取組の方向を示し、まさに議会基本条例を基軸とした議会運営を宣言している。また、必要によって、進捗状況または方針が具体的に示されている（「開かれた議会」では「議案質疑についても、ケーブルテレビでの導入を検討」など）（注３）。

北海道芽室町議会でも、議会基本条例に即して評価項目を設定し（「議会活性化計画」）、計画を進めるためのスケジュールも策定している。なお、芽室町は議会基本条例とともに自治基本条例を制定している。その中に、議会関連条文は4条分、議員関連条文は2条分ある。それについての評価も行っている。

嬉野市議会や芽室町議会による議会基本条例に即した議会改革評価は高く評価してよい。とはいえ、議会基本条例ではその評価の義務化を規定しているわけではなく、また住民福祉の向上の評価や、通任期の視点からの評価は今後の課題となっている。

## 福島町議会の『議会白書』

議会・議員白書の刊行は、徐々にだが広がっている。最初に刊行した北海道福島町議会『議会白書』を参考に、議会・議員評価の意義と課題を考えてみよう。まず、福島町議会は白書の刊行を議会基本条例に規定している（第17条第1項・第2項）。

福島町議会基本条例（議会白書、議会・議員の評価）

**第17条**　議会は、町民に議会・議員の活動内容を周知し、情報を共有することにより、議会活動の活性化を図るため、しっかりと現状を把握し議会の基礎的な資料・情報、議会・議員の評価等を1年毎に調製し、議会白書として町民に公表する。

2　議会は、議会の活性化に終焉《えん》のないことを常に認識し、議会評価を1年ごとに適正に行い、評価の結果を町民に公表する。

3　議員は、複数の町民の代表者を擁する議会の一員をなしていることから、多様な議員活動の評価については、自己評価として1年ごとに町民に公表する。

（第4項は省略）

『議会白書』の具体的な内容は「議会の運営に関する基準」（同条第４項）に定められている（注４）。２０１４年度版の『白書』は１２４頁によって構成されている（最初の刊行である２０１１年度版は２００頁を超え、議会概要、条例・規則も含まれていた）。

「開かれた議会づくりの足どり」「開かれた議会づくりの実践」（この中には「行動計画の実施状況」と今後の取組も含まれている）からはじまり、「議会白書」として本会議の審議、常任委員会等の活動、議会の活性度・公開度・報告度・住民参加度・民主度・監視度・専門度、事務局の充実度、適正な議会機能それぞれの実態が掲載されている。その他、資料も豊富である（議会による行政評価＝事務事業評価、議会報告会、諮問会議の答申、政務活動費、福島町議会を視察した市町村等、会議・行事等の出席状況、議長・副議長の出張等、議会の評価・議員の自己評価の結果）。

『議会白書』は、議会改革の評価であるとともに、住民福祉の向上への評価を含んでいる。たとえば、議案に対する賛成討論・反対討論が簡潔にまとめられている。

また、議員個人の公約への評価（自己評価）も掲載されている（議会基本条例第17条第3項、ただし全議員が自己評価を行っているわけではない）。

したがって、『議会白書』は二つの領域と三つの層のうち単に議会改革だけではなく、議員活動の実践や成果も含まれている。「白書」という言葉を意識して1年ごとの評価を強調しているが、継続的に白書を読めば通任期の評価となる。管見の限りでは、これは最も体系的な議会・議員白書ということができる。

## 議会基本条例に基づいた通任期の評価項目

議会基本条例に即して議会改革の評価を行っている佐賀県嬉野市や北海道芽室町は通任期をさほどイメージしていない。年度ごとの合算が通任期の評価になると考えているからであろう。早くに『議会白書』を刊行した福島町議会も同様の発想である。

また、徳島県議会は、議会基本条例に「議会改革行動計画」の策定を規定し、これに基づいて評価を行っている（第30条）。計画は通年、および通任期を意識し、議員任期中の4年間を行動計画期間としている（第1期は、議会基本条例の制定時期との関係もあって3か年となっている）。その際、議会改革を積極的に進めるために、具体的な数値目標を定めている。「議会機能の強化」「効果的な議会運営」「開かれた議会」の三つの重点戦略の下に55項目（第1期。２０１６年3月には第2期策定）の主要課題を掲げ、それぞれ数値目標が明記され、これに基づいた実践、通年での評価が行われている（注5）。

## 議会運営評価の要素――小結

これまで検討してきたように、議会改革の評価では、①議会基本条例に基づき（同条例に議会改革の計画策定と評価の規定を挿入）、その条文に即した目標（評価項目）と評価、②通年だけではなく通任期の評価、といった二つの要素が必要になっている。

議会改革には、住民福祉の向上を念頭に、その成果を任期内で達成させるための議会改革の到達点の確認とともに、将来展望が必要である。

### 議員活動実態調査の意味――議会改革の条件整備

議会からの政策サイクルを作動させる議会改革を進めるとともに、それを担う議員の条件を整備しなければならない。どのような活動やコストが必要なのかを明確にして、それに適合する条件整備を住民とともに考えなければならない。

今日、議会・議員活動の実態調査が広がっている（注6）。今後の議員報酬を議論する際に参考に付すための調査が多いが、新たな議会を担う議員の活動のモデルを創るきっかけにもなる。また、そもそも議会・議員活動の実態がよくわからない住民に説明する素材となる。

住民福祉の向上のためには議会からの政策サイクルを作動させることが必要であり、そのためには新たな議会運営、その条件整備が必要である。議会・議員実態調査は条件整備を議論する際の素材となる。

なお、議会改革はすでに何度も指摘しているように、住民福祉の向上のために進めることを常に留意していただきたい。

### 住民福祉の向上への評価の基準

いよいよ議会改革の評価の前提となる住民福祉の向上の評価の到達点の確認に移りたい。福島町議会『議会白書』の中には、住民福祉の向上の評価に直結するものも含まれている。

a　議会審議の結果＝会議ごと（通年議会であるために定例に再開する会議、および定例に再開する以外の会議）に、原案可決・否決、原案認定などの審査結果とともに、審議の概要と、議会運営委員会の反省事項が掲載されている。会議（定例会）ごとの特徴が理解できる（傍聴者〈参画者〉人数も明記）。

b　常任委員会での審議内容と結果＝委員会ごとに、主要審議項目の調査内容、調査の論点と意見、意見交換の結果などが明記されている（A４判40頁に及ぶ。審議項目によって記載内容は異なる）。たとえば、総務教育常任委員会では、まちづくり基本条例の取組状況、議決した重要な計画の取組状況、総合計画に係る提言、所管関係施設・事業等の町内視察など10の審議項目に及んでいる。

c　議会による行政評価結果＝議会独自の行政評価、実際には事務事業評価が行われている（右記の常任委員会での審議内容と結果に含まれている）。総務教育常任委員会では16項目（うち行政の評価と異なる項目5件）、経済福祉常任委員会では14項目（同3件）である。

d　総合計画および議決した重要な計画への対応＝住民福祉の向上の項目の集大成である総合計画への評価を行っている。議会（議員）の表決結果の公表（右記ａ）による自治体政策の結果が明示され、それぞれの論点の公表（右記ｂｃ）による議会の役割を果たし、自治体政策の課題（可決した政策であっても問題があることなど）を明確にしている。これらとともに、自治体政策の軸である総合計画への提言・監視を行っている。２０１５年度から新たに始まる「第5次福島町総合計画」に積極的にかかわるために、現行の計画の施策体系ごとに現状認識と課題を明確にしている。これらは議会運営の先駆性とともに、「総合計画の策定と運用に関する条例」を制定していることが背景にある（２０１３年）。また、これに関連して、議決した重要な計画の取組状況の審議も掲載されている（右記ｂに示した委員会審議において）。まさに、この『議会白書』は住民福祉の向上の領域での議会・議員評価を行っている。ただし、住民福祉の領域での目標は明確ではない。今後は、通任期での目標設定も必要になるだろう。この課題はあるものの福島町議会の議会・議員評価は、大いに参考にすべき取組である。

## 住民福祉の向上の実践と評価

福島県会津若松市議会は、政策サイクルの起点に住民との意見交換会を設定していることはすでに強調してきた。意見交換会で出された住民の声を踏まえて設定されたテーマを任期中に調査研究し提言する(注7)。また、住民との意見交換会などで汲み上げた意見を参照しながら、任期途中であっても新たな課題を設定している。すでに紹介した鶴ヶ城周辺公共施設利活用構想(案)、湊地区水資源問題(給水施設未整備地区の早期解消に関する決議)などは、議会が地域課題を主導的に切り拓いた事例である。

通任期といっても、公約(マニフェスト)が絶対的なものではないのと同様に、議会が設定したテーマも唯一無二のものではない。その都度、テーマを付加し、議会の調査研究テーマを再考することも考えられる。このように議会としてテーマを設定していれば、それに向けて議会からの政策サイクルを作動させたか、そしてどのような成果を獲得したかが問われる。逆にいえば、こうした課題の設定は議会による事後評価を容易にする。

ただし、会津若松市議会では、年次ごとの工程表があるわけではない。毎年テーマに基づく調査研究の進捗度を確認し、次のステップに進む舞台の設定はまだ弱い。また、決算審査と連動した論点抽出および予算審査を導入した。それを実質的なものとするために、行政評価による基本施策の評価を踏まえた決算認定を行っている。これらは重要であるとしても、評価する基準を設定しておくことが必要である。

議会からの政策サイクルを作動させる上での地域経営の軸、いわば総合計画へのかかわりが重要なポイントになる（注8）。テーマ設定を総合計画と連動させる視点である。

## ❖議員の公約・目標の評価❖

議員の評価は、議会改革と住民福祉の向上という二つの領域にかかわる。前者は、議員としてどのような活動をしたか、後者は地域経営の政策にどのようにかかわったか、で評価される。議案の表決への賛否等は両者にかかわる。議員としてどのような活動をしたか（議会への出欠）、そして議案への表決結果は、すでにかなりの議会で議会だより等で公表されている。

地域経営の政策にどのようにかかわったかについては、議案への表決もその一つであるが、独自の目標（公約）に対する評価も必要である。

北海道福島町議会『議会白書』には、議員の自己評価が掲載されている（2013年から）。行政、財政、経済、福祉、教育という五つの分野（その他を入れると6分野）の中から独自に項目を設定し、「取組」と「結果」で自己評価を行っている。

議会は、議員の多様性を前提とする。それぞれの議案への賛否の公表だけではなく、自己評価によってそもそも議員が地域経営のどの分野に関心があり、どのような問題意識を持って活動しているかを住民が理解でき、それに基づき議員を評価することもできる。

## 議会事務局・職員の評価

新しい議会を作動させるには議会事務局の充実が必要である。その目標が議会改革の項目に入っていることも多い。北海道芽室町は職員の研修強化、職員人事の協議、執行機関の法務・財務機能の活用、職員の併任等の活用、また徳島県議会は総務課法務文書担当主任専門員の併任、政策調整担当室長の配置、政務調査機能の体制強化・調査課を政策調査課に変更、議会事務局内プロジェクトチーム設置（地震対策、四国広域連合など6チーム）を行っている。まずもって、議会事務局改革の目標を設定したい。

議会事務局職員の目標設定と評価も必要である。職員の人事権は議長にあるものの、実際には執行機関の役職のローテーションに組み込まれて出向人事となっている。このために事前の交渉を明記する議会基本条例も生まれている（たとえば大分県佐伯市議会基本条例第13条第2項）。人事評価の基準や主体は、今後の議会事務局を創り出すには問題を抱えている。職員評価を議会事務局長が行っているところもあるが、最終的には首長部局で行うところもある。議会事務局長は、人事評価制度の対象となっていない場合もあるが、首長部局（首長、副首長）で行うところも少なくない（注９）。

二つの意味で、議会事務局職員の目標設定は重要である。一つは、今後議会事務局が議会改革の「車の両輪」として作動するためには、現在の議会の支援だけではなく、今後の議会の支援を行う必要があるからである。そこでは、議員と職員との間に緊張関係が生じる可能性もある。真摯に勤務する職員が不利にならないように、明確な基準を設定する必要があるという意味である。もう一つは、職員が常に意識して勤務する基準という意味である。議会事務局とその職員の目標は、議員と職員が協力して設定する必要がある。

## 議会・議員評価の主体と媒体

### ①　議会・議員評価の主体

議会・議員評価を誰がするかという問題もある。自己評価は甘くなりがちだが、議会・議員自身による評価は積極的に情報を提供するという意味で重要である。同時にそれに限定されないことも必要である。たとえば議会モニターによる評価が想定される。これは住民による評価の一つである。多様な住民による評価は重要だが、まずもって議会を傍聴し、議員との意見交換を積極的に行うモニターによる評価は現実的・説得的なものである。その他、アンケートによる評価も必要である（満足度の数値化）。また、専門家による第三者機関による評価もある。ただし、専門家といっても多様である。どのような専門家を選択するかが問われる。

北海道旭川市議会では、議会基本条例に対する議会の自己評価の検証を第三者機関に委ねている。2013年度にはじめ、2015年度には第2回の外部有識者による外部評価が行われた。議会運営の評価および検証は、議会基本条例で規定されている（条例第19条）。その実質化を図るものである。まず、議会として自己評価を行いそれを素材として、外部評価が行われる。外部評価は、外部評価委員（2回ともそれぞれ3名）によるヒアリングなども行われた。全体としては自己評価の内容は「概ね妥当」としながらも、評価方法の改善も指摘されている。この外部評価委員は、専門的知見の活用（地方自治法第100条の2）に基づいている。議会基本条例に基づいていること、議会の自己評価を素材に外部評価が行われている。この意味では、現実的で実効性あるものとなっている。

それぞれの議会で評価の手法を開発することは重要であるし、それが基本である。一方で、議会・議員評価の基準のモデルの作成や、専門家集団の育成も必要である。

新聞による議会・議員評価や議会ウォッチャーも住民の監視力を高める上で重要である。ただし、数値化できる項目（出席、質問回数、議案への賛否等）の評価は可能だが、政治的な価値判断（よい質問、悪い質問）を客観的に判定することは困難である。一つの評価として相対的・限定的に活用すればよい。

### ②　議会・議員評価の媒体

議会・議員評価を住民に知らせるには、議会だより、議会・議員白書、ホームページを活用したり、議会報告会での報告が有用である。内容は当然、議会・議員活動の実態報告だけではなく、目標とその成果が明記されることになる。

## 無投票選挙における公約

議会・議員評価にとって、選挙の際の公約（候補者・会派）は、高い位置づけが与えられている。公約は事前評価にとって当然であるが、事後評価にとっても任期内の議員の目標として、また新たな議会の目標の構成要素として重要である。しかし、今日無投票選挙が増加している（次章参照）。無投票では、当選した議員は公約を公表する場がない。それでは、住民にとって議員を評価する基準もなくなる。

無投票であっても当選であり、議員の責任を任期中全うしなければならない。そこで、無投票の際の議員の公約を公表する手法を開発しよう。

一つは、議会だよりに公約を掲載することである。一般選挙後には、臨時議会が開催される(議長選出等)。その際に、臨時議会だよりを発行する議会が多い。ここに、議員の公約を掲載するべきである。

また、住民への説明の機会も想定できる。北海道千歳市議会は、2013年選挙では無投票だった。公約が明示されなかったため、住民グループは、1年後に議員の公約を住民に説明する機会を創り出した。「議員の話――『ココが気になる』を聴いてみよう!」(千歳を考える会)である(ほぼ会派ごとに4日間)。このような機会は住民が主催しても、また議会が主催してもよいのではないだろうか。

(注1) 環境の変化によって目標の変更(追加・修正・削除)は当然あり得ることには留意していただきたい(説明責任は必要)。

(注2) 早稲田大学マニフェスト研究所議会改革調査部会編『あなたにもできる議会改革――改革ポイントと先進事例』(第一法規、2014年)。たとえば、基本項目の一つである住民参加には小区分として、傍聴機会、直接参加、意見受付、報告会という四つが設定されている。

(注3) 「変わるか!地方議会」「議員が変われば議会、行政、市も変わる!」『ガバナンス』2014年6月号参照。

(注4) 議会の運営に関する基準(第16章 議会白書)では、「議員の名簿、構成、議会運営や会議の開催状況等をまとめた議会の概要及び開かれた議会づくりの足どりや取り組み事項及び議会、議員の評価等をまとめた開かれた議会づくりの概要を年度のはじめに作成し、これを公表する。/2議会白書、議会の評価及び議員の評価について必要な事項は、別に要綱で定める」となっている。

(注5) 「行動計画」は一人会派を含めた全会派の議員によって構成された議会改革検討会議によって検討が行われ策定された。まさに、「徳島県議会が一丸となって策定し、一丸となって取り組む計画」である。「人格を持った議会」を妨げているといわれる会派制が導入されているにもかかわらず、議会改革の実践の中でその弊害が是正される契機となるであろう。

(注6) その意義や課題については、江藤俊昭『自治体議会学』(ぎょうせい、2012年)第3章、第4章を参照。会津若松市議会、福島町議会等を素材に検討している。

(注7) 2011年度に設定したテーマについては、『見て知って参加するための手引書~会津若松市議会白書 平成25年度版~』参照。

(注8) 長野県飯田市議会は、総合計画を議決事件に追加している。それに責任を持つために、決算審査から予算要望へと連なるサイクルを意識しながら、決算認定を実質化させるために行政評価を議会独自で実施している。

(注9) いくつかの議会事務局に急きょ質問をして回答をいただいた。この場を借りて感謝したい。

# 議会・議員評価のもう一歩

## 住民福祉の向上の領域における評価対象の留意点

議会・議員評価のうち議会運営の領域は、三つの方向（議会への住民参加、議員間討議の重視、首長等との政策競争）が中心となる。住民福祉の向上の領域は、議会からの政策サイクルと連動するものであり、連続性、住民の提案を起点、総合計画を意識、といった要素が不可欠である。住民福祉の向上の領域における評価の留意点を確認しておこう。

### ①　ＰＤＣＡサイクル自体を問う

さまざまな政策・施策が評価の対象となることはいうまでもない。同時に、政策・施策を作動させる上でシステム自体も評価の対象となる。

その際、首長等による評価の視点とは異なることはすでに指摘している。住民目線、合議体の特性を活かすとともに、少ない資源を考慮して包括性ではなく、全体性の視点こそが議会の特徴であることも強調してきた。ＰＤＣＡサイクルの発想は執行の論理に誘導される危惧がある。たしかに、目標を設定して実行し、その行動を評価し、改善につなげるといった一連の作業は行政改革だけではなく、日常生活にとっても必要なことかもしれない。そこで議会・議員評価にとって活用できる範囲を確定する必要がある。議会運営の評価は、目標を設定してそれを実現するというものである。そのことからすれば、住民の声を常に聴くことを組み込めばＰＤＣＡサイクルは大いに活用できる。

しかし、議会では、首長のＰＤＣＡサイクルの文脈で活用するわけにはいかない。二元的代表制の観点から執行機関によるＰＤＣＡサイクルとは別に議会によるＰＤＣＡサイクルがあるといった意味ではない。この発想では、執行機関のＰＤＣＡサイクルの論理が議会にも浸透することになる。

まず、Ｐ自体の意味を問う必要がある。Ｐはたしかに首長サイドから提案されるものが多い。しかし、地域経営にとって重要な計画は議会の議決事件である（予算、議決事件に追加した場合の総合計画）。Ｐでは議決を踏まえた計画が第一義的である。Ｐは、首長等だけではなく議会・議員からのものもある。重要なＰは議会が議決し、それに基づいて首長が詳細計画を設定して実施する。首長によるＰＤＣＡサイクルの重視は、結果的に議会の議決を軽視することにつながる。

また、執行機関によるＰＤＣＡサイクルといっても多元的である。政策・施策・事業といった3層を想定した場合、議会はすべてをチェックすることは重要であるとしても、すべてにかかわる必要はない。議会は政策や施策を中心に総合計画との連動を念頭に置いて住民福祉の向上にかかわり、それについてより鳥瞰的に評価を行う。同時に、ＰＤＣＡサイクルに即して、その中身の評価よりもシステム自体を問う視点が必要である。つまり、執行機関のＰＤＣＡサイクルについて行政と同様の視点から評価を行うというよりも、執行機関の行政システム全体の評価に軸足を置くことが必要である（注１）。そこで、本書ではＰＤＣＡサイクルの視点の重要性を認めつつも、地域経営においてはＰとＤの間に2つのＤ（討議と決定）を挿入したＰＤＤＤＣＡサイクルを提起している。

② ルーティンと議会独自のテーマ

住民福祉の向上の領域における評価対象にはルーティンのものと、それぞれの議会が取り組むべき独自なものの二つがある。前者は、すでに議決事件として規定されている、および新たに規定した事項を想定してよい（地方自治法第96条第1項・第2項）。たとえば条例や予算などである。後者では、任期の4年間に解決すべきテーマを新たな議会が設置されてからすぐに取り上げるものから、任期の途中で緊急なものとして取り上げるものまでさまざまである。どちらも、主に住民との意見交換会等で提出された提案を踏まえたものとなる。また、そこで提案されていなくとも議会として住民福祉の向上にとって不可欠なテーマを設定する場合もある。

なお、テーマは任期の4年間にとどまるわけではない。議会の議決は継続的である。現在の任期の議会が議決した事件だけではなく、過去に議決し、継続して効力を発揮しているすべての事件にも議会は責任を負っている（注2）。

③ 評価内容の相違点への対応

住民福祉の向上の領域では、まさに優先順位や政治的な価値が入る。その向上の評価にあたっては、会派や議員個人の相違が噴出しやすい。議会運営において相違はあるが、住民自治に即した民主主義のルールという点では相違の幅は狭い。まさに住民福祉の向上の領域をめぐる政治的価値観のぶつかりあいにこそ議員間討議の真骨頂がある。国政のような安全保障、基本的人権といった二者択一をめぐる争点というより、自治体では予算配分のような量的な分野での争点が多い。優先順位をめぐって価値観の相違が存在するが、今後の政策を創り出すために大いに討議してほしい。そこでは合意が必ずしも形成されるわけではない。合意形成ができなかった場合は、議会白書等において討議の概要とともに、多数派と少数派の見解を明記する必要がある。

## 評価と選挙の相補性

今日、議員選挙は個人を選ぶものとなっており、政策型選挙といっても「個人の想い」を吐露する場になっている。しかし、「人格を持った議会」を創り出すために、議会・議員評価を選挙につなげる必要がある。そこでは選挙の素材に議会・議員評価を活用するといった一般的な意味を超えている。任期中に当該議会は住民自治（本書では特に議会運営と住民福祉の向上を取り上げているが、それよりも広い）を進めるために何をしたかを提示することで、その到達点を住民が確認する機会を提供することになる。

その上で、選挙において議会・議員評価を行うことが「人格を持った議会」の作動の連続性を持たせる。そのためには議会・議員評価の二つの領域、つまり議会運営と住民福祉の向上という領域における議会・議員活動に対する評価を住民だけではなく、立候補者が確認し、それへの態度を選挙戦で明確にすることが求められる。

具体的には、議会基本条例や、それに基づく議会運営・議会活動についての評価を選挙戦で住民に示すことが不可欠になる。

さらに、住民福祉の向上のための活動の基礎になっている総合計画についての評価を選挙戦で公約として示すことが求められる。立候補する想いは重要ではあるが、地域経営の軸についての評価を踏まえたものでなければ、新たな議会の運営が個々バラバラな想いの寄せ集めになるだけで、住民も候補者による住民福祉の向上のための政策の力点が把握しにくい。

少なくともこの二つの評価を候補者が選挙戦で示すことで、住民による判断基準が明確になるだけではなく、議会の連続性が生まれることになる。候補者が二つの評価を公約として掲げる政治文化の醸成が必要である。そのために、有権者がそうした候補者の中から議員を選出することが必要である。とはいえ、立候補者すべてが議会基本条例や総合計画について知ることは容易ではない。その学習を立候補者個人だけに委ねるわけにはいかない。現職有利な状況を是正して立候補のハードルを低くすることが必要である。

そこで、首長立候補者のマニフェスト作成支援（たとえば岐阜県多治見市、熊本県御船町）と同様に、議員立候補者による公約の作成を支援する制度の創出が必要である。

さらに、議会基本条例や総合計画、およびそれをめぐる議会活動の到達点を候補者が容易に知ることのできる場も必要である。選挙管理委員会で行うことも考えられるが、議会自身が候補者を対象とした事前学習会・研修会を開催してもよい。岩手県滝沢市議会では、選挙の前に開催することを模索した（2015年、ただし候補者だけではなく一般住民を対象、しかも議会改革の到達点についてだった）。もし実現できれば議会改革を超えて住民自治に大きな風穴を開けることにつながる。

議会・議員評価によって、議会の到達点を住民だけではなく候補者が認識し、それへの「評価」を候補者が表明する（＝公約）ことで、新たな議会に従来の議会・議員活動が継続される。評価と選挙の相補性である。

（注1）執行機関のトップ（首長等）も同様な視点が必要である。とはいえ、目標達成を重視する執行の論理に対して住民目線・合議制を重視する議会は、それとは異なる視点からの行政システムの評価が必要であるし、可能である。

（注2）重要な事件については選挙後に新たに設置された議会（毎期）で再検証することも含まれている。逆に、重要ではないものや効果のないものは廃止することも必要である（議会がすべてを検証するという意味ではない）。

# 第5章

# 議会による政治文化の変容

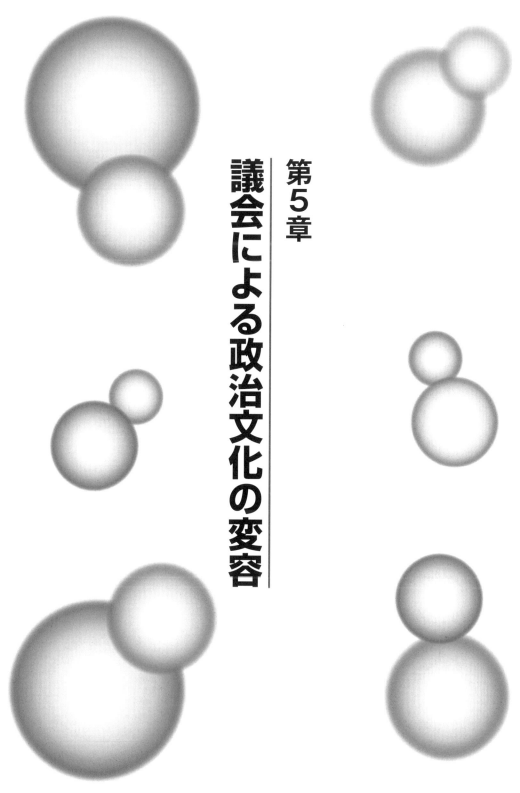

# 選挙権年齢引下げを政治文化の改革に

## 選挙権年齢引下げの意味

選挙権年齢が18歳に引き下げられた（２０１６年参議院議員選挙から適用）。遅きに失したという印象は拭えない。また、選挙権年齢の引下げであって被選挙権年齢の引下げではない。世界的に見れば、選挙権年齢が18歳以下の国は87・８％であり、被選挙権年齢21歳以下の国は57・６％である（国立国会図書館調べ）（注1）。とはいえ、選挙の権利の拡大が若者の政治参加を充実させることになるとともに、選挙の意味を考える良い機会を提供するものとして積極的に捉えるべきであろう。

そもそも、義務教育を終えれば、原則として就労することは可能であり、就労すれば当然税金も払う。そうすれば、その使い道に対して発言するのは当然である。この論理からすれば、日本の場合、選挙権年齢を16歳に引き下げることになる。とはいえ、段階的に（この表現が適切かどうかはともかく）18歳に引き下げる意味はある。

選挙権年齢の引下げには主権者教育・市民（政治）教育が伴わなければならない。このことは強調しておきたい。しかし、若者への市民教育、しかも学校教育における市民教育に限定して捉えることには違和感を覚えている。本書で強調したフォーラムとしての議会の実践を含めたまちづくりへの参加が、若者だけではなく国民（住民）にとっての市民教育につながるからだ。

若者の政治意識のみが問題ではなく、日本全体、そして地方の政治文化自体、つまり国民（住民）すべての問題として捉えることが必要である。まず、その意味と議会の役割を考えたい。意欲的に議会改革を行い、それを住民福祉の向上につなげている議会でさえ、議会報告会、住民との意見交換会や住民アンケートなどにおいて、住民から無視され、あるいは批判されることも少なくない。政治文化を問題にするのは、こうした風潮に対する一つの回答でもある。

政治文化の議論に入る前に、それと関連して、若者がＮＰＯを立ち上げて運動を行い、その広がりが選挙権年齢の引下げという果実を実らせたことを指摘しておきたい。特定非営利活動法人Rightsは、選挙権年齢や市民教育に関する調査研究を継続的に行い、それに基づき啓発活動を展開するとともに、国会議員等との接触を強めてきた（超党派によるシンポジウム等）。長期にわたったとはいえ、このように市民、とりわけ若者からの提案が実現した意義は大きい（注２）。

### 地方政治の負の連鎖の蔓延

統一地方選挙を前に投票率の低さや、無投票当選の多さなどの問題点が指摘されている。たとえば、町村議会議員選挙における改選定数に占める無投票当選者の割合は21・８％（統一地方選挙（２０１５年）総務省資料）である。また、首長選挙での無投票当選人の割合は、町村長43・４％、市長30・３％となっている。なお、道府県議会議員選挙の無投票当選者の割合は、21・９％である。今日、地方議員の高齢化や女性議員の少なさも指摘されている。

これらの問題は、地方政治の負の連鎖の結果である（表参照）。今日、地方分権改革によって地域経営の自由度が向上したことや、財政危機によって財政投下の選択と集中が不可欠になり、議会の役割が重要となっていることを自覚しているか、少子高齢化や人口減少など山積している課題に挑戦する気概があるかどうか――この二つがポイントである。

地方政治の負の連鎖は、一方で住民の不信が蔓延する。つまり、身近な課題を地方議会や議員にぶつけても従来の議会運営ではそれに応えられない。そもそも議会運営は住民に十分見えていない。課題に応えられない議会は、その存在意義が失われ、住民による議員定数や報酬の削減要求に結びつく。

他方で住民に理解されていない議会は、新たな議会運営の条件も整備できず、従来の議会運営を継続させる。これらから、〈新たな課題を追求するための時間と労力の負担

**表　議会改革の負の連鎖と正の連鎖（一般市、町村）**

| | | |
|---|---|---|
| 〈外部環境〉①少子高齢化や人口減少といった課題が山積、②地方分権改革による地域経営の自由度の向上、財政危機による選択と集中、③国政や地方を問わず政治・行政への不信の蔓延 | | |
| 負の連鎖 | 〈議会〉解決が困難な課題に直面し、責任はますます重くなる。閉鎖的で、議論もなく追認機関化している従来の議会では対応できない | 〈住民〉身近な課題を地方議会や首長にぶつける。従来の議会運営ではそれに応えられない。そもそも、議会運営は見えない。課題に応えられない議会ならば、その設置の意義が失われる。議員定数や報酬の削減要求に結びつく。 |
| 負の連鎖 | 新たな課題を追求するための時間と労力の負担増→それにもかかわらずコスト削減要求の高まり、尊敬されず→やりがいの欠如→立候補者の少なさ→議員の属性の偏り（高齢者、男性）→新たな課題の解決が困難となり、住民の不振を広げる | |
| 正の連鎖（の可能性） | 〈議会〉議決責任を自覚し、新たな課題の解決に果敢に挑戦するために、新たな議会を創り出す。そのための条件（議員定数・報酬等）を整備する必要を住民とともに議論する。 | 〈住民〉議会の見える化の推進、住民との意見交換など住民と歩む議会によって、住民福祉の向上のために活動する議会・議員を知る。問題はありながらも、議会が住民に寄り添おうということを実感する。 |
| 正の連鎖（の可能性） | 新たな課題を追求する議決責任を自覚→それを行使するための時間と労力の負担増→それに対応するコストの維持・向上、尊敬とはいえないまでも不信の解消→やりがいの向上〔→立候補者の増大→議員の属性の偏りの解消→新たな課題の解決、住民の不信の解消〕 | |

注：正の連鎖に可能性を付しているのは、また括弧〔　〕を挿入したのは、連鎖が実現しているわけではなく、今後の課題も含んでいる。また、これらは労働法制の改革も必要である。

増↓それにもかかわらずコスト削減要求の高まり、および住民からの不信・不満の広がり↓やりがいの欠如↓立候補者の少なさ↓議員の属性の偏り（高齢者、男性中心）↓新たな課題解決の困難とそれによる住民の不信の蔓延〉――といった地方政治の負の連鎖が生まれる。そして頻発する議員の不祥事件は、負の連鎖を加速させる。

地方政治の負の連鎖を断ち切ることは可能である。そのためには、新たな議会運営と、それによる住民福祉の向上という成果を住民に示すことが必要である。そして一方で、議会は議決責任を自覚し、新たな課題の解決に果敢に挑戦するために、新たな議会を創り出すことが求められる。そのためには条件（議員定数・報酬等）整備を住民とともに議論することも必要になる。

他方で、議会の見える化の推進、意見交換など住民と歩む議会によって、住民福祉の向上のために活動する議会・議員を住民は知る。そして議会が住民に寄り添おうとしていることを実感する。

これらによって、〈新たな課題を追求する議決責任を自覚↓それを行使するための時間と労力の負担増↓それに対応するコストの維持・向上、尊敬とはいえないまでも不信の解消↓やりがいの向上↓立候補者の増加↓議員の属性の偏りの解消↓新たな課題の解決、住民の不信の解消〉――といった地方政治の正の連鎖が生まれる可能性はある。

もちろん、負の連鎖は社会・経済の基層で生じている変動によって加速されている。少子・高齢化、人口減少の進展である。議員を輩出してきた農業や自営業の衰退などによる要因もある。また、市町村合併を契機としたものであれ、また合併しないで「自主的な」（多くは後ろ向きの）ものであれ、議員定数削減が進み、当選ラインが引き上げられたことによって、立候補の意欲を減退させていることも考えられる。つまり新人が立候補しにくい環境が生じている。

矛盾するように見えるかもしれないが、議会改革を進めている議会では、議会活動量の増加が立候補者を少なくさせることもある。議会・議員活動の条件（具体的には報酬や政務活動費の低さ等）から、立候補を躊躇することがあるからである。

議会は、議会改革を進めるだけではなく、住民福祉の向上という成果を住民に示し、一方、住民は議会の改革に応えて議会を監視し参加することも重要である。このような議会運営の正の連鎖の萌芽はある。本書ではこの方向を模索している。

## 負の連鎖を創り出す非政治と反政治

地方政治の負の連鎖は、そもそも住民と議会との疎遠関係だけが原因で生じるのではない。より広く奥深い原因、いわば政治文化の問題もある。それを見定めて改革する必要がある。その自覚なくして、正の連鎖の模索は空回りする。つまり、政治文化の根本的な改革は短期的には困難でも、その改革も伴わなければ、正の連鎖が有効に作動しない。もちろん、根本的に政治文化を変えるまで、地方政治の正の連鎖が作動しないと考えるのは早計である。地方議会改革を含む地方政治の正の連鎖を創り出す活動こそが、非常に大きな壁となっている現在の政治文化を改革する端緒となり得る。

地方政治の負の連鎖を創り出している政治文化は、後に検討するように〈非政治（脱政治）＝政治的無関心〉と〈反政治＝政治的無関心あるいは政治行政批判〉といってよい。その深層も考慮に入れなければ、地方政治の正の連鎖を生み出すことは難しくなる。

さらに日本の地方政治の場合、中央集権下に培われた強い首長、弱い議会のイメージが広がっていることも負の連鎖の要因といえる。

そこで、政治文化を考えるとともに、地方政治の負の連鎖を正の連鎖へ転換させる手法を議会改革の視点から考えていこう。政治文化を変革することは長期にわたるが、早急に取り組まなければならない。

（注1） 高橋亮平・小林庸平・菅源太郎・特定非営利活動法人 Rights『18歳が政治を変える！――ユース・デモクラシーとポリティカル・リテラシーの構築』現代人文社、２００８年。

（注2） 世代間格差（高齢者優遇）を若者の投票率や選挙権年齢の高さと関連づける議論として、同右第2章参照。

# 非政治・反政治という政治文化

## 政治文化の非政治と反政治

議会改革を住民福祉の向上、そして自治の推進につなげるために、地方政治の負の連鎖の深層に非政治(脱政治)と反政治を意識する必要がある。今日蔓延している非政治と反政治の原因と、長い道のりではあるが、それらを克服する視点を示したい。

非政治とは、政治行政について関心を持たない志向や状態である(政治行政への無関心)。そのうち脱政治は、従来、政治行政への関心はあったが幻滅したなどの理由により、関心を持たないようになったものをさす。この蔓延は、政治行政を視野の外に置き、日常的な住民参加を回避し選挙を棄権する住民を増やす。

それに対して、反政治は現在の政治に大いに不満を持ち、あるいは不信をつのらせ、税金で「生活している」政治家や行政職員を「敵」と想定して攻撃する志向や状態をさしている(政治行政批判、カリスマ的指導者への迎合)。

この蔓延は、一方で政治から自らを遮断し、政治は自分たちとは関係ないと判断し、選挙を棄権する住民を増やす。他方でエスタブリッシュメントとしての政治家や行政職員を「特権層」と捉え、それを攻撃するカリスマ的指導者が登場すれば熱狂的に支持する住民を増やす(積極的に投票する)。

非政治と反政治は両立可能である。互換性があるだけではなく、同一人物が同時に持つこともある。「特権層」が政治を担っているので、自分は関係ないと考えることもある。また、政治には無関心だったが、たとえば子育てなどを契機として福祉・教育などに関心を持つことで政治の重要性を認識し始めることもある。その際自らの要求が実現できないと感じる場合、既存の政治家や行政職員を〈特権層＝敵〉とみなすこともある。

こうした非政治や反政治から脱却しなければ、新しい議会を創り出しても、住民は関心を示さないか、相変わらず「議会不要論」に基づいて議員報酬・定数削減を唱えることになる。議会報告会を開催しても（すでに本書において指摘しているように、その改善は必要であるとはいえ）、参加者が少ない、あるいは批判的な発言ばかり出るというのは、こうした非政治や反政治の蔓延が大いに影響している。

## 非政治が広がる理由

### ① 非政治の思考

〈新自由主義＝市場原理至上主義〉の広がりが非政治を生み出している。「自己責任」が強調されると、政治行政の役割は軽視される（注1）。市場原理の優先は、政治や行政の役割を後景に退かせ、政治や行政に関心を持たない人々を増加させる。そして、市場原理至上主義は、住民に消費者志向を身につけさせる（注2）。

提供される情報の中から商品を選択する消費者（consumer）は、サービスを受けるだけの顧客（client, customer）とは異なって主体性を有している。しかし、消費者志向では情報提供のない商品は選択の対象にならず、また自分にとって欲しい「よい商品」がない場合、「買わない」（政治でいえば、「選挙に行かない」）といった行動が選択される。

なお、市場原理至上主義的な発想と結びつくグローバリゼーションの進展や思考の広がりによって、国政や自治体の政策選択が狭められることが強調されれば、同様に政治の役割は低下する。

### ② 非政治を創り出す選挙制度

市町村議会議員選挙で採用されている大選挙区単記非移譲式（定数が複数〈実際は何十人という場合〉でも一人一票）では、全体を見通す意識は住民にも候補者にも生まれにくい。候補者からすれば、特定の層（地区や分野）から得票を得ることが目的になり、住民からすれば、議員構成全体をイメージした投票はできにくいからである。都道府県議会議員選挙の選挙区選挙、とりわけ小選挙区や2人区では、ほぼ結果が想定できる場合が多く投票する意欲を減退させる。これらのことは非政治を加速させる。

### ③ 選挙運動やマスコミの動向

選挙運動の規制が強いだけではなく、大選挙区単記非移譲式や選挙区選挙における小選挙区・2人区においては争点が明確になりにくい。身近な人に頼まれれば投票に行くが、頼まれない場合は棄権者を生み出す。また、マスコミの政局報道の偏重は、政策議論を遠ざけ住民の「しらけ」を蔓延させる。これらのことも非政治を促進させる要素である。

## ❖反政治が広がる理由❖

### ① 反政治の思考

世界中で広がる格差の拡大が反政治を生み出す。日本の非正規労働者の増加などを念頭に置けばよい。低所得者・非正規雇用者の増加は、税金で給与・歳費・報酬を得て「安定した」生活をしている政治家や行政職員は「特権層」とうつり、候補者や行政職員には親近感を感じないし、時として「敵」とみなすようになる。選挙において棄権に走るか、「特権層」に敵対するカリスマが登場すれば、熱狂的に支持する。これを増幅させているのが、政治家や公務員が国民の利益のために働いていると信じること自体が合理的ではない、要するに彼らは自己利益のために活動しているという公共選択論の広がりである。これは、市場原理至上主義と接近する。結果的に効率の強調と政治への猜疑心にいたる。

### ② 反政治を創り出す選挙制度

首長選挙では争点が単一化しやすく、「敵」を創り出して攻撃する劇場型政治が登場しやすい。「与野党意識」がある議会・議員では、そのスピルオーバー効果として「特権層」を叩く立候補者が脚光を浴びる。

### ③ 選挙運動やマスコミの動向

大選挙区単記非移譲式においては争点が明確にならない。ジャーナリズムの視点からの批判は重要だとしても、新たなビジョンがない場合は、単なる攻撃となる。政局報道だけでは、住民は政治行政に対して失望し、現状批判者となる。

## 非政治と反政治への対応の視点

一朝一夕に非政治や反政治から脱却できるものではない。むしろ、議会改革を着実に進めることこそが、地方政治に正の連鎖を創り出すことにとどまらず、非政治や反政治から脱却する最短の道であり、正道である。

なお、このことは他方で、住民自身も変わることを意味している。政治行政の仕組みを単なる知識として理解するだけではなく、それを活用するための技術として血肉化することが求められる。換言すれば、単なる知識の習得から生活感覚を有する実感まで高めるのである。その際、選挙は重要であるとしても、一つの手段として位置づける必要がある。

このように考えれば、選挙の際に必ず登場するマスコミや専門家による「白票」賛美論には違和感を覚えるだろう。白票は、多数派に有利に作動するだけではなく、選挙の意味を理解しない有権者を増やす。とりわけ政策型選挙が強調されている中で注意したいのは、そもそも有権者の選好（志向）と、政党や候補者の政策が完全に合致するのは難しいことである（仮に政党に所属していたとしてもすべてではないことが多い）。

そもそも政党の政策に矛盾があることもある（有権者にも同様に矛盾もある）。政策を一致させたければ、自ら立候補するか政党を立ち上げることを真剣に考えるべきだろう。これも一つの方向だが、多くの住民は、「悪さ加減の選択」（福澤諭吉氏の文章の丸山眞男氏の要約）とまではいわないが多様な政策パッケージの中からベターなものを一つ選択せざるを得ないという自覚を持つべきである。この自覚があれば、選挙後にも監視を行い、さらに政策提言を行う住民が育っていく。

議会改革と住民の政治へのかかわり方は表裏の関係であることを以降で考えたい。

（注1） 政治行政の役割は軽視されるとはいえ、皆無となるわけではない。仮に市場原理至上主義を採用するとしても、政治行政の範囲や種類といった論点は存在する。

（注2） D. Burns, R. Hambleton and P. Hoggett, *The Politics of Decentralization*, The Macmillan Press Ltd, 1994. 想田和弘『日本人は民主主義を捨てたがっているのか？』（岩波ブックレット、２０１３年）などを参照。

# 非政治と反政治からの脱却

非政治（政治的無関心）と反政治（政治家・行政職員批判）の蔓延の動向を確認してきた。ここではそれからの脱却の方向性について考える。このことは地方政治の正の連鎖とも密接に関係しているが、ここでは非政治と反政治への対応に絞りたい。

## ❖❖非政治と反政治への対応❖❖

### ①　非政治や反政治の思考への対応

非政治に対して、政治・行政と日常生活が密接に関係することを住民が認識することがまずもって必要である。学校教育・生涯学習といった学習も重要ではあるが、知識としての学習から、実際のまちづくりに参加し、その経験を通じて生活感覚を有する実感まで高める必要がある。このことは非政治からの脱却にとって根幹だが、同時に反政治からの脱却にとっても重要である。

さらに、反政治からの脱却では政治家・行政職員の有効性の認識、具体的には活動している身近な政治家・職員と接触したり議会活動の成果を知ることも必要となる。つまり、選挙や日々の提案が地域経営にとって効果を発揮するという実感である。住民の声を聴き、それを政策提案として議会・議員が受け止める姿勢が重要となる。従来型の「口利き」も住民の声を聴く一つだが、「公共性」から問題があることを議員だけではなく住民も認識するべきである。正確には、個別利益を公共性に昇華させる仕組みと運動の構築が求められる。

### ②　選挙制度を変える

市町村の場合、短期的には中選挙区制にして住民と議員との距離を短くして説明責任を果たしやすくすることもできる（条例制定によって可能）。中長期的には市町村議会議員の選挙制度を不完全連記（制限連記）、たとえば１人２票や３票をもって総体的・相対的に議員をみる学習から出発してもよい（注１）。

また、都道府県議会議員の選挙制度は中長期的には比例代表選挙（法律改正が必要）。この場合、国政の争点に振り回されないように注意）、短期的には３～４人区（中選挙区制度。条例制定によって可能）の採用も考えてよい。こうした選挙制度改革とともに、選挙運動の改革はすぐに進められるものもある。閉鎖的な選挙運動から開放的な選挙運動への改革が必要である。また、争点を単一化させないためにマニフェスト選挙の拡充も重要である。

### ③　選挙運動やマスコミへの対応

選挙の争点を明確にするために、立候補者が少なくとも選挙前に議会が行ってきた議会改革や総合計画への評価を公約とする政治文化を創り出したい。バラバラな公約・想いだけではなく、地域経営にとって重要な軸を設定して比較を可能とするものである。

また、マスコミによる政局中心の報道姿勢を問うことも必要である。そのためには、定例記者会見や、編集委員・記者等と議会・議員との癒着ではない、良い意味での緊張関係を有した意見交換が必要である。

## ❖コミュニケーションの重要性❖

これらすべてに共通しているのは、議会・議員が住民やマスコミ関係者とのコミュニケーションを重視することである。そこでは議会報告会（名称が難しければ、議員と語る会等）などが有効な手法である。もちろん、大きな争点が当該地域にない場合には、最初から多くの住民が議会報告会に集まるわけではない。とはいえ、一歩ずつコミュニケーションを深めるしかない。非政治や反政治から脱却することは、ソーシャル・キャピタル（社会共通資本、社会的共通認識）の充実、従来の用語

表　非政治（脱政治）と反政治の原因とそれからの脱却の方向性

| |
|---|
| **《非政治（脱政治）の現状》**<br>政治や行政について関心を持たない（政治・行政への無関心)。そのうち脱政治は、従来関心はあったが「幻滅した」などの理由により関心を持たないようになった状態。 |
| **〈非政治の思考〉**<br>市場原理至上主義＝新自由主義の蔓延は、政治・行政の役割を軽視する。グローバリゼーションの隆盛は国内の政治・行政の役割を軽視する。<br>**〈非政治を創り出す選挙制度〉**<br>大選挙区単記非移譲式では、全体を見通せる意識が有権者にも候補者にも育たない。都道府県議会議員選挙の小選挙区・2人区では、ほぼ結果が想定できることで投票する意欲を減退させる。<br>**〈選挙運動やマスコミの動向〉**<br>争点が明確にならない選挙制度、マスコミによる政局報道の多さは、政策議論を遠ざけ、住民の「しらけ」を蔓延させる。 |
| **《反政治の現状》**<br>現在の政治に大いに不満を持ち、あるいは不信をつのらせ、税金で「生活している」政治家や行政職員を「敵」として想定し攻撃する（政治・行政批判、カリスマ指導者への迎合)。 |
| **〈反政治の思考〉**<br>格差の拡大は、非正規労働者などの低賃金層から見れば税金で給与・歳費・報酬を得て生活している政治家や行政職員＝「特権層」とうつり関心を示さないか、攻撃する。<br>**〈選挙制度〉**<br>首長選挙は単一争点化しやすく、誰かを「敵」として攻撃する劇場型政治が登場しやすい。「与野党意識」がある自治体では議員選挙でも同様なことが生じる場合がある。<br>**〈選挙運動やマスコミの動向〉**<br>大選挙区単記非移譲式においては争点が明確になりにくい。また、ジャーナリズムの視点からの批判は重要だとしても、新たなビジョンがない場合は、単なる攻撃となる。政局報道だけでは、しらけを生み出すとともに、現状批判となる。 |
| **《非政治（脱政治）と反政治からの脱却の方向性》**<br>議会改革を進めることが、地方政治の負の連鎖を正の連鎖へつなげる。また非政治（脱政治）と反政治から脱却するのが正道という意識を持って活動する。 |
| **〈思考への対応〉**<br>政治・行政と生活が密接に関係することを認識する（学習を超えた実体験の重要性)。政治家・行政職員の有効性を認識する（活動している身近な政治家・職員との接触、議会活動の成果の公表)。<br>**〈選挙制度への対応〉**<br>（中期的には選挙制度改革）閉鎖的な選挙運動から開放的な選挙運動へ。<br>**〈選挙運動とマスコミの動向への対応〉**<br>報道姿勢を問うことが必要（定例記者会見や、編集委員・記者等との緊張感を保った上での意見交換)。 |

を用いれば地域文化を創り出す意欲ある住民と、それらによって構成される集団の存在と連動している。

非政治や反政治からの脱却は、このような意識や集団の存在だけでは不可能である。非政治や反政治は、中央集権制の下で培われてきた地方行政重視、逆にいえば地方政治軽視の歴史的伝統によって増幅されてきた。地方分権改革による地域経営の自由度の高まりは政治の役割を増大させ、その中心に位置する議会が活動できる機会を増やしている。これも非政治や反政治からの脱却につながる。

また、市町村合併は、旧市町村で実践されていた議会運営や陳情・請願などの市町村政治を廃止する。合併自治体は、規模が大きくなることによって、住民からみれば政治は遠い存在となる。市町村合併は、政治自体が希薄化する構造を生み出してきた。

自治体内分権である地域協議会等は、首長に対して答申や具申等を提出する。その提出前には委員間の討議が不可欠である。また、地域協議会等の中には、「一括交付金」（各団体への縦割りの補助金ではなく、それらをまとめた補助金）を地域各団体に配分を決定する権限が与えられているものもある。まさに、地域協議会等は「政治」を担っている。しかし、この「政治」は首長の諮問機関であることによって行政内に位置づけられている。自治体全体の「政治」の場に引き上げるには、議会の場で、地域協議会等の議論を再現する必要がある。そのためには、地域協議会等と議会との意見交換会が不可欠である。

地方分権改革や自治体内分権といった改革は、非政治や反政治から脱却する文化を創り出すものである。同時に、非政治や反政治から脱却する制度や運動が、それらに内実を与える。制度と文化の弁証法である。

## ❖非政治と反政治からの脱却の留意点❖

非政治と反政治からの脱却の視点を確認してきた。非政治と反政治が蔓延していることに対する危惧から、この議論を始めている。とはいえ、そもそも日本において政治が効果的に作動していたのかどうか、冷静に考えることも必要であろう。作動していたとすれば、そこに戻すべきかどうかも同時に考えるべきである。

非政治や反政治の蔓延以前には政治は存在していた（非政治や反政治も、政治の軽視や既存政治の否定という意味での政治は存在）。また、強いコミュニティ意識によって地元割り当ての候補者が立候補し、議員となれば安定した財政の下で「口利き」的行動が肯定されていた。ここでの投票行動は動員型選挙となる。

現在はこうした動員型選挙が崩れつつあり、いわば政策型選挙への過渡期だと考えられる（注2）。財政危機によって、あれかこれかを選択しなければならず、監視や政策提言ができる政策型議員が望まれている。コミュニティ意識の希薄化は、地元の割り振りではない意欲ある候補者を生み出す。非政治や反政治からの脱却は、従来の動員型選挙ではなく、政策型選挙を推進する。

---

（注1）江藤俊昭『増補版　自治を担う議会改革』（イマジン出版、2007年）125～132頁。

（注2）人口減少、自営業・農業の衰退、高まる議員の役割に対して報酬等の条件が整備されていないこと、議員定数の削減によって当選のハードルが高くなっていることなどにより、政策型選挙以前に無投票当選も増加している（本書第6章参照）。

# 〈市民教育〉の射程を広げる

## 議会改革が進める市民教育＝住民自治の推進

### ① 〈市民教育＝住民自治の推進〉の視点

教育というと、なにか啓蒙（上から目線）のイメージがつきまとうが、本書の市民教育は啓蒙とは異なる。自治の主体である住民によって議会改革が進化し、そのことで自治の主体が形成される、という循環をイメージしている。議会が、あるいは本書で示すような首長等が住民を教育するわけではないことを強調しておきたい。

本書で用いる市民教育は、一方通行のものではなく、双方向のもの（住民と議会のどちらを主語として設定しようとも「教育者が教育される」）であるとともに、まさに住民自治の推進の中で充実するものである。現場から離れた単なる「知識」の習得ではない。

もちろん、議会・議員への不満や不信が蔓延し、議会傍聴者や議会報告会の参加者が少ないことなどを踏まえれば、議会改革を進めている議会の現状等を理解してもらう必要はある。このことは、行政への住民参加と同様に、一朝一夕には解決できない。

### ②〈市民教育＝住民自治の推進〉の論点

今日、市民教育、政治教育、シティズンシップ、シティズンシップ教育などの書籍や論文も盛んに刊行されている。また、『Voters』（明るい選挙推進協会、２０１１年６月創刊、その前の３１７号まで『私たちの広場』）は、インターネットで容易に入手可能で有効な情報誌である。

これらを大いに活用しつつ、本書の特徴（結論）を先取りすると次のようになる。

ア　市民教育は、子ども・著者だけではなく、それ以外の大人も含めた課題として認識すること。

イ　学校教育における市民教育の充実とともに、まちづくりの中で実感ある市民教育を進めること（＝住民自治の推進）。

ウ　首長だけが住民自治の主役ではなく、二元的代表制を作動させること。より正確にいえば、従来、追認機関化していた議会を「住民自治の根幹」として認識し、作動させること。

本書では、この三点を進めるための議会の役割を確認することになる。学校教育の充実にかかわること、また、まちづくりに積極的に住民が参加できる条件整備の提案などが想定される。これらの実践の多くは行政によるものであり、その監視、さらなる充実に向けた提案となる。

同時に、議会としてもこの三つの特徴から、さまざまな実践が可能である。議会による学生議会の開催も一例である。学校での市民教育の充実や、子ども（高知市「こうちこどもファンド」など）や若者（愛知県新城市若者条例など）を対象にした実践を超えて議会が積極的にまちづくりにかかわることで〈市民教育＝住民自治の推進〉が充実する重要性を指摘したい。

〈市民教育＝住民自治の推進〉を考えるにあたって、「社会に参加し、自ら考え、自ら判断する主権者を目指して～新たなステージ『主権者教育』へ～」（総務省・常時啓発事業のあり方等研究会、2011年）を踏まえておきたい（注1）。いわばこの領域の到達点である同研究会の報告書を確認しながら、課題を探っていきたい。

## 〈市民教育＝住民自治の推進〉の到達点と課題

### ① 〈市民教育＝住民自治の推進〉の到達点

ア 「主権者教育」としての二つの領域

報告書では、市民教育ではなく、「主権者教育」という用語を使っている。それは「国や社会の問題を自分の問題として捉え、自ら考え、自ら判断し、行動していく主権者」の形成である。

i 社会参加の促進（社会的参加意欲の低い中では政治意識の高揚は望めない）。

ii 政治的リテラシー（＝政治的判断力・批判力）の向上（情報を収集し、的確に読み解き、考察し、判断する訓練が必要）。

イ 主権者教育の二つの視点

主権者教育には二つの視点がある（報告書では明記していないが、分かりやすいよう「視点」として整理する）。

〈若者から高齢者まで、常に学び続ける主権者を育てる〉視点

i 市民教育（シティズンシップ教育）の中心として、市民と政治、社会とのかかわりを深める（常日頃

から政治や社会の問題を考え、学習、体験を積み重ねることによってはじめて質の高い投票行動に結びつく)。

ii　社会の諸活動に参加し、体験することで、社会の一員としての自覚を促し、その中で、数多くの政治的・社会的課題に対して的確に意思決定できる資質を育てる。

〈将来を担う子どもたちにも、早い段階から、社会の一員、主権者という自覚を持たせる〉視点

i　諸外国の事例も参考に、学校教育と選管、地域が連携し、参加・体験型の学習を充実させる。

ii　学習指導要領において学校教育のカリキュラムにしっかりと市民教育（政治教育）を位置づける。

### ウ　三つの舞台

「主権者教育」の舞台として三つが設定されている。若者の政治意識の向上、将来の有権者である子どもたちの意識の醸成、地域の明るい選挙推進協議会活動の活性化、である。簡略化すれば、「若者の政治意識の向上」は大学、「将来の有権者である子どもたちの意識の醸成」は児童生徒を対象とした学校教育、「地域の明るい選挙推進協議会活動の活性化」は「全国性」（全国にネットワーク）と「包括性」（すべての地域住民が対象）という性格を活かして、地域が舞台となる。

最後の「地域」は、少しわかりにくいので補足すると、投票義務感の高い高齢者についても、参加・体験型の学習等により政治的判断能力を高めること、政策討論会の実施や公開討論会の協力など、政治家と住民をつなぐ舞台づくりを進めること、NPO・若者グループ・青少年育成団体など地域の諸団体と連携し活動の輪を拡げていくことが例示されている。

## ②〈市民教育＝住民自治の推進〉の課題

研究会の報告書は、本書が強調する〈市民教育＝住民自治の推進〉と相通ずる面がある。とはいえ、本書の趣旨からすれば、次のようないくつかの課題が浮かび上がる。

ア　社会参加の促進と政治的リテラシーの向上は並列ではない

一つは、社会参加の促進と〈政治的リテラシーの向上＝政治的判断力・批判力〉は並列ではなく、後者に重心が置かれるべきことである（注2）。社会的道徳的責任や共同体への参加だけでは、市民教育はボランティア活動に終始することになる。それでは、国家や社会、共同体にとって都合のよい人間を育てることにつながる。

国家や社会、共同体に使われるのではなく、自らが主体的に政治文化を創るという意識を持った市民の育成が不可欠である。ここに市民教育の肝がある。地域経営の争点を理解し、地域経営の方向についての主体として育つこと、したがって単なる学習を超えたまちづくりの実践が必要となる。

イ　三つの舞台に欠けているもの

もう一つは、「主権者教育」として設定される舞台が、大学、学校、地域であり、その地域では議会や行政はもとより、実践的なまちづくりにおける市民教育が対象外であることである。もちろん、舞台としての地域には、選挙を対象とした活動や地域団体との連携も強調されているが、まちづくりとの結びつきは弱い。

すでに行われているまちづくりへの住民（含む若者）の参加は、市民教育の充実にとって、大きな役割を果たしていることを確認し（主題的に強調して）、さらなるまちづくりを推進することが必要だと考えている。

同時に、一般にまちづくりは行政主導をイメージしがちだが、本書の主題であるフォーラムとしての議会によるまちづくりも「住民自治」を推進する上で重要だ。もちろん住民間の討議、住民やNPO主導のまちづくりの意義も視野に入れながら検討することが必要である。

（注1） http://www.soumu.go.jp/menu_news/s-news/01gyosei15_02000033.html

（注2） バーナード・クリック（関口正司監訳）『シティズンシップ教育――政治哲学と市民――』（法政大学出版局、2011年）（原書、2000年）。

# 学校教育を支援する議会・議員

## 議会・議員がかかわる原則

本書は、市民教育について二つの意味を強調している。一つは、学校教育に限定しないこと、もう一つは、住民自治は首長だけではなく「住民自治の根幹」としての議会が重要であるという認識を広げることである。このことは、行政主導による住民自治の推進（市民教育）を軽視・無視することでも、また学校教育を軽視・無視することでもない。逆である。これらの充実が本書が目指す「フォーラムとしての議会」（「議会からの政策サイクル」）につながる。

ここでは、学校教育に議会・議員がかかわる手法、留意点を確認しよう。学校教育には、小学校、中学校、高等学校、そして大学を含めている。これらに議会・議員がかかわる場合、①中立性の確保、②自立性の確保、③教育の充実、という三つの原則を常に意識することが必要である（この3原則は重要なので後述する）。

## 充実したカリキュラム・副読本の作成と活用

学校教育に出前講義・授業を行う選挙管理委員会も増加している。山梨県選挙管理委員会は、従来の小・

中学校に加えて2015年度から高等学校に拡大した。この動向は全国でも広がっている。課題は少なくとも二つある。一つは、充実したカリキュラムや副読本が作成できるかどうか、もう一つは、それが作成されたとしても実際に活用されるかどうかである。

カリキュラムの内容は、活用できる時間数によって異なってくる。筆者のゼミでは毎年高校への出前講座を行っているが、最近は2時間分で実施している。まず、政治・地方自治や選挙の原則を確認する。その際、投票についてはCD（AKB48）などの売買を比喩に若者の投票の重要性を講義する。高齢者の投票率が高ければ、高齢者人数の多さとともに、政党・政治家は高齢者を意識し、投票に行かない若年層には関心を示さない、といったように。その後、架空の政党（争点を明確にするために、小さな政府と大きな政府を軸に環境、ジェンダーなど新たな争点を加味）のマニフェストを各党首が演説する。生徒はそれを聴いて、選挙管理委員会から借用した投票箱に投票する。これが、1時間目。高校生には事前に入場券を配布している。実際の選挙とほぼ同様な手続きで行うことにより、投票は短時間でできることを知ってもらうためでもある。

1週間後に行われる2時間目では、投票結果を報告するとともに、それぞれのマニフェストの問題点を解説する。政策にはメリットもあればデメリットもあることを学んでもらいたいからである。こうした連続性が重要である。また、埼玉大学教育学部附属中学校の「他者との関わりを通して思考を再構築する社会科学習」の実践は参考になる。8時間で組まれているカリキュラムは、実践的思考を養うものである（注1）。

なお、児童会・生徒会活動が充実していれば、市民教育に連動させることは容易である。また、今日、学校評議会で生徒の意見を聴くことや、「三者協議会」（生徒、父母、教職員による学校運営について協議する場。たとえば長野県立辰野高校）などの充実も同様である。これらと市民教育の議論が切断されていることが問題である（注2）。

カリキュラムと連動して、副読本も徐々に充実してきている。従来の「公民」「現代社会」「政治・経済」といった社会系の教科書・参考書の抜粋と思われるものもあるが、中学生を対象とした副読本『私たちのまちづくり（小さな市民の大きな力）』『改訂版まちづくりシミュレーションゲーム』（沖縄県選挙管理委員会）など充実した副読本が広がることが期待される。

なお、文部科学省と総務省は、主権者教育の副読本（『私たちが拓く日本の未来―有権者として求められる力を身に付けるために』）と、教員の指導書（同名の『活用のための指導資料』）を作成し、全国の高校生に配布した（２０１５年）（注3）。

そこで、次に議会・議員の役割を考えたい。たとえば、「各地の選管でも副教材はつくるんですが、学校現場で使ってもらうのは難しい」といった現場からの質問に対して、「自治体トップの政治的な意思の重要性が指摘されている（注4）。前神奈川県知事の意向によって全県的に高校で模擬投票が実施されたり、「議会で質問をすることによって答弁を引き出した」（山形県）事例が紹介されている。このことは、議員の質問によって市民教育が充実する可能性を示している。

もちろん、首長の暴走もあり得るので、そのチェックは必要である。また、学校教育における市民教育では、執行機関である選挙管理委員会と教育委員会が重要な役割を果たす。教育に関する常任委員会などで、議員の調査研究を踏まえて市民教育を目指す議論をして提言することも必要である。

## 住民と歩む議会の活用

議会が直接学校教育と提携・連携して、結果的に市民教育を実現する取組も始まっている。三つの手法から考えよう。

まず、議会を知る手法である（情報開示の系譜）。小学校の児童による議会傍聴はよく見られる光景である。感想文を書く学校も多いが、一歩進めて感想を議会だよりに掲載することは、議会を身近にする手法の一つであろう（長野県大町市議会など）。

次に、議会を身近に感じる手法である。高校のキャリア教育支援を議会が行うことによって、高校生にとって政治、そして議会を身近に感じる試みもある。岐阜県可児市議会は、県立可児高校の「地域課題解決型キャリア教育」の支援を行っている(注5)。この事業は「進学による若い人材の流出前にさまざまな職業や経験がある大人と接し、地域への愛着や当事者意識を高め、地域課題の解決に必要な広い視野や高い専門性を身に着けさせ、ふるさとの持続的発展に寄与する人材の育成を行うこと」を目的の一つにしている。まさに、市民教育と合致する。

議会は高校と連携し、議場で「高校生議会」を開催するとともに（2014年2月）、「地域課題懇談会」を開催している。前者も珍しい試みであるが、後者は特定のテーマに絞ったより実践的なものとなっている。2014年7月に開催された第1回懇談会は、「医療と健康の可児のビジョンをつくろう」をテーマに、議員・医療関係者と高校生が同じテーブルで議論した。高校生は、医療系の進学を目指す1～3年生18人が参加し、基調講演の後、八つのグループごとに活発な議論が展開された。高校生にとって議員が身近な存在になったという。

開催にあたって医師会等との交渉なども行わなければならない。大変な苦労もあったと思われるが、「学校、医師会、行政側の意向を聞いてうまくまとめていくコーディネートは議会だからこそできる」という議長の想いは今後の議会を考える上で大きな示唆を提供している（本書が強調する「フォーラムとしての議会」と接合）。

そして、三つ目は生徒・学生が住民自治の主体であることを実感する手法である。今日、大学と議会との提携も増加してきた。大学側からすれば、地域に根差した大学をアピールすることができるだけではなく、実際に学生の調査研究のフィールドとして活用できるメリットがある。議会側からすれば、教員の専門性を研修や政策提言に活用でき、また学生からの政策提言は高齢者が多い議員からすれば新鮮であることも少なくない。

この連携を最初に行った山梨県昭和町議会と山梨学院大学ローカル・ガバナンス研究センターで、毎年恒例の学生と議員のワークショップ（時には学生議会や住民・地域団体との懇談）を行っている。ワークショップでの学生からの提言を議会運営に活かすとともに、一般質問によって政策実現に至ったものもある。たとえば議会基本条例（2010年、改正2014年）、一問一答方式（2011年）、議会災害対策本部設置要綱策定（2012年）といった議会運営に関することをはじめ、公共施設の太陽光発電設置（地域交流センター：２０１３年、総合会館：２０１５年）は政策提言を経て実際に実施されたものである。

---

（注１）紙幅の都合でカリキュラムは掲載できないが、二瓶剛「民主政治と政治参加——選挙のしくみを理解し模擬選挙を通して政治に参加する意義を考えよう——」『Voters』21号（２０１４年8月20日）参照。

（注２）『Voters』18号（２０１４年2月25日）（特集　高校生徒会を考える）参照。

（注３）最近の主権者教育についての問題点については、新藤宗幸『「主権者教育」を問う』（岩波ブックレットNo.９５３、２０１６年）参照。

（注４）「シンポジウム『若者・子どもの政治意識の醸成、向上』」『Voters』第7号（２０１２年4月26日）（島袋純氏の発言）。これ以外に、教員免許更新講習制度の活用、社会科教員との協働による副読本の作成、社会科教員を明推協委員に迎えること、が提起されている。総務省・文部科学省は２０１５年9月に副教材を全国の高校に配布した。

（注５）「高校生のキャリア教育を議会として支援——岐阜県可児市議会」『ガバナンス』２０１５年1月号。２０１５年6月には、「街づくり」をテーマに、高校生（可児高校、東濃実業高校の70人）、地元金融業者（可児金融協会）、議員による懇談会が開催された。

# 生涯学習と「まちづくりへの参加」にかかわる議会

## 生涯学習にかかわる議会

　ここまでは、学校教育にかかわる議会・議員の手法について考えてきた。そこで、指摘した三原則を再度確認しておこう。学校教育の特性を意識しなければならないからである。三原則とは、①中立性の確保、②自立性の確保、③教育の充実、である。

　18歳への選挙権年齢引下げに伴い、学校における市民教育の重要性が指摘されている。その際、政治から疎遠だった従来の「中立性」とは異なる中立性が求められる。筆者は、最初から「中立性」があるわけではなく、多様な政治を総体化・相対化する中で「中立性」が表出されると考えている。なお、授業内容によっては「政治問題化」する可能性があり、「『中立』に悩む教育現場」が登場する。その中立性を確保するためには、〈学校の自立（自治）＝自立性〉の確保が必要である。市民教育は必要であるとしても、その中身は教員の討議に基づいて形成される。そして、教育の充実は、学校教育全体の中に位置づけられ、教育的な成果の達成が問われる。こうした三原則を意識しながら、議会として学校教育にかかわることが重要である。

　このことは、学校教育にとどまらず社会の中での教育でも同様である。一般に生涯学習と呼ばれるものである。行政（教育委員会等）がかかわる生涯学習だけではなく、自主的な勉強会も社会の中の教育に含めてよい（注1）。これらに議会・議員は積極的にかかわる必要がある。まずは、講師役を引き受けることが重要だ。

また、〈「政治家になることができる日」＝25歳の被選挙権の獲得〉を祝う「第二成人式」を議員のネットワークが開催する試みが広がっている（2010年、東京都中野区で初めて行われたといわれている）。たとえば、山梨県では県議会と市町議会所属の議員で構成される「未来の山梨を拓く議員の会（来山会）」の主催で、2013年から県内の多くの自治体で成人式が開かれる日に「第二成人式」が開催されている。学生時代から市議会議員に挑戦した市長の挨拶や、議員によるシンポジウムなどが行われている。

18歳への選挙権年齢引下げを契機に、成人式の取組も変える必要がある。〈主権者となる日を祝う＝主権者の日〉、および第二成人式との連続を視野に議会としてかかわる手法を構想したい。

## 行政への住民参加にかかわる議会・議員

### 〈三つの留意点〉

本書では、学校教育・生涯学習は市民教育にとって重要であり、まちづくりへの参加による実感としての市民教育を強調している。「実践教育」と呼んでもよい。もちろん、この場合、「実践教育」が目的なのではなく、住民自治の推進、住民福祉の向上こそが重要となる。まさに、本書で強調するフォーラムとしての議会と重なる。もちろん、行政への住民参加の充実はフォーラムとしての議会を充実させることになる。議会・議員は次の3点に留意したい。

① 行政への住民参加・協働は急展開している。行政が提出した案に意見を述べるレベルから、白紙から議論する場に、住民提案を行政が聴き置くレベルから、尊重する場に、そして委員は充て職から公募制・抽選制に、と変化している。これらが適切に配置され、その意見が政策に的確に反映されているかどうかを議会は監視する。

② 行政への住民参加・協働の充実は、結果として議会・議員を蚊帳の外に置く。そのため議会への住民参加・協働の充実とともに、行政への参加メンバーとの意見交換を行い、それを議会の議論に活かす。

③ まちづくりに参加した住民は政治行政に関心を持つが、「住民自治の根幹」としての議会を意識することは少ない。住民から提起された意見を議会として敷衍し、政策化することが必要である。自治基本条例制定にあたって、住民の意向を尊重した東京都多摩市議会が、首長提案を大幅修正したことはその先駆的な例である。

### 子ども・若者への対応

公募制・抽選制の採用、白紙からの議論、答申等の尊重など、行政への住民参加・協働は着実に進展している。子ども・若者を対象としたものも広がっている。とりわけ、18歳への選挙権年齢の引下げが行われることにより、その充実が期待される。

① 子ども議会

山梨県笛吹市は２００５年、合併を機にこども議会を開催し、市のシンボルの選考を要請した（こども議会はそれ以降継続）。こども議会には、市内18の小中学校から選ばれた36人が出席。市の木を桃、鳥をオオルリ、花をバラと、３人が提案理由を述べ、挙手による採決で全会一致で決定した。その後、笛吹市議会で議決された。行政が開催したこども議会の決定を議会が承認したことになる。

山形県遊佐町では、子どもの意見を積極的に町政に反映させようと２００３年から、「少年議会」を開催している。町在住の中高生および遊佐町に通学する高校生を対象に「少年町長」「少年議員」を任期１年で公選している。１期当たりの政策予算は45万円。町への提言を伴うものは所轄課で予算化する。最近では郷土料理の芋煮を応用した「芋煮コロッケ」（２０１１年）、遊佐カレーをヒントにしたカレーパン（２０１３年）などの特産品づくり、音楽フェスタの開催（２０１４年）、東日本大震災を契機とした募金活動とボランティア（２０１１年）、陸前高田市の中学生との交流（２０１４年）など多様な提案が実現している。

「少年議会」は、子どもたちの感覚を政策に活かすとともに、立候補と投票を組み合わせており、主権者教育としても意義がある。なお、２０１１年から残念ながら無投票が続いている（２０１５年は、少年町長定数１に対して立候補者は１人、少年議員定数10に対して立候補者は６人）。

② 若者議会の設置、審議会への若者の参加の義務化

愛知県新城市では、「市長は、若者総合政策の策定及び実施に関する事項を調査審議させるため、新城

市若者議会を設置」した（新城市若者条例第10条）（注2）。その詳細は「新城市若者議会条例」で規定されている。市内に在住、在学または在勤する若者であって、概ね16歳から29歳までの者、および市長が必要と認める者が参加する。「議会」という名称で委員20人以内で組織する。

さらに新城市では、住民、議員、首長等によるまちづくり集会が開催されている。第1回（2013年）、第2回（2014年）では若者がテーマとして取り上げられている（注3）。

また、東京都立川市は、子育てや教育に関する会議・審議会に中高校生を委員とする条例を2015年6月に制定した（立川市夢育て・たちかわ子ども21プラン推進会議条例）。従来から「夢育て・たちかわ子ども21プラン推進会議」を設置し、中高生から意見を聞いていた。その系譜を充実させたことになる。

### ③　こどもファンド

高知市には、地域を元気にする活動を考案し、自ら実践する子どもたちを応援するファンドがある（「高知市子どもまちづくり基金」＝こうちこどもファンド、2012年設立）。地域清掃や子どもバザーなどのイベント、災害避難路看板の作成など、地域を「もっと楽しく暮らしやすいところにする」といったかなり広い活動が対象となる。

18歳以下の子ども3人以上（サポートできる大人が2人以上ついていること）の団体が申請できる。応募が子どもであることだけではなく、審査も子どもが担う。子ども審査員9人（小中高生各3人）、大人審査員7人が審査員を務めるが、実質的に決めるのは子ども審査員となっている（大人審査員は助言）（注4）。

議会は、これら行政による住民参加、そして若者向けの住民参加を積極的に進めるとともに、議会としてもかかわる必要がある。すでに指摘したフォーラムとしての議会である。そこで次に、これらによる住民の変化を確認したい。

（注1）『Voters』10号（2012年10月19日）（特集／大人の政治学習）には、定着している学習の場が紹介されている。

（注2）自治基本条例に基づく「市民自治会議」からの答申を踏まえてのものである（「若者会議、若者総合政策」、2014年度）。

（注3）六つの中学校から各3～5人によって構成される中学生議会も設置されている（年1回開催、2015年で4回目）。中学校区と地域自治区がほぼ重なるので、ここで提案されたことが地域自治区予算で実現したものもある（楽器の提供等）。

（注4）設立にあたって、ミュンヘン市の「こどもと若者フォーラム」を参考にしている。市議会議場でまちづくりを提案する。「全国に先駆け助成ファンド――高知市」『地方行政』10417号（2013年8月15日）参照。

# 議会による住民自治の推進の効果

## 議会による住民自治の推進の効果

新たな議会活動が市民教育に果たしている効果について考えたい。本書では議会による市民教育を重視しているが、それはもちろん議会の専売特許ではない。学校教育や生涯学習、行政への住民参加・協働、さらには住民間での自主的活動は市民教育にとって重要であり、それぞれ効果が出ている。これらを踏まえつつも、本書では①市民教育は学校教育にとどまらないこと、②住民自治の作動につなぐ必要があること、とりわけ「住民自治の根幹」である議会の認識を住民に広げ、それと協働する住民を育成することを念頭に市民教育について考えてきた。

ここでは、新たな議会改革が市民教育に大きな効果があることを確認したい。具体的には、住民自治を知る、実感する、それらを踏まえて住民自治をめぐって主体的に活動する（議員選挙への立候補を含む）という三つの効果である。

### 住民自治を知る（発見）

今日、議会が主催する学生議会は、学生にとって日頃無縁な議会・議員との交流によって議会・議員の姿を知ることになる。住民自治とは何か、住民自治にとって議会の役割とは何か、などを考えることにもつながる。

埼玉県越谷市議会は2010年から学生議会を開催し、学生から提言を受けている。「今回の経験を将来教員となった際に活かし、児童生徒たちが政治に興味を持てるような教育を行っていきたい」「実際に議会を体験してみて、このような機会は若者の政治や行政への関心を高めるきっかけになると改めて感じた」「若者に、市政への関心をもっと持ってもらうためにも、学生議会のような機会を増やしていってくだされぱよいのではないか」「議員さんがどのような議論を議会を通して行っているか身をもって体験することができた」などの感想が出されている（第3回、2014年11月15日）。

山梨県昭和町議会と山梨学院大学との提携による学生と議員のワークショップ（学生議会）でも、同様に自治体や議会への関心が増加したという感想が多数出されている（注1）。

## ❖住民自治を実感する（実感）❖

フォーラムとしての議会は、「住民自治の根幹」としての議会を学び、実感する上で遠回りに見えても最良の手法である。

岡山県総社市議会は、議員定数・報酬をめぐって議論してきた。住民へのアンケート調査（2012年）を参考にするとともに、2014年11月8日には、議員がそれぞれの主張（定数増、微減、大幅削減）を公開の場で討議する議会フォーラムを開催した。この意欲的な議会フォーラムは、住民自治を学ぶ場として効果があった。

アンケート調査は重要だが、議会・議員活動が見えない中でのものである。議会が議会・議員活動を説明しながら住民と意見交換をする場はぜひとも必要である。フォーラムでは基調講演の後、議会からの報告、それを踏まえてパネルディスカッションが行われた。その後、2人の住民が続けざまに「そのアンケートに私は答えていない。（定数・報酬は）削減する必要はない」と発言した。市民オンブズマンの一人からも「（議会・議員活動をしっかりやるならば）削減する必要はない」という意見が表明された。2012年のアンケート調査では、「わからない」「削減すべき」が多かったにもかかわらず、パネルディスカッション後のアンケート調査では、「現状でよい」が52・5％、「増やすべき」5・0％で、「減らすべき」は27・3％だった（注2）。

議会・議員に好意的な参加者が多かった可能性は否定できない。とはいえ、議員定数・報酬をめぐって議員が住民の前で語ることで、住民も住民自治のあり方、議会や議員の役割を確認する場となっていた。

## ❖住民自治に議員としてかかわる──「住民と歩む議会」が立候補の機会を創出❖

2006年に議会基本条例を制定し、さまざまな実践を行っている北海道栗山町議会では、議会改革に舵を切った時期に、住民から身近な議会の誕生として評価された。「栗山町議会改革によって、議会は住民に身近になりましたか」という問いに、「大いになった」が13・7％、「ある程度なった」が48・4％で、合わせて62・1％が「身近になった」と捉えていた。一方で、「変わらない」は15・3％、「ならない」は2・

1％だった（注3）。

また、「開かれた議会」「住民と歩む議会」を推進することによって、議会を身近に感じた住民が立候補し、実際に議員となるケースもある。栗山町で2011年選挙で初当選した三田源幸氏はその一人である。市町村合併をテーマとした議会報告会に参加して、初めて地域を方向づける議会・議員の活動に関心を持ったという。

「議員は何をしているかわからなかったが、報告会に出て本当に身近に感じました。私も議員という立場で町のために働けたら」と意欲を感じている。議員になった後、「（住民に）なかなか議会に関心を持ってもらうのは難しい。（報告会への参加を呼びかけた）彼よりも若い方、また若い方というふうに、伝わってもらえればと思いました」という（注4）。

栗山町議会は、三田氏が初当選した2011年選挙で合同個人演説会等を開催し、立候補者の比較を可能とした。しかし、2015年選挙では、議会報告会など従来の議会改革を引き続き行っているにもかかわらず、無投票当選になっている（注5）。したがって、議会改革によって住民が議会の役割を理解して立候補者数が増えるという正の連鎖を確立したと断言できる状況ではない。とはいえ、「住民と歩む議会」によって、議員になる決意をした住民が現れたことは事実である。

議会改革のトップランナーの一つである福島県会津若松市では、議会改革にかかわっている住民が積極的に議員選挙に立候補した。同市議会は議会制度検討委員会を設置しているが、そこで活動している二人の住民が立候補し、2015年選挙で一人は当選、もう一人は次点となった。

栗山町議会と会津若松市議会の例では「鶏が先か、卵が先か」の問いかけが必要かもしれない。もともと議会に関心があったからこそ議会報告会や議会制度検討委員会に参加している。つまり、政治・行政への関心が立候補につながった。とはいえ、その現場を知り、議員のやりがいに触れたことが、立候補に当たって背中を押すことになったのであろう。

## 積極的に立候補者を開拓

積極的に議員選挙の立候補者を開拓している議会もある。長野県飯綱町議会が２０１０年から行っている「議会政策サポーター制度」は、住民と議員とが協働で政策研究を行い、政策提言をするものである。２０１３年には新バージョンを創出しており、その「第２回議会政策サポーター」では、「新たな人口増対策チームと「集落機能の強化と行政との協働」チームを設けた。サポーター制度に加えて、「住民と歩む議会」を創り出そうと２０１４年から「議会だよりモニター制度」を拡充し、少なくとも一集落から一人にはモニターになってもらっている。モニターによる提言を議会改革につなげるとともに、議会を知り、そのことで議会を応援する支援者を増やすことも目指している。「議会だよりというツールを通して議会に関心を持ち、そこから議会の応援団になったり、もっといえば議員のなり手が出てくれればと期待している」と議長は指摘している。「住民と歩む議会」は、議会への応援団を増やし、議員選挙への立候補者を増やすという住民自治にとって射程の長い活動でもある。

「開かれた議会」「住民と歩む議会」は、住民に住民自治を知り、実感してもらうとともに、時として主体的に議員になるよう動機づける。もちろん、議員となってやりがいを見出すには、議会・議員活動が住民福祉の向上に連なっていることが前提になる。

（注1）　そこで発表した学生は、議会に関心を持ち議会改革を調査研究するに至った。まちの最大の祭りで議会への住民意識調査を実施したが、あまりにも議会評価が低いことに学生が憤慨していたのが印象的である。

（注2）　議員報酬についても同様な傾向だった。「現状でよい」48・5％、「増額すべき」23・2％で、「減額すべき」は11・1％だった。アンケート結果は http://www.gikai.city.soja.okayama.jp/html/pdf/anke-tokekka_h24.7.pdf。

（注3）　中尾修・江藤俊昭編『議会基本条例――栗山町議会の挑戦』（中央文化社、2008年）終章参照。2008年3月に開催された議会報告会に参加した住民へのアンケートを素材としている。

（注4）　「揺れる地方議会　いま何が起きているか（NHKクローズアップ現代）」（2014年9月24日放映）。インタビューの言葉は若干変更している。

（注5）　15年選挙では定数を1人削減し、12人とした。

# 新しい議員活動が市民教育を充実させる

## 議員活動像の転換――「口利き」活動の誤解

新たな議会活動が市民教育を推進させている。ここでは、それと同時に、新たな議会を担う議員活動は市民教育を充実させることを強調する。

従来、議員は住民との関係において、「口利き」活動を行っているという評価が広がっていた。議員は、住民からの要望、具体的には地元の課題（カーブミラーの設置等）にとどまらず、住民の個人的要望（就職、冠婚葬祭等）にまで、さまざまな形で応えてきた。「口利き」活動と揶揄されるものである。それは当選させてもらったお礼であり、次の選挙のための運動の意味もある。いわば、利益と票の交換政治である。「口利き」活動は、利己的な利害を非公開の場で、行政に対して強硬に実現を迫ることである。このイメージは三つの意味で変更する必要がある。

### ①　地域・分野要望は必ずしも「利己的」＝エゴとはいえない

たしかに、「口利き」とイメージされる個人的・地域的なエゴの実現は問題がある。とはいえ、地域・分野の課題を政治の場に登場させるのも、議員の重要な役割である。また、たとえば企業城下町で公害問題を取り上げることは、その企業を育成しようとする全体的な利害と衝突する。公害反対・環境規制は「利己的」と大勢にはとられるが、未来形成的な利害である。

**② 公開の場での要望実現が制度化**

さまざまな地域・分野の要望は、議員ルートからだけではなく、今日、行政への住民参加・協働、議会による議会報告会・住民と議会との意見交換などによって政治・行政の場に登場させることができる。その意味で、公開の場での要望実現が制度化されている。同時に、「口利き」活動という行政への要望活動（非公開）の内容は、口利き防止条例等によって公開の対象となる。どの議員がどの要望を突きつけているかは明確になる。

**③ 強硬な要望実現が困難な環境**

財政危機の状況で、「口利き」活動を行ってもその実現は困難である。強硬に要望してもそもそも財源がないし、計画行政が行われるようになっているからである。

議員の役割は住民から要望を受け、それに応える受動的なものだけではない（注1）。議員は、自治体の財政や政策を理解して活動することによって、その状況を住民に知らせ、ときには行動させる役割も担う。「口利き」（住民からの要望の実現）とは逆の活動（住民に対して要望実現の困難さの説明・説得）が求められる。

そもそも、議員は地域リーダーである。さまざまな地域の利害を調整し、表出する役割がある。この一側面が「口利き」活動に連なるものであるが、今日作動することは困難である。地域・分野の利害の実現に奮闘するとともに、その動向を住民に説明する役割を担う。そこでは住民と議員の双方向コミュニケーションを確立する必要がある。これは、地域経営についての世論形成の役割を議員が担うことでもある。

## 議員による情報発信の重要性

議員・会派の議会報告（たより、○○通信）には、住民と議員・会派（以下、一括して議員と略記）をつなぐ重要な役割がある。ただし、単なる報告では、世論形成機能が弱い。一般質問・代表質問の内容、委員会・会派活動、視察内容、地元での活動が地域経営にとってどのような意味があるか、地域にとって何が重要で、どのような論点があるか、それに対して当該議員はどのように活動したかが問われる。

そして地域からの要望が、政治行政の場でどのように議論され、どのような結果となっているか。実現の紹介だけではなく、今日それが実現できない説明も必要となる。広い意味での情報提供（個々の議員がどのように活動し、どのような意味があるか）、地域争点の提示（現在何が問題になっているか、他自治体の動向を含めた基礎資料など）、そして議論する場の提示（オフ会を含めて）、などである。これらは、市民教育にとって重要な情報である。

全有権者・全世帯に情報を届けたい意欲が議員にはある。とはいえ、実際には財政事情等から、居住地域・関係している地域への全戸配布、および後援会など特定の有権者・世帯への郵送にならざるを得ない場合もある。

そこで注目されるのがホームページ、メール・マガジン、フェイスブックなどＩＣＴを活用した情報提供である。これらは市民教育にとって紙媒体とともに重要な手法である。しかも、ＩＣＴによる情報提供は、双方向コミュニケーションにも活用できる。

## ❖議員を囲む会＝議員による議会報告会❖

従来から、住民と議員が交流する場はあった。後援会である。親睦のための食事会、旅行などが行われている。それは単なる親睦を超えて、住民の生の声を聴く場でもあった。とはいえ、一般的には「どぶ板」といわれる活動であって、さまざまな利害を調整し、集約する討議の場にはなっていない。議員から積極的に情報提供し、住民と議員が討議する場が必要である。

地方都市のある議員は、政策型の活動に積極的にICTを活用している（注2）。メール・マガジンを発行して、議員活動とともに、地方都市の〝今〟を発信している。同時に、ホームページも充実させている。プロフィール、現場に出て話題の人と話した内容、視察報告、議会活動レポート、意見交換会（名前を付した三つの〇〇庵、オフ会）、動画、政策集などトップ画面から、議員がどのような活動をしているかを容易に知ることができる。

ICTを活用しつつも、この議員の現場重視の姿勢がわかる。とりわけ、意見交換会は、実際に住民と意見交換をしながら、その意見・要望を聞くとともに、議論を巻き起こす役割を担っている。

意見交換会は3種類あり、一つは、テーマを絞って住民と議論するものである。テーマは、議員の役割にまで及んでいる。「まちづくりにおける活性化とは」「なぜ中心街は活性化できないのか」といった地域経営の方向とともに、「議員の仕事って何？」といった担い手についてもテーマ設定され、議論が行われている。

二つ目の井戸端会議では、「気軽に話をしよう」をコンセプトとして、議員に聞きたいこと、議員に話したいことを持ち寄る。カフェでゆったりとした雰囲気で行っている。

そして三つ目は、「現場に向かいます」をコンセプトにした意見交換会である。まちを元気にしたいとイベントを計画した若者（2014年10月1日）、高校に政治の出前事業を企画した大学生（2015年6月8日）との意見交換を行った。そこに参加した学生は、議員の役割が理解でき、議会に関心を持ったと語っていた。

これら三つの意見交換会の参加者は必ずしも多いとはいえない（一桁台の会もある）。とはいえ、地域の課題の共通認識を持つとともに、解決に向けて住民と議員（時には専門家も参加）が語る場となっている。主体的な市民が集うだけではなく、育つ場となっている。

## ❖住民が変わる可能性❖

新たな議会活動によって住民意識が変化すること、あるいはその可能性を確認してきた。ここで指摘した新たな議員活動は、市民教育の充実に貢献する。一方で、受動的で断片的な思考を有する住民は引き続き存在する。議員や行政へのお願いを個別に行う住民である。しかし、新たな議員活動にかかわる住民は、政治行政を総体的・相対的に学び解決の方向を積極的に提案する。そして議員ルート以外でも主体的に活動する。

従来の後援会活動と異なる住民との意見交換会は、あくまで地域全体をよりよいものとする政策を中心とした場である。政策志向の住民と議員の集う場となる。

（注1）議員の新しい活動については、本書第6章参照。議会からの政策サイクル、一般質問・代表質問等による政策実現は重要である。同時に、緊急時や、重要であるが無視・軽視されている事項を行政に提案したり、行政とともに視察や住民ヒアリングすることも議員の重要な役割である。

（注2）インターネット新聞社に就職した経験や、大学院で学んだ経験（マニフェストを提唱した北川正恭氏が指導教授）を活かしている（http://blog.livedoor.jp/genta_kamiyama/）。この議員は後援会活動をしないわけではない。しかし、それは政策を中心としたものである。その会は、後援会ではなく「株式総会」という名称が充てられている。

# 住民に有効な情報を創り出す議会図書室・行政資料室・公立図書館

## 住民自治に有効な情報

ここまでは、学校教育とともに、まちづくりにかかわることによって主体的な住民が育つこと、その際、議会が重要な役割を果たすことを確認してきた。そのためには、有効な情報が住民に提供されていることが前提となる。それは定型情報（統計情報等）や事後情報（決まった情報）だけではなく、争点情報（現在、議論すべき争点にかかわる情報）、およびその可能性があるものを含めた情報である。情報共有のレベルを超えて、地域課題を追求し、争点化する姿勢が議会にも行政にも、そして住民にも必要である。

行政主催であれ議会主催であれ、まちづくりに参加する住民には、当該情報（当然、争点情報を含む。）が提供されるべきである。この情報は参加していない住民にも提供される必要がある（ホームページ等で入手可能）。議会や行政でまちづくりのテーマとなっていなくても、今後重要なテーマとして浮上するものがある。それを住民が安易に入手できるシステム、住民間で議論できる情報提供が必要である。結論を先取りすれば、次の二つは早急に充実させたい。

① 委員会・会派・議員による視察とその報告の充実

② 議会図書室を含めて開放的な自治体（市政等）資料室の充実

## 視察報告は重要テーマの宝庫

〈争点情報の提供〉

争点情報を行政側から住民に提供する場合、審議会等は別として（別ではない場合もあるが）、パブリックコメントなど、ある程度方向が固まってからのものが多い。現在争点となっている情報のうち地域経営の根幹にかかわるものは、やはり議会において議論されるものであろう。

### ① 第一級の争点情報としての議案

議事録（本会議・委員会）とともに、議会の議案・会議資料の事前公開・事後公開が重要である。事前では、「議会本文（議案書）は、本会議への上程前に、来庁等により印刷物でのみ閲覧できる」26・4％、その他「議会のホームページからも閲覧できる」5・7％となっている。また、事後では「会議資料（説明資料等）は、審査後に、来庁等により印刷物のみで閲覧できる」49・6％、その他「議会のホームページからも閲覧できる」4・0％となっている（注1）。今後は事前に議案を議論できる場が必要である（事前審査の大幅緩和）。

三重県四日市市議会では、議案審議の前に住民の意見を募集し、それも参考に審議を行っている（通年議会であるがゆえに「議案」そのものを住民に公開。多くの議会で行っている定例4回の場合、議会に議案が提出される前の「説明」の段階の資料でも可能）（注2）。まさに、争点情報を住民とともに議論しようという姿勢である。2015年6月定例月議会では、四つの議案をホームページ上に公開し、その意見を住民に求めている（15日間で、委員会審査に入る前まで）。単に意見を聞くだけではなく、なぜ聞くのか、どのような意見を求めているのかも議会として示している。たとえば、「動産の取得について―消防救急デジタル無線（移動局）（議案第11号）」では、「消防救急無線のデジタル化に伴い、既存のアナログ式をデジタル式無線装置に更新するものですが、本市の消防救急に対するご意見を広く募集します」というコメントがPDFの文書（関連文書のある議案もある）とともに公開されている。

### ② 争点情報を議論する場の設置

これらの争点情報の提供は、討議を巻き起こす意味でも重要である。しかし、議決前であっても、ある程度方向が定まったものである。まだ方向が定まらない段階で住民間に議論が巻き起こる必要がある。生涯学習等で社会にとって重要なテーマを設定することはあっても断片的である。争点になる可能性のあるテーマについて事前に情報を提供することは行政には不得手な分野である。

なお、議会としての単なる議案の可否にとどまらず、その理由を報告する議会報告会であっても、争点化されたテーマのあくまで事後的な報告である。とはいえ、それであっても争点を議論する場であり、住民や議員にとって住民自治の実践が記憶となる。

議会報告会（住民との意見交換会）は、一歩進めて重要な争点について住民と議員、住民間で討議を巻き起こすこともできる。そこでは、まさに当該地域にとっての課題を住民に提供する。その際、課題の背景や論点を示すことになる。これは、今後、議会で取り上げられる可能性のある重要なテーマである。

### ③ 争点化されるテーマの情報誌

横浜市議会局は、議会の政策提言の検討や議会審議などを支援するために情報誌『市会ジャーナル』を発行している。定例会号、自主企画テーマ号、法制レポート、大都市制度に関する資料号という四つのバージョンがある。１９９８年から発行しているが、２００９年以降、質量ともに充実させ、活用でき、しかも水準の高い資料が掲載されている（注３）。当初、著作権の関係上、議員と行政職員だけのものであったが、現在は住民にも開かれたものとなっている。今後、争点化される可能性のあるテーマの情報を入手できるし、争点化された場合の重要な基礎資料となる。

**〈委員会・視察報告の重要性〉**

議会・議員は、住民目線から地域にとって重要な課題だと思われるテーマを調査研究するためにさまざまな視察を行っている。

委員会であれ、会派、個人であれ、視察報告は、今後争点化される可能性のある情報の提供とみなす必要がある。その意味で、視察結果を議会全体のものとして位置づけると、今後の監視や政策提言に活用することができる。そして、議会内部の情報にとどめず、住民に公開し討議空間の前提を創り出す必要がある。その成果を公表することで、視察報告は争点化されている、あるいは争点となる前の重要なテーマの宝庫になる。

**①　委員会報告の意義**

今日、「議会だより」（議会広報誌）に、委員会による視察報告を掲載するものが増えている。それ自体は高く評価してよいが、当該自治体との関係やその後の監視政策提言との関連があまりにも弱いのが残念である。どこに視察に行って、「これを学びました」だけでは、日記（記録）に過ぎない。

委員会による視察について報告書をまとめて公開する取組は広がっている。北海道芽室町議会は、その報告（報告書と議会広報誌）やそれに基づいた取組状況を、視察した自治体の行政や議会に報告している。住民にとっても、議員による視察が当該自治体にとってどのような意味があるかが理解できる取組である。ちなみに、この試みは住民自治に役立ち、礼節を果たすとともに、「全国的にも各政策が高位平準化していくもの」と考えて実践している。他の自治体・議会にも依頼して全国展開することで、視察を成果につなげ、議会間の政策競争につなげようともしている。

## ②　会派視察の意義

今日、会派による視察も増加している。しかし、政務活動費の支出であるためか、「議会だより」でもその報告は少ない。領収書の非公開とともに、その成果が住民にはわからないことが問題である。委員会報告と同様に、当該自治体との関係、その後の監視や政策提言との関連を住民に報告する必要がある。議員個人による視察も同様である。

これらの報告は、当面は自己評価となるが、議会として報告を受け取り議会全体のものにしたい。

長野県飯田市議会は、会派視察に基づく『政務調査研究報告書』を作成している。この政務調査は、「市議会各会派では、先進地視察などの調査研究活動を行い、今後の政策立案、提言に活かし、ひいては市民益につなげていくことを目的に毎年調査を実施し（中略）、年2回報告会を行って」いる。冊子の作成・公開はもとより、全議員による報告会（公開）が開催されている。報告内容は、今後争点化される可能性のあるテーマであり、必要があれば議会から住民に呼びかけ争点化する素材になる（注4）。このことは、政務活動費の公開の意味を超えて住民自治の推進の役割を担う。

## ❖委員会の視察・調査に住民も❖

争点情報の提供を考える上で、会派による視察内容の公開と、それを素材とした住民との討議が重要であることを確認してきた。このことは、委員会による視察・調査にも当てはまる。

一歩進めて、委員会による視察に住民が参加することも考えてよい。当該自治体で争点となっている、あるいは今後争点化するであろう課題の解決に向けて努力している自治体・地域を視察することは議員だけではなく、住民にとっても重要だからである。住民がその後、争点をめぐる議論にかかわる際にも、監視する場合にも有用である。視察の際の住民の声によって議会力をアップさせることができる。委員会としても、住民や関係団体に意見を聞く場合、共通認識を持った上で議論できる。委員会視察への住民参加は、住民と議会との協働の一つの契機になる。

もちろん、住民、NPO等は独自に視察・調査している。それを補完する側面もある。この住民参加の視察には、住民に対する旅費等の補助（たとえば半額補助）も必要であろう。公正を期すために、また単なる後援会活動にしないため、会派ではなく委員会視察への参加を提案している。

## ❖情報の宝庫としての議会図書室❖

これまで住民自治の情報を創り出すための施策を考えてきた。もう一つ重要なのは、図書館（公立および私立）や、議会図書室の充実である。

住民、議員、職員等が地域情報を得て、それを踏まえて監視・政策提言能力を高めるために有用な場が図書館である。知の宝庫である図書館は、娯楽、教養、地域経営の素材を提供する。まさに民主主義の拠点である。

図書館は、「無料貸本屋、試験・受験勉強の学習室」といった揶揄もあったが、今日、公共空間としての図書館に大きく変わろうとしている。住民自治を進める議会は、図書館をより充実させることに責任を持つ必要がある。

また、そもそも議会には議会図書室がある。正確には、あるはずである（地方自治法第１００条第19項）。都道府県議会図書室はともかく、町村議会図書室は設置されているといっても、応接室にいくつかの本棚だけなど図書室のイメージとはまったく異なるものも少なくない。また、「一般利用可としている」町村議会は43・４％あるが、活用に足るものかどうかは疑問である（全国町村議会議長会『第60回町村議会実態調査』、２０１４年）。議会が公共空間を担う場であるならば、当然、議会図書室もそうなるべきである。これまで議会も住民もこの意味を軽視してきたのではないか。

公共空間としての図書館の意味と、それにかかわる議会の役割、議会図書室の意味とその充実のための手法（議会図書室自体の充実とともに、公立図書館・市政資料室との連携等）を考えることにしたい。市町村を念頭において、結論を先取りすれば次のようになる。

①　図書館の意義の再確認と行政・地域資料の収集

②　市役所・町村役場に行政・地域情報を収集した市政・町村政資料室の設置

③　議会図書室の充実、市政・町村政資料室の併置

公立図書館と市政・町村政資料室の密接な連携は可能である。市政・町村政資料室を公立図書館の分館とすることもできる。さらに、議会図書室との連携も模索したい。その前にまず、公立図書館と議会図書室、それぞれの設置根拠の相違を確認しておこう。

**図書館の設置根拠**（図書館法第2条第1項）

この法律において「図書館」とは、図書、記録その他必要な資料を収集し、整理し、保存して、一般公衆の利用に供し、その教養、調査研究、レクリエーション等に資することを目的とする施設で、地方公共団体、日本赤十字社又は一般社団法人若しくは一般財団法人が設置するもの（学校に附属する図書館又は図書室を除く。）をいう。

**議会図書室設置の根拠法**（地方自治法第１００条第19項および第20項）

19　議会は、議員の調査研究に資するため、図書室を附置し前二項の規定により送付を受けた官報、公報及び刊行物を保管して置かなければならない。

20　前項の図書室は、一般にこれを利用させることができる。（注5）

図書館法では地方公共団体が設置するもの（公立図書館）の中に議会図書室は含まれていないと解釈されている。図書館法では「一般公衆の利用に供し」、それに対して地方自治法では「一般にこれを利用させることができる」という相違がある。ただし、議会図書室も地方公共団体が設置するものである。また、図書館法（公立図書館と私立図書館の設置根拠）の目的の一つは「調査研究」であるが、地方自治法に基づく議会図書室も、議員に資するという限定はあるものの「調査研究」を目的としていることでは同様である。そこで、公立図書館と議会図書室との関係・連携は議論されるべきである。

議会図書室を必置としたのは、この条文（現行の第100条第19項）の制定時、議会運営に必要な資料が入手しづらいという理由によるものであった。しかし状況は大きく変わっている。

一方で、地方分権に伴う議会の権限の飛躍的な高まりを受けて、立法機関としての役割を全うするには、立法に関する特別な図書室（図書・雑誌、司書）を議会独自に整備する方向がある。他方で、議会運営に関する情報は議会単独ではなく、地域情報として開放することにより住民自治を充実させる方向がある。これら二つの方向のどちらに力点を置いて整備するか、どのように整備するかを住民とともに議論していく必要がある。二つの方向はどこの議会でも必要だが、現時点では大規模な自治体は前者に、また小規模な自治体は後者に力点を置いて充実させることが必要だと考えている。

ともかく、議会図書室を大きく変えなければならない。議会事務局の任意設置（市町村）に対して、都道府県・市町村ともに議会図書室は必置となっている。議会運営に当たってこの意味は大きい。とはいえ、送付されることになる官報や刊行物等の物置になっているところもある。今後は、調査研究に役立つ場とともに、住民自治を進めるうえでの争点情報の集積の場という機能を持つことが必要である（図参照）。物置（第3象限）から、調査研究の素材の宝庫であるとともに、争点情報集積の場である議会図書室（第1象限）が必要である。

## 議会図書室の現状

### ① 規模による大きな相違

法律上、設置が義務づけられているがゆえに、公式上、議会図書室は「設置」されている。とはいえ、物置としての設置、応接室との併用など、本来の議会図書室の役割を担っていない自治体も多い。都道府県、政令指定都市、県庁所在市という、いわば大規模な自治体の議会図書室は次のようになっている（注6）。議会図書室の職員数は都道府県3・8人、政令市3・6人、県庁所在市2・6人（うち専任1・5人、0・6人、0・1人、うち兼務2・3人、3・0人、2・6人）、司書の配置は都道府県0・9人、政令市0・6人、県庁所在市0・0人となっている。なお、専任の職員を置いている

図　従来の議会図書室とこれからの議会図書室

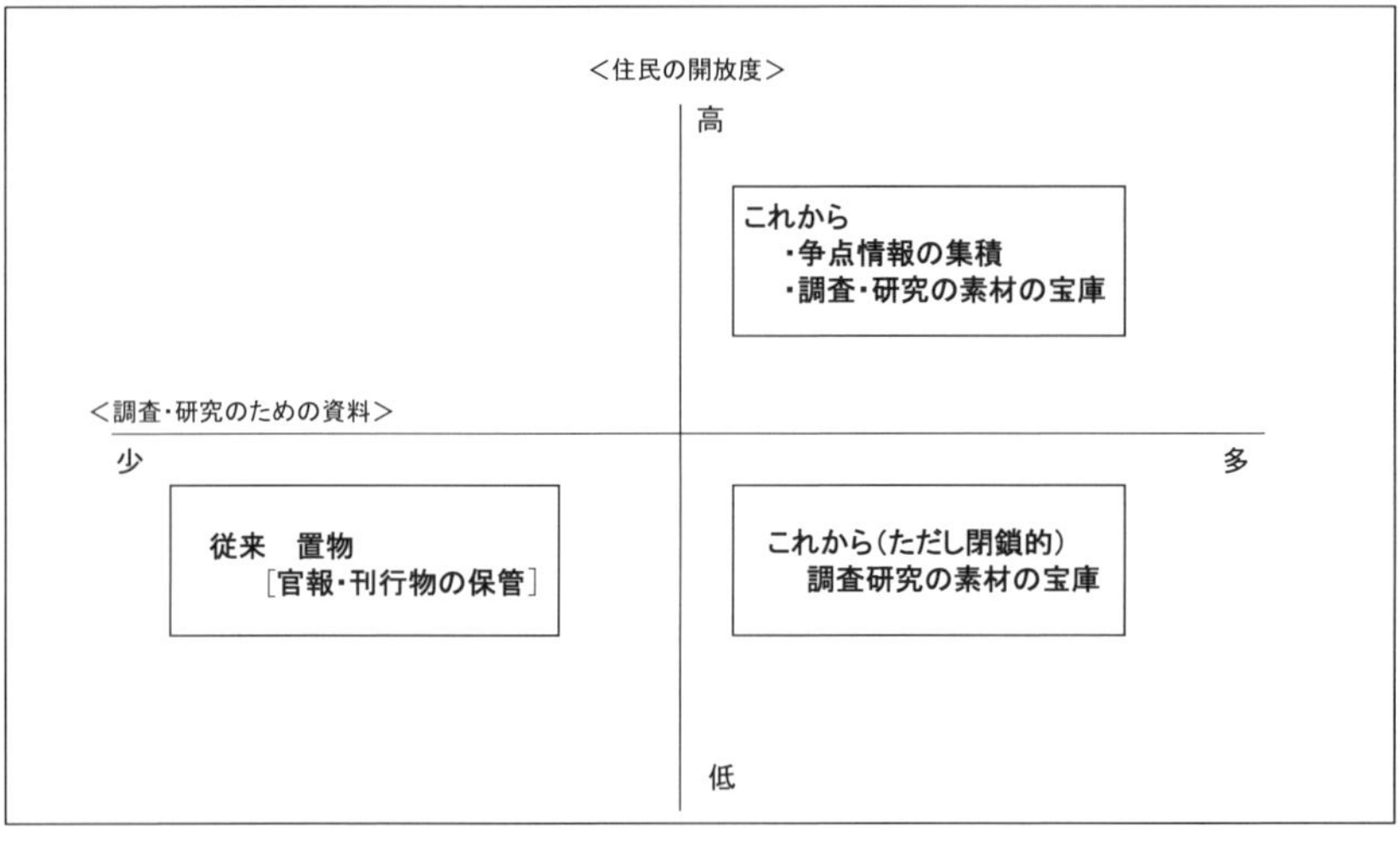

都道府県は、39議会（83％）、司書を置いているのは34議会（72％）である。政令指定都市で専任職員、司書とも置いている議会は10と半分である。県庁所在市で専任職員を置いているのは2市（和歌山市と宮崎市）のみであり、他は「無人の『倉庫』の状態」である。

すでに指摘したように、それよりも規模が小さい自治体の議会図書室は公式には設置されていることになっているが、その機能を果たしていないものも多い。そもそも、議会事務局職員が平均2・5人（全国町村議会）では、充実した図書室を望んでも現実的ではない。

### ② 議員のためだけではない議会図書室

地方自治法上も「一般の人」の利用は可能である。都道府県議会の場合、カウントをしていない議会もあるが、概ね「一般の人」（事務局職員、執行部職員を含めて）の閲覧も行っている。驚くことに、政令指定都市、県庁所在市では、「一般の人」が閲覧できない議会もある（注7）。「一般の人」への貸出は、都道府県の場合、ほとんど不可であるが、4府県のみ可能である（山形県、群馬県、京都府、島根県）。調査依頼が議員以外も可能な都府県もある。事務職職員（37都府県）、執行部職員（34府県）、「一般の人」（23府県）である。

「一般の人」の閲覧・貸出・調査依頼も制度化すべきであり、その周知が必要である（注8）。とはいえ、そもそも議会図書室と呼べないレベルのものも町村議会を中心に多い。議員も活用できない図書室では意味をなさない。早急な整備が必要である。

## 争点情報が集積している議会

市民教育にとって不可欠な地域における争点情報、争点となる可能性のある情報（以下、一括して「争点情報」）は、議会審議や議会・議員の活動の中にある。市民教育にとって不可欠な争点情報を議会という装置が集積し、それを提供すること（さらに住民からの争点情報の提供）、つまり、争点情報が集積された開かれた討議空間（公共空間）を創造する必要がある。

議案は、今後の地域経営を方向づけるものであり、その審議にあたっては多角的な視点からメリット・デメリットが明らかになる。議会が追認機関であれば、争点であっても、それが意識されず粛々と可決される。議会改革が進展すれば、争点であることが、議会審議で明らかになる。傍聴者が少ないと嘆く議会があるが、議案を争点化しない議会に住民が興味を持つことはない。

一般質問・代表質問には、争点情報が詰まっている。住民からの要望、個々の議員・会派による政務活動、委員会による調査研究・視察、議会報告会（住民との意見交換会）などを踏まえた上での質問とその答弁には、争点となっている情報だけではなく、今後争点とすべき情報も含まれる。質問と答弁は議事録に記載され、今後の議論の起点となる。

さらに、委員会の所管事務調査や、会派等による視察等の報告書は、議案審議、質問に活かされる場合もあるが、すでに指摘したように争点となっている調査結果の情報である。そして、今後争点とすべき情報が多く含まれている。

また、陳情・請願は重要な争点情報であり、しかもそれらは住民から提供される貴重なものである。今日、陳情・請願は住民による政策提言として位置づけられている。地域で生じている課題が陳情・請願といったチャンネルを通じて議会に持ち込まれる。陳情・請願は仮に採択されなくとも、議会（委員会）で審議されることが重要である。代表者に発言する機会を与えれば、より実践的な情報が議会に持ち込まれる。

このように議会審議や議会・議員活動は、地域経営にとって第一級の争点情報であるがゆえに、その蓄積と発信が重要である。発信では、まずもって議会だよりの充実、ＩＣＴの活用とともに、議長の定例記者会見が必要である。また、首長の諮問機関のメンバーに関連する情報を提供することなど、取り組むべき課題は多い。

そもそも発信するためには、争点情報が蓄積されていなければならない。議会に行けば気軽に争点情報を入手できるシステムが必要である。たとえば、一般質問を分野ごとにファイルしていれば貴重な資料である（今日、ネット上の検索で容易）。委員会の所管事務調査の報告書、陳情・請願の取り扱いも同様である。それらによって、争点情報が集積される。議事録や議会だよりにも豊富な情報が蓄積されているが、争点情報として再編集する必要がある。そのためには、議会事務局の充実が不可欠である。とりわけ、レファレンスが可能な議会図書室の充実が、新たな議会にとっても、市民教育にとっても不可欠である。

住民が、住民自治を進めるにあたって、議会事務局・議会図書室に真っ先に情報を取りに行く習慣はない。しかし、すでに指摘したように議会には、第一級の争点情報が蓄積されている。「住民自治の根幹」としての議会が作動していけば当然、今後は住民と議会事務局・議会図書室との結びつきが強化されなければならない。市民教育の充実という視点からも、新たな議会改革は、議会事務局、とりわけ議会図書室の充実という課題を呼び起こしている。

## 議会図書室充実の視点――図書室・図書館連携

議会図書室は、必置となっている（地方自治法第１００条第19項）。戦後の新たな地方自治、二元的代表制を創り出すには、議会と首長等は政策競争をしなければならない。そのためには、当時であっても議会図書室の設置が必要であった。国会に国会図書館があるように、地方議会に議会図書館（室）が設置されるのは、国会（唯一の立法機関）と地方議会（唯一とはいえないまでも主要な立法機関）といった差はあるにせよ、当然である。より正確にいえば、二元的代表制を作動させる地方議会でこそ充実した議会図書室が設置されなければならない。地方自治法での議会図書室の必置規定は、この文脈で理解できる（注9）。

しかし、首長等と政策競争する議会改革が進まない限りは、議会図書室の充実といっても「猫に小判」でしかなく、必要性・現実性に乏しい。今日ようやく、議会図書室の充実が議論されるようになっている。本書では、議会図書室を議会の政策形成・監視機能の強化の文脈だけではなく、市民教育の一環、つまり地域の重要な争点情報を獲得できる視点から考えている。課題を解決する情報が集積されレファレンスが可能な議会図書室が不可欠である。小規模議会でも、争点情報が集積しているということが市民教育にとって重要である。

三重県議会議会図書室は司書２人を配置し、レファレンス機能を充実させた「先進議会図書室」といわれている。北川正恭知事（当時）による予算を伴った指示を契機としているように（1999年度より）、首長側の動向も重要ではある。しかし今日は、議会が議会改革の重要な要素として議会図書室を充実させる時期にきている。

とはいえ、筆者は議会独自の図書室の充実だけがその方向ではないと考えている。一つは、小規模議会の議会事務局職員の少なさを考慮すれば、そこに司書を含めた職員配置を叫んでも実現には程遠いからである。これは町村議会だけではない。そこで、行政資料室、公立図書館、国立国会図書館との連携の議論へと進む。もう一つは、ある程度充実した議会図書室であっても、それで完結して業務をこなせるわけではないからである。実際に活用できる議会図書室にするには、同じように連携が必要である。

## 議会図書室充実のもう一歩

議会図書室充実のもう一歩を考えよう。議会図書室と他の〈図書館＝知の宝庫〉との連携の視点から、行政資料室や公立図書館、国立国会図書館の力の活用は必要である。そのことで議会事務局の政策法務機能は、飛躍的に高まる。政務活動の効率的な活用とも連結する。議会図書室本体の充実がなければその連携も活用できないことは強調しておきたい。連携の仕方もわからない議会事務局では、連携先の力を十分には活用できない。

「公共」図書館は行政資料室、公立図書館、国会図書館だけではない。私立図書館も多様に存在している。異なった観点からすれば、大学図書館は「知の拠点」として豊富な図書と司書を抱えている。それらと連携しない手はない。ここで指摘した視点でぜひともこれらとの連携も強化したい。

もう一つは、充実した行政資料室と議会図書室との併置の可能性を探ることである。それぞれの職員の併任は可能である(注10)。

三つ目は、住民自治を進める議会図書室とすることである。

住民自治を進めるという視点からその質を高める手法について確認してきたが、逆に、住民によって議会図書室が充実することも考えてよい。議会を訪れれば当該自治体の争点、今後そうなる可能性があるテーマを容易に入手できると住民が認知する必要がある。陳情・請願書に資料を添付してもらえば、それらをテーマごとにスクラップするだけでも貴重な資料になる。住民に開かれるとともに、住民が創り出す議会図書室の萌芽はそこにある。

議会図書室は新たな一歩を踏み出す時期である。

争点情報、および今後争点となる可能性のある情報を住民が容易に入手できることが重要であり、それと議会の活動を連結させることの重要性を指摘してきた。これらは議会からの市民教育の重要な側面である。

(注1) 廣瀬克哉・自治体議会改革フォーラム編『議会改革白書2014年版』生活社、2014年。

(注2) 「各定例月議会における重要な議案(市民サービスに大きな変化をもたらすような条例や事業)について、各定例月議会の委員会での審査が行われる前に、市議会ホームページにおいて、市民の皆さんに情報提供を行い、ご意見をいただく取り組

みを行っています。／いただいたご意見については、審査の参考とするため、一覧表にして全議員に配付させていただきます。／ただし、いただいたご意見に対する回答は行わないものとさせていただきます。」http://www5.city.yokkaichi.mie.jp/menu88502.html

（注3）このジャーナルの発行によって議会局職員の「人材育成」が図られ、動機づけにもなっていることは特筆されてよい。なお、長崎市議会事務局は、1956年より「調査資料報」を年4回発行している。また、神戸市会事務局も、議会資料データベースシステムの導入と「議員向け」情報誌のバージョンアップを図っている。

（注4）飯田市議会『平成27年度前期（平成27年4月～9月）政務活動調査報告書』。

（注5）「政府は、都道府県の議会に官報及び政府の刊行物を、市町村の議会に官報及び市町村に特に関係があると認める政府の刊行物を送付しなければならない」「都道府県は、当該都道府県の区域内の市町村の議会及び他の都道府県の議会に、公報及び適当と認める刊行物を送付しなければならない」（地方自治法第100条第17項および第18項）。この法律どおりに行われているか極めて疑わしい。

（注6）「特集　使える議会図書室とは――都道府県・政令市・県庁所在市調査」『日経グローカル』261号（2015年2月2日）参照。

（注7）横浜市、新潟市、青森市、山形市、福島市、新宿区、富山市、福井市、長野市、山口市、徳島市、高松市、長崎市、大分市である。

（注8）東京都千代田区議会では、「ちよだ区議会だより」に「区議会図書室の図書も閲覧できます」という記事を掲載している（たとえば、2015年8月19日付）。

（注9）この規定について、「いうなれば、地方議会にも国会に対する国会図書館のごときものを想定して、図書室の設置を定めているのかもしれない」という論評がある（地方自治総合研究所監修・佐藤英善編『逐条研究　地方自治法Ⅱ』敬文堂、2005年、338～339頁）。現状は「名ばかりのもので」という指摘を忘れてはいない。当初の地方自治法案では「議会図書室の附置を任意としていた」（同書、333頁（注18））にもかかわらず、このように必置となった意味を考えたい。

（注10）筆者はかつて「議会図書室として独立させることがコスト面から困難な場合、執行機関の資料室と一括して『市政資料室』を設置することも考えられる」と指摘したことがある（江藤俊昭「分権時代の地方議会」辻山幸宣編『住民・行政の協働』ぎょうせい、1998年、126～127頁）。その場合でも、議会図書室の看板を下ろす必要はない。

# 公共空間としての公立図書館を創り出す

議会・議員が図書館にかかわる手法と視点を考えたい。図書館は、「知の宝庫」という意味で住民自治を進化・深化させる公共施設であるとともに、住民自治の結晶でもある。つまり、図書館は住民が創り出し、それによって住民自治が進化するという意味で公共空間である。図書館を創るにあたって、住民や行政がかかわるとともに、議会は責任を持たなければならない。この「創る」には、施設だけではなく、運営（そして図書館によって生み出される人間関係）も含めている。

## ❖❖図書館改革の手法と視点❖❖

埼玉県戸田市議会では、会派ではなく常任委員会（文教・建設常任委員会）として、住民に身近で住民自治にとって不可欠な図書館改革を提案した（２０１５年）。図書館運動を行っている住民が議員となり運動を広げることは全国で行われているが、常任委員会が提案したところに特徴がある。

この委員会が最初に参考にしたのは、長野県小布施町立図書館「まちとしょテラソ」である。従来の公立図書館が貸し出し、レファレンスを主要な使命とするならば、それとともに、「わくわく」をテーマに交流の場として位置づける図書館である。「無料貸本屋からの脱却」を目指して、学びの場、子育ての場、交流の場、情報発信の場といった理念に基づいた「交流と創造を楽しむ拠点」を創り出している（注1）。この図書館が強調する「交流を目指す図書館」は、新たな図書館の方向であり、多様に実践されている。産業支援、観光支援等々……図書の貸し出しを主としたものから、多様な機能、交流を重視する新しい図書館の実践が紹介されている（注2）。

さて、新しいタイプの図書館として、蔦屋書店を展開するカルチュア・コンビニエンス・クラブ（CCC）が管理・運営する佐賀県武雄市図書館改革が脚光を浴びている。揶揄も含めて、多くの議員などが視察に訪れ武雄市の地域活性化に役立っている。今日、その運営をめぐる議論が活発である。「本の配置に使う独自の分類がわかりにくい」「利用カードの履歴の管理の基準は？ 個人情報流用の恐れはないか」「武雄図書館に、中古市場で価値の低い本を購入したのはなぜか、どんな基準で選書・廃棄しているのか」といった論点が出ている（注3）。

とはいえ、ここでは公共空間としての図書館を考える際の視点だけを確認しておこう。つまり、一つはどのような交流と創造なのか、「公共空間としての図書館」「住民自治における図書館」をどのように考えるかという論点である。そしてもう一つは、CCCによる指定管理の手法は、人口減少、「地方創生」が叫ばれている今日、まちづくりにとって有効かどうかという論点である。

## 交流の意味を考える

開かれた図書館づくり運動が各地に広がっていることは承知している。図書の貸出数の増加をみれば、住民から認知されてきているが、それを超えたものとして住民に身近なものとなったとはいえない。武雄市図書館や佐賀県伊万里市民図書館は、住民の側に図書館を近づけたものとして評価してよい。だが、その「近接性」は両極にある。住民自治の「住民」像をめぐる対立した二つの方向からの図書館改革だといってよい。換言すれば、住民が集う場の強調という意味では一致しているが、目的や手法、そして何を創り出すか、という点ではまったく異なっている。

極論すれば、従来、専門家（行政職員や司書を含めて）が「住民のために」図書館を運営していた（温情主義的官僚制に基づいた運営）。そこでは顧客としての住民（client）を想定して多くの良質な書籍を手元に運ぶことが重視された。重要な役割を果たしたとはいえ、図書館自体もバージョンアップすることが求められていた。二つの図書館はその改革の両極だといってよい（注4）。

武雄市図書館は、市場原理を優先させ、消費者としての住民（consumer）を想定する改革である。「消費する空間としての図書館」（スターバックス、書店、文具の販売コーナー等も設置）である。住民にとっての人気が優先する。『図書館が街を創る。――「武雄市図書館」という挑戦』（楽園計画編集、ネコ・パブリッシング、2013年）を読めば、その「挑戦」がよくわかる。気軽に図書館に入り、リラックスして書籍等と接することができる。書店があるので書籍や文具等の購入もできる。また、フラットな空間でイベントもあり知的刺激を味わえる。新しい図書館というより、多様な書籍のあるカフェという印象を受ける。ただし、調査研究や「歴史資料館」（図書館の正式名称は武雄市図書館・歴史資料館）の役割は後景に追いやられる。

もう一つの伊万里市民図書館は、市民としての住民（citizen）を念頭に置いた改革である。住民は、主体的な住民として、公共空間である図書館づくりと「図書館経営」（正確には「発言と運営への支援」）にかかわる。建設時から住民がかかわり、その後も図書館の運営のサポートを行っている（フレンズいまり）。図書館の誕生日（ほしまつり）には、多くの住民が集って、イベントが行われ、起工記念日（めばえの日）にはぜんざい（設立当初の市長の好物）が振る舞われる。住民自治を創り出す図書館運動の結晶は、名称（市民図書館）にも表れている。同時に、その理念は、「図書館の自由に関する宣言」を引き継いだものであり、主文は入り口近くに大きく掲げられている。

住民が交流する場は必要であり、武雄市図書館の運営の中には、まちづくりへかかわる住民（citizen）へと至る試みもある。住民が図書館建設にかかわり、その図書館によって住民自治を進めるという本書の主題からすれば、伊万里市民図書館に親和性がある（表参照）。

表　住民像からみた図書館改革

| 住民像（括弧内は例示） | 備考 |
|---|---|
| 消費者 consumer：個人主義的な好みを優先する。住民は「退出の権力」を有し、図書館管理者は退出しないように常に需要を掘り起こす。〔武雄市図書館〕 | 社会問題・地域問題を考えるイベントが多様に開催されている→まちづくりに参加する「市民」育成。 |
| 主体的な住民 citizen：政策形成に積極的にかかわる。住民が主体となり図書館づくりと経営を行う。〔伊万里市民図書館〕 | 設計の際だけではなく、運営にも市民（フレンズ＝ボランティア）がかかわる。図書館記念日にイベントを開催。 |

## 「地方創生」と指定管理者制度

武雄市図書館の運営は、指定管理者で行っている。指定管理者の普遍的な論点と、この図書館に独自な論点がある。どちらも、今日脚光を浴びる「地方創生」に逆行するのではないかという論点である（注5）。

指定管理者制度は、効率的で住民ニーズに機敏に反応可能という意味で、地域経営にとって一つの重要な手法である。従来の図書館とは異なる運営が可能となった事例も紹介されている。とはいえ、この制度は行政改革（効率性）の文脈で導入された。それは、一般に非正規雇用や低賃金構造を生み出す。しかも、非正規雇用では雇用も不安定化して、「官製ワーキングプア」といわれる状況を生み出すことも多い。その結果、地域に魅力がなくなり、若者の大都市への移住を促進する。まさに、「地方創生」に逆行する。

図書館独自の論点は、ＣＣＣを指定管理者としたことに起因する。その一つは、文化の拠点が矮小化させられることである。スターバックスや蔦屋書店を配置することで、当然、書籍空間や歴史資料館の場が狭められる。位置づけも弱くなっている（ホームページのトップにはある）。もう一つは、地域産業が衰退することになる。ツタヤは当然のごとく、自らの系列から書籍を購入する。武雄市に従来からあった書店からの購入は考えられなくなる。地元書店にとっては大きな打撃である。

また、スターバックスの進出により、他の喫茶店に影響を与えることにもなる。武雄市図書館が脚光を浴びることに伴う視察を含めた「観光」が多くなることもある。それが継続するか、そして地場産業（書店や喫茶店を含めた）の活性化につながるのか、慎重に議論すべきである。

## 公立図書館にかかわる視点・手法

住民が図書館建設の際に積極的に活動することに加え、住民と図書館職員との交流や、住民による図書館支援は広がっている（注6）。議員・議会として公立図書館にかかわる視点と手法を考えたい。

まず、議員として、住民に開かれた公立図書館の建設と運営を個人的にライフワークにしている者がいる。そうでなくても、議員として公立図書館に関心を持つのは当然であり、図書館建設や運営にかかわる住民の要望を積極的に吸収し、一般質問等に活かす必要がある。すぐに実現できなくとも、首長等の見解が議事録に掲載されるからである（注7）。

議会としては、公立図書館を地域経営の核に位置づけて活動すること、総合計画の中に公立図書館のビジョン、ミッション等を明記することにかかわる必要がある。さらに、議会図書室の充実と重なるが、議会事務局の政策法務機能を充実させるには、公立図書館との連携が重要である。そのことで、政務活動費を他の政務活動に活用できることから効率化も実践できる。このことは、議会が公立図書館により関心を持つ機会となる。このように、公立図書館と議会との連携は、政策法務機能の充実だけではなく、逆に議会が公立図書館の重要性を認知し、その充実を進める契機にもなる（注8）。

## 公共図書館と議会図書室

議会図書室は、公立図書館・行政資料室・国立国会図書館それぞれの力の活用が必要である。そのことによって議会事務局の政策法務機能は、飛躍的に高まる。政務活動の効率的な活用とも連結する。議会図書室の充実手法としての連携である。

### ①　公立図書館の力の活用

鳥取県議会図書室と同県立図書館との連携は広く知られている。議会図書室に入ると正面に書籍コーナーが設置されている。県立図書館から貸与された書籍である。いわゆる「旬」のテーマの特設コーナーを設けることで、議員が一般質問等に活用でき、テーマについて身近に考える一助としている。

ＴＰＰ、地方創生など議会事務局がテーマを設定しているが、水木しげる氏の逝去に伴い、県立図書館で行われた水木氏の特設コーナーを議会図書室に開設することもあった（２０１５年）。議会図書室に司書資格を有する職員（非常勤）はいるが、常駐しているわけではない。その充実が今後の課題だろう。

また、住民が行政と協働して創り出した伊万里市民図書館は、鳥取県の取組を参考に「議員の近くへ資料を出前する」方式を採用し、「旬」な資料を議員控室に展示している。議員と図書館員が意見交換する中で、市民図書館の資料と司書の力を議会が活用した方がベターだと判断し、この連携を創り出した。

### ②　行政資料室の力の活用

行政資料室は、地域経営に必要な資料が豊富に集積され、レファレンス機能が十分にあることを想定している。庁舎の一角に、行政資料室・資料コーナーを設置することは、独自の情報公開条例制定、あるいは情報公開法に伴う情報公開条例の制定以降進んでいる。

鳥取県では２００５年、県立図書館の分館（図書室）が県庁内に開設された。ここは、行政職員、住民、そして議員の情報収集の場となっている。

また、日野市市政資料室（東京都）は１９７７年、日野市立図書館の分館として開設された（注9）。行政資料（日野市関連のほか、他の市町村、都道府県、国の動向も）、関連の書籍・雑誌のみならず、日野市に関連ある記事など多様な情報を収集している。同時に、「市政調査月報」（雑誌の目次）、「資料の広場」（新着資料情報リスト）、「市政図書室所蔵日野市の主要な計画・答申・報告書」（過去発行の年表式資料リスト）、新聞記事速報（毎日、日野市に関連ある記事、地方自治に関連ある記事）などを作成するとともに、それらを発信している。議会・会派にもこれらは配布されている。

なお、庁内のプロジェクトチームへの継続的な資料提供や、庁内レファレンスも充実している。議員も一般質問等のために資料やレファレンスを活用している。もちろん、行政職員や議員だけではなく、住民にも開かれている（筆者も活用している）。このように、収集と発信の外延が非常に広い。まさに、「住民自治を推進する資料室（図書室）」である。

これらの二つの図書室は、それぞれの公立図書館の分館であり、図書館法に基づいて活動している。そのことで、十分とはいえないまでも、図書館としての予算があり、司書も配置されている。また、「図書館の自由に関する宣言」（日本図書館協会）を踏まえた活動となる。

### ③ 国会図書館の力の活用

国立国会図書館は、「あらゆる適切な方法により、図書館の組織及び図書館奉仕の改善につき、都道府県の議会その他の地方議会、公務員又は図書館人を援助する」ことになっている（国立国会図書館法第21条第2項）（注10）。

具体的には、資料に基づく連携・協力があげられる。年間4000冊の資料が地方議会図書室に、国会会議録が都道府県・指定都市議会図書室に送付されている。また、議会図書室職員を対象とした研修（都道府県および政令指定都市議会事務局図書室職員等を対象）も行われている（注11）。

議会事務局の充実・連携が強調されて、事務局職員等による研究会が誕生している。その一つでは国会図書館職員がメンバーとなり、研究会で報告などをしている。今後の連携の方向を考える上で非常に意義のあることである。

## 図書館職員・司書との連携

議会図書室と、公立図書館、行政資料室、国立国会図書館との連携を確認してきた。それを実質化するには、議員と図書館職員、とりわけ司書との交流が必要である。議員が、それらの役割を確認する意味もある。「議会図書室の司書は、議会の審議案件や議会運営等、実務に関する基礎知識を身につけていかなければ、即時対応どころか議員の意図をつかむことすらおぼつかない」といわれる。議会事務局職員・議会図書室司書は議員と交流することにより、議会特有の「土地勘」を磨くことが必要である（注12）。

この「土地勘」を磨くことは、議会図書室を支援する公立図書館、行政資料室、国立国会図書館の職員・司書にもいえる。

日野市市政資料室の分館長は、日頃から心がけ、仲間に呼びかけていることがあるという。それは、予算書の愛読者になること、庁内の他課・地域企業・団体・NPOとの連携、庁内プロジェクトへの積極的な参加、地域の講座への参加などである。それらによって、地域課題を的確に把握して、議員を含めた多様な要請に機敏に対応できる能力を養うことになる（注13）。

## ❖議会事務局・議会図書室の充実❖

とはいえ、議会図書室本体の充実がなければこれらの連携も活用できないことは強調しても過ぎることはない。連携の仕方もわからない議会事務局では、連携先の力を十分には活用できない。

議会図書室について、「設置の義務付けを緩和すべきだという意見もある」そうだ（注14）。筆者は、議会図書室自体が主題的な議論の対象になっていないこともあってか、その議論は聞いたことがない。連携による議会図書室機能の強化は必要だが、それが当該議会に議会図書室がなくてもよいことにはならない。議会図書館と市政資料室との併設は考慮されてよいが、その場合でも、議会図書室の設置は条例に明記すべきである。「住民自治の根幹」であるとともに、第一級の争点情報は議会に蓄積されるからである。議会に身近な議会図書室があってこそ、さまざまな連携は活きる。

住民自治によって図書館は創られ、図書館によって住民自治は進化・深化する。議員・議会として図書館にかかわっていかなければならない。

（注１）　花井裕一郎『はなぼん――わくわく演出マネジメント』文屋、２０１４年（第２版）、72頁。
（注２）　猪谷千香『つながる図書館――コミュニティの核をめざす試み』ちくま新書、特に第2章参照。
（注３）　『毎日新聞』２０１５年11月23日付（一部略）。同11月７日付、田井郁久雄「虚像の民営化『ツタヤ図書館』」『世界』２０１５年12月号参照。

（注4）両図書館を対比的に論じている、猪谷・前掲書、特に第2章参照。なお、図書館の今日の論点については、根本彰『理想の図書館とは何か――知の公共性をめぐって』ミネルヴァ書房、2011年、特に第Ⅱ部参照。なお、本書の公共性とは異なっているといえないまでも一致はしていない（同『場所としての図書館・空間としての図書館』学文社、2015年、8～10頁）。

（注5）片山善博・慶応義塾大学教授による講演「『地方創生』と高等教育機関の役割」（山梨学院大学院創立20周年記念フォーラム、2015年11月29日、『創立20周年記念誌』）参照。

（注6）たとえば、平松伸子・盛泰子「市民のための図書館を生み・育てる――協力と提言が旗印の『図書館フレンズいまり』の活動」『月刊社会教育』2012年2月号参照。「市民図書館」という名称は佐賀県伊万里市のほか北海道石狩市なども採用している。

（注7）岡本真・森旭彦『未来の図書館、はじめませんか?』青弓社、2014年、146頁。

（注8）同右書、161～164頁。ただし、例示されている政務活動費の削減効果はあまりにも過大である。

（注9）他の行政資料室と比べた日野市市政資料室の特徴について、戸室幸治「市民自治の確立を目指す自治体情報政策に関する考察――市政資料・情報センターの必要性と可能性を中心に――」『政治・政策ダイアローグ』（法政大学社会科学研究科）第2号（2004年2月）参照。

（注10）当該条文には「直接に又は公立その他の図書館を経由」という手法や、「両議院、委員会及び議員並びに行政及び司法の各部門からの要求を妨げない限り」という制約も付されている。

（注11）塚田洋「国立国会図書館による地方議会図書室への支援」『びぷろす』（国立国会図書館総務部）56号（2012年5月）参照（この号の特集の一つは「地方議会図書室」である）。

（注12）塚田洋「地方議会図書室に明日はあるか――都道府県議会図書室を例に――」『季刊誌　カレントアフェアネス』（国立国会図書館）No.316（2013年6月）8頁。

（注13）清水ゆかり「地域・行政資料サービスの未来――『行政支援』という取り組み」『山梨県公共図書館協会報』No.25（2007年3月）。

（注14）『日経グローカル』No.261（2015年2月2日）10頁。

# 第6章
# 議会が推進する市民教育

## 議会という公共空間＝「民主主義の学校」を創出する

自治を進めるためには、住民、議会・議員、首長等が住民福祉の向上を目指して緊張感を保ちつつ、よりよい「新しい三者間関係」を創り出す必要がある。住民自治を推進する主体は「主権者」である住民（小文字の住民＝抽象的な意味での住民）である。その「住民」を直視すれば、多様な住民（大文字の住民＝具体的で生活している住民）が存在しているのは当然のことである。老若男女、さまざまな職業、そして多様な思想・価値観をもった住民がいる。住民自治に引きつけて単純化すれば、政治行政に関心がある者とない者、関心があっても迎合する者と敵対する者、あるいは是々非々で対応する者など、多様である。

議会改革は進んでいるが、住民による議会への関心はいまだに広がっていない。議会報告会への参加者は伸び止まりというより下降している議会が多い。そもそも参加者自体は住民の数パーセントにすぎない。また、議会による住民アンケートは、議員報酬・削減要請は多いものの、そもそもそれ自体について「わからない」と回答するものが多い。回収率を含めて考えると、議会への関心が高いとはいえない。

中央集権制の下で培われた「自治観」は広く住民の深層に宿っている。地方分権改革によってその「自治観」が急激に変わったとはいえない。しかし、地方分権改革は進み、自治体改革、その中でも議会改革は大いに進んでいる。

この推進に住民が果たした役割は大きい。とはいえ、さらに推進するためには、住民によるさらなる監視や参加が不可欠である。

住民自治を進める「住民」とは、その住民が必要とする市民性とは、そしてそれを培う機会とは、それに議会がどうかかわるかを考えていこう。本章は、住民に寄り添う議会を創り出そうと悩んでいる議員に応える意味もある。

## 住民の信頼を回復するには

議会改革が進展しているとはいえ、住民からすれば、議会への評価は相変わらず低い。すこし古い調査ではあるが、「大いに満足している」1・1%、「ある程度満足している」31・4%と少ないのに対して、「あまり満足していない」46・9%、「全く満足していない」13・6%と不満派は60・5%となっている（「どちらとも言えない」、「無回答」7・0%）（日本世論調査会（2006年12月実施）のアンケート結果）。この結果が大きく改善されたとはとても思えない。

各地で行っている意欲的な議会による住民意識調査結果を見れば、相変わらず議員による議員報酬・定数等についての削減要求は強い（議会活動についての正確な情報提供に基づく十分な議論を踏まえた調査なくして、「わからない」とともに、これらの削減要求が多数を占めることは現段階では当然である）。極端なことをいえば、住民は議会改革を望んでいないのかもしれないと思うこともある。従来の「口利き」に熱心な議員を望んでいることもあるからである。

そうであっても、この事態の打開は議会改革の正道を歩むしかない。住民と歩む議会の創造であり、それを住民福祉の向上につなげる改革である。しかし、これを確実に実行し住民に示すことだけではすぐに信頼が得られるものではない。積極的に主権者教育・市民（政治）教育を進めることである。中央集権下の地方政治（実際は政治というより地方行政重視）が大きく転換したことは住民にはなかなか理解されないということもその理由である。より根本的には、住民自身も政治・行政に関心を持つだけではなく積極的にかかわる行動が「主権者」には必要だからである。

市民教育に学校教育を活用する動きはすすんでいる。これとともに、そしてそれを超えて議会が積極的に市民教育を進めることを考えたい。結論を先取りすれば、議会は地域経営にとって驚くべき権限を持ち、正統に選挙された議員によって構成され、住民、首長等と積極的に討議する「公開と討議」を行う公共空間だからである。いわば日本では抽象的な言葉としてのみ理解されてきた「民主主義の学校」の今日版をこの日本で創出するために本章を開始する。

## ❖市民教育の必要性――議会運営の負の連鎖とその脱出の方向❖

自動的に議会改革、自治の充実が進むわけではない。住民も議会・議員もその努力が必要である。今日議会運営の負の連鎖が生まれている（本書第5章参照）。これらによって、議員選挙の際に立候補者が定数に満たない場合も少なくない。こうした負の連鎖を打開するためには、議会は住民の前に登場する必要がある。そして、議会改革を進めるだけではなく、住民福祉の向上の成果を住民に示す。住民はそれに応え議会を監視し参加することも重要である。このように議会運営の正の連鎖の萌芽はある。議会報告会に参加した関心ある住民だけを対象とした調査ではあるが、議会への信頼度は低くはない。議会に対して「あまり信用していない」8・4%、「まったく信用せず」0・5%と少なく、「信用」11・1%、「ある程度信用」47・9%と併せて信頼派は59・0%と多い（無回答32・1%）（北海道栗山町議会議会報告会参加者へのアンケート結果）（注1）。

しかし、そもそも住民が議会、さらに広げて政治や行政に関心を示さなければ正の連鎖は創り出せない。議会改革やそれによるこの正の連鎖は結果的に政治や行政への関心を呼び起こしていることは、以降で具体的に指摘したい。

## 政治行政不信の蔓延の理解と打開の方途

そもそも、地方議会・議員だけが住民（国民）から不満を持たれているわけではない。自治体の首長や行政、さらには国政の議員や公務員に対する批判も蔓延している。また、これらの批判は日本だけで生じている現象ではない（注2）。たとえば、イギリスの職業に対する信頼度では、医師（プラス85）、教師（プラス80）、判事（プラス60）などに対して、公務員（プラス1）、政治家一般（マイナス51）である（2005年）。先進諸国では、一貫して投票率が低下している（そうであっても、いわゆる社会民主主義が強力な国では高投票率、新自由主義諸国では低投票率という特徴がある）。

地方政治だけではなく国政も、そして日本だけではなく世界中で広がっている政治行政不信に立ち向かうには､やはりその原因を探る必要がある｡すでに指摘したように､仮説ではあるが二つ指摘しておきたい。

一つは、新自由主義＝市場原理至上主義の広がりである。「自己責任」が強調され、政治や行政の役割は軽視される。市場原理の優先は、政治や行政の役割を後景に退かせる。それでは、政治や行政に関心を持たない人々が増大する。しかも、市場原理至上主義は、消費者の思考を身につける。提供される情報の中から商品を選択する思考を有する消費者は、サービスを受けるだけの顧客とは異なって主体性はある。しかし、消費者志向では情報が提供されていない商品は選択の対象に入らず、また自分にとって「よい商品」がない場合、「買わない」（選挙に行かない）といった選択が行われる。

なお、市場原理至上主義的な発想と結びつくグローバリゼーションの進展によって、国政や自治体の政策選択は拘束されており、その結果政治の役割は低下しているという印象を広げている。

もう一つは、世界中で広がる格差の拡大である。日本の非正規労働者の増大などを念頭に置けばよい。低所得者・非正規雇用者の増大は、税金で給与・歳費・報酬を得て生活している政治家や行政職員は「特権層」とうつる。かれらは、いわゆるエスタブリッシュメントの候補者や行政職員には親近感を感じないだけではなく、時には「敵」とみなす。選挙において棄権に走るか、「特権層」に敵対するカリスマが登場すれば、熱狂的な支持をする。

これを増幅させているのが、政治家や公務員が国民の利益のために働いていると信じること自体が合理的ではないという思考の広がりである（公共選択論の隆盛）。これは、すでに指摘した市場主原理至上主義と接近する。効率の強調と政治への猜疑心にいたる。

こうした背景と相まって、マスコミは政治の猜疑心や政治の役割の低下を促進させる状況に拍車をかけている。たとえば、政策と投票の結合なき選挙は無意味だとしても、短絡的に直結させることは民主主義的な投票にとっての阻害要因となる。マニフェストについてのジェットコースター的な評価の揺れはその一つである。これと関連して、「白票」賛美の風潮は、多数派に有利に作動する。それ以上に、選挙の意味が理解できない有権者を多くする。政党や候補者の政策、歴史・経歴、理念・人間性などを考慮しながら選択する。とりわけ政策型選挙が強調されている中で注意したいことは、そもそも有権者の選好（志向）と政党や候補者の政策が完全に合致することはまったくないとはいえないまでも難しいことである。政策の多さだけではなく、そもそも政党の政策にも矛盾があることもある（有権者にも同様に矛盾もある）。政党に所属していなければ、そもそも一致はむずかしい（所属していたとしてもすべてではない）。多様な政策パッケージの中からベターなものを一つ選択せざるを得ない自覚を持つべきである。これが自覚できなければ、立候補自体は大いに広げるべきであるが、ほとんどすべての人が立候補すべきという結論（極論）に至る。

## 議会が推進する市民教育の意味

世界中で進んでいる政治行政の不信の蔓延に対して、その課題の大きさに愕然とすることもある。政治に参加するためには、政治制度改革だけではなく、争点を的確に理解する住民の能力を必要とする。そのためには、市民教育が必要であることが指摘され実践されている。日本での実践され始めた学校教育における市民教育は重要である。それを議会が推進することも重要である（学校に出向いて議会基本条例をテキストにして講義することや模擬議会など）。それとともに、より正確にはそれを超えて、まちづくりへの参加、さらには、「住民自治の根幹」としての議会への参加とそこでの討議の実践が市民教育にとって有用であることを強調したい。議会が名実ともに「住民自治の根幹」として作動することが、「民主主義の学校」を創り出すことである。以降では「議会が推進する市民教育」の理念の確認とともに、具体的な方途を考えよう。

（注1）中尾修・江藤俊昭編著『議会基本条例―栗山町議会の挑戦』（中央文化社、２００８年）終章参照。
（注2）コリン・ヘイ（吉田徹訳）『政治はなぜ嫌われるのか』岩波書店、２０１２年参照。

## 選挙は格好の市民教育

２０１５年統一地方選挙では、市民教育の重要性が強調され、その絶好の機会が選挙であるにもかかわらず、高無投票当選者率、低投票率が注目された。投票率で５割を切っているのは、知事（47・１％、初めて50％を割り込む）、道府県議会議員（45・１％）、市議会議員選挙（48・６％）、特別区議会議員（42・８％）となっている。また、総定数に占める無投票当選者率は道府県議会議員21・９％、町村議会議員21・８％であり、５人に１人が無投票当選となっている。地方政治の重要性が増した、まさにこの時期に政治の空洞化が進んでいる。選挙は代表制を選出する意味で民主主義に重要な契機であると同時に、市民教育にとっても重要な機会であるという視点から議会のかかわりを考えたい。

### 動員型から政策型への過渡期

無投票当選や低投票率の背景には、選挙が動員型から政策型への過渡期と関係している（表参照：市町村議会議員選挙を対象）。極めて単純化すれば、財政が安定している時期には議員は「口利き」の資質が求められ、そうした議員を押し出すのは強いコミュニティ意識を基盤とした地元の割り振りにあった。ここでは、利害追求と依頼による有権者の投票行動となる。これは動員型選挙である。それに対して、今日環境は大きく変わっている。財政危機では、「口利き」は作動できず、監視や政策提言が議員の資質となる。またコミュニティ意識の希薄さは、地元割り当ての効果は弱まり、意欲ある住民が立候補する可能性を広げる。政策・経歴を比較に基づき主体的に判断する有権者の投票行動となる。これは政策型選挙である。マニフェスト選挙の浸透もこの傾向を推進する要素である。

今日動員型は崩れつつあるとはいえ、政策型選挙には至っていない。

一つは、投票行動に見られる。縛りがなくなり主体的な投票行動が必要になっている。しかし、政策型の投票行動には至らない。これは、低投票率の原因になるものである。選挙公報が発行されていない自治体もある。知事選挙の選挙公報は法律で発行しなければならないが、それ以外の地方選挙は条例で定めることになっている。発行された広報を読んでも政策的な比較が困難である。比較の場もほとんどない。公開討論会、合同個人演説会は、首長選挙ならばともかく、議員選挙では無意味とはいえないまでも十分な政策比較ができるわけではない。結局は、政策型の投票行動に移行したくとも、その素材が提供されていない。

もう一つは、立候補者に見られる。これは、無投票当選の原因になるも

表　動員型選挙と政策型選挙（市町村議会動員選挙）

| 選挙 | 環境 | 投票行動 | 立候補者 | 議員の資質 |
|---|---|---|---|---|
| 動員型 | ① 財政安定（あれもこれも）<br>② 強いコミュニティ意識 | a. 地元、業界の「推薦」（利害追求）<br>b. 知り合いに頼まれる（受動的） | i 地元割り当て<br>ii 自営業・農業 | ・口利き<br>《兼業可能》 |
| 政策型 | ① 財政危機（あれかこれか）<br>② コミュニティ意識の希薄化<br>③ マニフェスト選挙の浸透 | c. 政策・活動歴の比較<br>d. 主体的に判断 | iii 意欲ある住民<br>iv 多様な職業・女性進出 | ・監視政策提言能力<br>《専業化》 |

注：都道府県議会議員選挙では、これらとともに、動員型の時代には衆議院の中選挙区の時代であり、国政の派閥の勢力拡大としての草刈り場として激しい選挙が行われた。今日衆議院議員選挙には小選挙区が導入され、動員型の環境は崩れてきている。都道府県議会議員選挙の低投票率・高無投票当選率の原因と解決の方向については、江藤俊昭「地方政治の空洞化か！」『自治日報』2015年4月24日付、参照。

のである。議員を担ってきた自営業・農業の衰退、および人口減少により、新たな候補者が見つからない。もはや選挙どころではないといった雰囲気となる（社会の次元）。また、一方で地域課題の解決に果敢に挑戦する議会が誕生してはいるが、他方では議員定数・報酬削減要求が高まっている。労力に見合うコストが保障されているかが鍵となる（地方政治の負の連鎖）。そして、議員定数削減による立候補者のハードルが高まった（とくに市町村合併による大幅な定数削減）。

これらの動向を助長しているのが、これまで指摘した地方政治の負の連鎖、および政治行政不信の蔓延が根底にあることも強調しておきたい。

無投票当選に連なる立候補者の少なさに対抗するには、地方政治の正の連鎖を進めるしかない。ここでは、政策型の投票行動を創り出すための手法を考えたい。政治、そして議会の重要性を理解しなければ政策型選挙にならないからである。また、政策型選挙を作動させるためには、現在の選挙制度を改正することも考えたい。「べからず集」と揶揄される選挙運動の規制や、全体的視野を持った行動を候補者にも有権者にもさせないようにする大選挙区単記非移譲式（一人一票制）の改革なども今後検討されなければならない。とはいえ、ここでは現行法体系でも可能な政策型選挙の充実を考える。

## ❖政策型選挙を創り出す議会・議員の役割❖

### 〈政策が比較できる手法〉

#### ① 会派マニフェストを創る

定数が10人、20人、30人でも一人一票の選挙制度である。それらがバラバラな政策をあげれば、比較がそもそも難しい。もちろん、現在の公職選挙法は、政党選挙を想定していない。とはいえ、議会運営には、会派を前提としたものとなっている。そこで、選挙では無所属がほとんどで、選挙後の臨時議会で会派が登場する。アンダー・ザ・テーブルにおける癒着とともに、突然登場するこの傾向を念頭に、筆者は会派を「幽霊」と呼んでいた。もちろん、定数が多い場合と、委員会制を採用している議会では会派は不可欠だと考えている。その作動の仕方こそを問うている。

そこで、事前に会派マニフェストを提出して、自治体ごとの争点を創り出してほしい。そのためには、選挙前の議会での会派活動が透明性をまし、政策型会派であることを要請している。単なる仲良しクラブではない。新人も、勝手な立候補ではなく、会派の意味を理解するとともに、政策が近い会派との接触が選挙前から必要である。当選後の会派離脱は可能であるが、説明責任を伴う。

もちろん、会派内での支援者獲得競争がある。これは地域や分野（福祉や環境等）での差別化で乗り切るしかない。会派マニフェストがなくても同様のことはやっている。むしろ会派マニフェストの作成はより多くの有権者が関心を持つ手法の一つである。

#### ② マニフェストスイッチプロジェクトへの関与

マニフェストスイッチプロジェクトは、2015年統一地方選挙において、早稲田大学マニフェスト研究所によって提案され、実施された運動である（注）。川崎市議会議員、世田谷区議会議員、甲府市議会議員、それぞれの選挙で行われた。住民が選挙においてマニフェストを参考にしない理由として、「争点が明確ではない」19・8％、「マニフェストが出ていない・手に入らない」18・3％、「中身が読みづらい」18・1％、となっている。これ以外の項目もほぼこれに関連するものである。そこで、候補者がマニフェストを登録し、オープンデータとして利用できるものである。

共通フォーマットを作成し政策の比較が可能となる。政策と人柄がわかる、政策の優先順位がわかる、この二つがポイントとなっている。議員と首長とでは項目が異なる。議員の場合、政治家を志した理由、地域のありたい姿、解決したい課題、解決するための行動・政策、政策10分野への注目度、これらが共通のフォーマットとなる（首長の場合、解決するための行動・政策の代わりに解決するための重要政策三点がある）。最後の政策10分野（社会保障、産業政策、社会資本整備、教育・子育て等）の注目度は100％の配分で、候補者ごとに円グラフで色分けしているので候補者の発想・志向がビジュアルでわかる。

この運動のポイントは、選挙時に政策型選挙に近づけるだけではない。むしろ、その後のチェック、つまり検証に力点がある。フォーマットには、「検証します」というチェック欄がある。

北海道福島町議会『議会白書』の中に議会評価だけではなく、議員それぞれの自己評価が毎年記載されている。このプロジェクトは、この発想を共有しつつ、マニフェストと関連づけ、しかもオープンデータ化している。選挙公報をウェブサイトで容易に見ることができる自治体も増えている。これは候補者各自の想いが多いが、このプロジェクトは共通のフォーマットによって比較が可能となっている（「ローカル・マニフェスト推進ネットワーク九州」による候補者の公約の統一書式の公開も同様）。

とはいえ、課題も多い。全国一律の項目になっている。これに自治体ごとの争点をつけ加えることも必要だろう。政策型選挙の手法として、今後広がるであろうこの運動への議員の参加を期待している。

**〈議会が争点を提示する〉**

議会自体が、地域の争点を創り出すことも必要である。議会からの政策サイクルを回すとともに、この成果の評価を行っている議会もある。執行機関がＰＤＣＡサイクルを活用し、議案が定例会中に議会に提出されるのであれば（実際にはその前に説明がある）、議会はそれに応える時間的ゆとりもない。結局追認機関化せざるを得ない。連続的な議会運営が求められる。

議会が政策サイクルを作動させることにより、従来執行機関の政策サイクルではこぼれ落ちてきた課題を政策議論の場に登場させ、必要とあれば政策化（質問、条例、予算、決議といった政策の層）することができる。より積極的には、議会から政策提言を行うことが必要である。

すでに指摘したように、これらの議会が行ってきた実践の評価を4年間の総括として住民に示し、次の選挙でも活用してもらおうとしている議会が登場している。会津若松市議会、北海道福島町議会、同芽室町議会、岩手県滝沢市議会などである。

さらに、滝沢市議会では、いままでも議会報告会やフォーラムを開催しているが、選挙が迫った2015年4月（選挙は7月）に「市民と語る議会フォーラム」を開催した。これは、議会活動の報告であるとともに、議員定数・報酬について意見交換をする場でもあった。同時に、一般市民を対象としているものの、選挙の候補者に来てもらい、現在の議会水準をしっかり見据えて、公約に掲げてほしいという想いからの開催であった。

筆者は、少なくとも議会基本条例、および議会が議論してきた地域経営の軸である総合計画（あるいは、市政の基本的な方向）をめぐるものを候補者全員が公約に掲げるべきだと考えている。滝沢市議会のこのフォーラムは、その学習の場に向けた大きな一歩である。それを踏まえて、全候補者が、少なくとも共通のテーマを公約としてかかげる政治文化を創り出したい。公約の二つの要素を明確にすることで、争点を創り出し、そのことによって有権者による政策の比較が容易になるからである。

## 〈日常的な活動こそが政治と住民をつなげる——政策作成は候補者・政治家の専売特許ではない〉

政策は、選挙前に突然表明されるわけではない。日々の活動の中から生み出されてくるものである。議員活動の場もその一つであり、また議会報告会での「発見」もその一つである。

議員の中には、たとえば住民とともに早朝勉強会を月に一回程度定例で開催している者もいる。その中で、政策は練り上げられていく。また、議員は社会活動を行っている（自治会・町内会、商工会、福祉や環境団体等）。これらの活動の中から政策が生み出される。

議会報告会は、もちろん議会としての対応である。そこで表明された住民からの意見を議会からの政策サイクルの起点に据え、その実現に向けて議会として調査研究をする。とはいえ、それぞれの議員にとって関心あるテーマが表明される場合もあるし、逆に当初関心はなかったが住民の発言からその重要性を理解する場合もある。これらを踏まえて、個々の議員も独自に調査研究し政策提言に活かすことは必要である。

これらの議員や議会の活動は、政策をめぐって日常的に政治を住民に近づけることになる。動員型と異なる政策型への選挙の基底を創り出す。

「政治屋（politician）は、次の選挙を考える。政治家（statesman）は、次の世代を考える」と、次の選挙を考えることは批判的に理解されている（J．P．クラーク）。しかし、次の選挙のために成果を残すことは重要である。その成果を踏まえバージョンアップした政策（マニフェスト）を次の選挙で打ち出すことが必要となっている。もちろんその政策は次の世代を考えたものである。

（注）　青木裕一「実践提案　マニフェストスイッチプロジェクト始動～今からでも間に合う、マニフェストのつくり方」『議員ＮＡＶＩ』Vol.48。また、http://www.manifestojapan.com/ も参照。

# 議会・議員活動は格好の市民教育

18歳への選挙権年齢引下げに伴い、学校教育における市民教育はクローズアップされている。重要なことである。従来の政治制度を学ぶだけの学校教育から重要な政治的争点を学び模擬投票など実践が意識された教育となっている。市民教育という点からすれば飛躍的な前進である。同時に、これに対するブレーキにも注意を払う必要がある。教員の「中立性」を厳格化させることを模索している動向があるからである。

学校教育における市民教育の充実とともに、議会改革による新たな議会・議員の活動が格好な市民教育であることを理解したい。ここでは、従来から指摘している「住民と歩む議会」活動とともに、それを担う議員の活動も重要な市民教育であることを強調する。

## 新たな議員活動の重要性

議員活動は、従来「口利き活動」あるいは選挙活動にすぎないと揶揄されていた。たしかに、そのような側面もあった。しかし、それとは異なる活動が今日求められ、それが市民教育を充実させることになっている。

筆者は、議員・会派（以下一括議員と略記）それぞれが議員報告会を開催しているから議会主催の議会報告会・住民と議会との意見交換会（以下一括議会報告会と略記）は必要ないという見解に対して、それらはまったく異なるものであることを強調してきた。とはいえ、議員主催の議会報告会が無意味というわけではない。

すでに指摘したように（第5章）、議会が主催する議会報告会と議員が主催する報告会とには相違がある。議会報告会は、議会からの政策サイクルに位置づけられる。議会が「人格を持った議会」として執行機関と対峙するための起点（および中間での意見交換）になるとともに、議会の説明責任をはたす場として位置づけられる。それに対して、議員による議会報告会は、議会全体の説明はするものの、自らの活動報告が主要なものになる。参加者は主に支持者か、それに近いものになる。主催している議員の意識と異なるかもしれないが、実際には内輪の集いとなる。もちろん、議員による報告会を大いに開催して、住民の声を聞き、住民との討議を巻き起こしてほしい。報告会という名称は同じでも、「議会として」と「議員として」はもともと趣旨が異なっている。

後に、市民教育にとっての議会報告会の意義について議論するが、同時に議員による議会報告会は市民教育という視点からも重要である。

従来、議員は「口利き」を担うと揶揄されてきた。すでに指摘したように、それは「利己的な利益」（要素①）を、インフォーマルな場で、したがって議会ではなく行政（正確には行政職員）に対して（要素②）、実現するように強硬に要請すること（要素③）である。

今日、二つの意味でその環境は大きくかわりつつある。一つは、財政が豊かであった時代から財政危機の時代への転換に伴い、「利害」の実現はどのようなものであれ困難となっている。もう一つは、行政主導に対して政治（議会や首長の公的な場での議論と決定を通した地域経営）が重要となっている。この二つの環境変化を想定すると、行政に対して強硬に要請という、「口利き活動」の二つの要素②③は作動できなくなっている。しかも、今日「口利き」防止条例制定は広がっている。したがって、「利己的な利害」（要素①）実現は困難となる。とはいえ、政治行政は多様な価値の権威的配分である（財政もその一つ）。さまざまな利害を調整して統合することがその役割である。「利己的」かどうかはともかく、利害を実現することが政治の中核的な役割である。そのように考えれば、さまざまな利害を政治の場に登場させるのは、住民、首長・行政職員とともに議員の役割である。とりわけ、議員は正当に選挙された多様な利害を調整する代表者の活動を担わなければならない。

そこで、議員は具体的には次の役割を担う（表参照）。

①　緊縮財政のため実現できない理由の住民への説明。従来どおり地域・分野の利害の実現に奔走することが重要である。しかし、すでに指摘したように、その多くは緊縮財政のために実現することが困難となっている。そこで、議員の役割はまずもって、それが実現できない理由を住民に説明することである。

②　政策化Ⅰ（一般質問・代表者質問）。住民の要望の実現のために議員は一般質問・代表者質問等を行う。

③　政策化Ⅱ（議会として取り組むテーマに挿入）。議会として住民の要望を実現するための政策研究等を行い実現を図る。

④　政策化Ⅲ（緊急や政策化のテーブルに乗せられない重要課題）。緊急であるいは他の議員や行政が軽

視しているが、地域や分野にとっては重要だと思われる課題について、他の議員や職員に働きかけ視察や調査を行い政策に活かす手法を積極的に担う。もちろん、災害時の場合、議員それぞれが個別に行政に対して要請することは災害復旧活動を阻害することになる。議会として要請を整理する組織や手続きが必要である。しかし、対応が遅い場合、無視されている場合には、そのような対応は議員として必要だと思われる。議会からの政策サイクルを充実させている議会でも、1年に一回の議会報告会や、陳情請願の代表者の陳述の制度があるからといってそれだけに委ねていたのでは後手になる場合がある。

これらの議員活動を住民に説明することが、市民教育につながる。その利害は、全体の中でどのように位置づくのか、どのようなプロセスでその利害は議論されているのかを、そして実現しない場合、議会とともに議員として説明する役割を担う。成果の紹介合戦ではない、住民への報告が必要となる。もっとも住民にとって身近な地域や分野の利害がどのように着地したか、結果だけではなく結果を導き出したその理由やプロセスを含めての報告となる。住民は、身近な利害から

表　議員活動の変化

| 類型 | 従来の要望活動<br>（「口利き」活動） | 今日の要望活動<br>（新たな議員活動） |
|---|---|---|
| 環境 | ・財政が豊富<br>・行政主導（議員がバラバラ、議会としては作動できず） | ・財政危機<br>・政治が台頭（機関としての議会の作動、政策提案型議員の存在） |
| 役割 | 地元・分野の利益をインフォーマルな場で行政に追求する<br>＊「総与党」化の状況の下で作動しやすい | ・従来の「口利き」活動と類似したもの<br>→実現が困難であることを説明<br>・政策実現の２つのルート<br>→すぐに対応（災害時など）<br>→政策実現へ（一般質問、議会としての対応） |
| 住民像 | 受動的で断片化志向の住民（議員や行政へのお願いでは主体的だが議員ルート以外活動はしないという意味） | 議員ルート以外でも主体的で相対的・総体的志向の住民（主体的に活動するとともに、自らの利害だけを追求するわけではない） |

政治行政（およその変化）を学ぶ。また、その実現のためのさらなる戦略を議論する場合もある。

政治行政が身近なこと、そのシステムを学ぶことができる。住民自身は、自らの利害を議員にお願いするという受動的な住民から（自らの利害実現のために議員を活用する断片的志向の住民から）、大きな転換が必要となる。

## ❖住民と歩む議会は重要な市民教育❖

### 〈議会への参加のハードルを低くする〉

議会報告会は、住民自治の現実を学ぶこと、およびその住民自治を実感するという意味で、まさに市民教育と連動している。

議会報告会は、その名称のとおり議会の運営を報告する。住民にとってほとんど見えない議会が住民の前に登場する。住民に「来てください」という議会・議員の大いなる期待だけで、多くの住民が集うわけではない。

① 自治会・町内会等との共催、あるいはＰＴＡ、商工会等との共催や出張の懇談会
② 結果（可決・否決）だけではなく、論点の明確化
③ 報告だけではなく、今後につなげるテーマで議論
④ テーマごとの議論、ワークショップ形式の議論

以上は、今後の議会報告会を充実させる際に重要な論点である。③④は、次の第２の論点につながるも

のである。ともかく、住民が自発性を超えて参加できる機会（参加機会のハードルの低さ）を創り出すこと、そして参加して充実した時間（充実度の向上）を創り出せるかである。住民は、いままで知らなかった議会を知ることになる。議会は「住民自治の根幹」であること、そしてその作動を知る。まずもって、これは重要な市民教育である。

**〈議会からの政策サイクルによって住民自治を実感する〉**

議会報告会は議会からの政策サイクルの起点となり、それによる政策実現、あるいは非実現によって住民は住民自治を実感する。まさに活きた市民教育となる。

プツンプツンと切られていた議会運営が今日連続して行われるようになった（通年、通任期を意識した活動）。決算審査を予算要望へとつなげる、提案した条例だけではなく首長提案条例も含めて数年後に検証する、一般質問の追跡質問を行う（一般質問で追跡するだけではなく、青森県佐井村のように追跡質問時間を設定し通告なしで行う制度なども想定している）、といった政策サイクルを意識した議会運営も広がっている。これを基礎にバージョンアップしたものが、議会からの政策サイクルである。

① 住民との意見交換会を起点とした議会からの政策サイクルの作動。前の期の議会からの申し送りとともに、住民の意見を参考にして議会として取り組む課題、調査研究事項を抽出する。住民との意見交換会はこの起点だけではなく、政策過程全体にわたって張りめぐらされている。

② 一方では、それを踏まえての行政評価の実施（飯田市議会など）。住民の意見を踏まえて行政評価項目を選択し行政評価を議会独自で行なう。それが行なわれるがゆえに決算は重層的になる。さらに、その

決算を踏まえて予算要望につなげる。

③ 他方では、住民の意見を踏まえての政策課題の抽出と調査研究による政策提言（会津若松市議会など）。必要があれば、専門的知見を活用する（地方自治法第１００条の２）。

④ これらの二つの流れを束ねる実効性ある総合計画の策定。常に総合計画を意識して行政評価を行い、また政策課題をより豊かにしている。もちろん、議会は総合計画を所与のものではなく、変更可能なものとして考えることが必要である。

議会への住民参加は、この議会からの政策サイクルに張りめぐらされている。この議会からの政策サイクルによって、住民は地域経営の新たな手法を学ぶことになる。

新たな議会活動だけではなく、新たな議員活動も重要な市民教育であることを強調してきた。「口利き活動」は従来の意味では問題があるだけではなく、今日作動させることはできない。とはいえ、地域・分野の要望を政策化することは引き続き重要である。その要望を政策化（すでに指摘した政策化ⅠⅡⅢ）、実現できない場合はできないことを説明する役割を議員は担うことになる。要望実現活動は、選挙活動とみなされやすいが、本来の議員活動であり議会活動の一端を担っている自覚を議員は持つべきである。議会の政策化に接続させる重要な役割を議員は担う。同時にそれが住民の政治観に大いに影響を与える。

新たな議員活動や新たな議会活動は、市民教育の推進に大いに役立ち、そのことが住民自治の推進につながることを確認してきた。同時に議会は、学校教育における市民教育の充実にもかかわる必要がある。

さらに、行政による住民参加・協働は住民自治を進めることにより、その推進に議会は積極的にかかわる必要がある。これらの充実によって、「住民自治の根幹」としての議会はより充実する。

## 住民自治＝「民主主義の学校」を開花させる

住民自治を進めるには、議会・議員や首長等の努力とともに、住民が自治意識を獲得すること（住民自治の主体としての自覚）、いわば「自治意識の醸成」が必要である。その意味で、ここでは今日強調されている若者への市民教育を肯定的に捉えている。とはいえ、これをさらに発展させるには、次の点を重視してきた。①若者だけではなく、いわゆる大人にも主権者教育は必要であること（投票率低下は何も若者だけではない）、②学校教育は必要であるとしても、まちづくりにかかわることなど、政治や行政にかかわっているという実感が重要であること、③地域経営にとっては、首長等とともに、「住民自治の根幹」としての議会の役割が強調される必要があること、これら3点である。

とりわけ、②と③では住民自治を創り出しているという自覚を住民が獲得すること、さらに③では住民が主体的に住民自治にかかわるとともに、議会を「住民自治の根幹」として位置づけることを強調している。学校教育を否定・軽視しないが、「リアル」な実体験が求められる。住民の自治意識の醸成に直接結びつくからである。

この「リアル」は、住民がまちづくりを通して政治・行政に影響を与える実感を身につける意味であるが、もう一つの要素を含んでいる。それは恒常的な参加のルールを地域経営に組み込むことである。一過性のかかわり（参加）ではなく、まちづくり等の地域経営に住民が恒常的にかかわっている、あるいはその可能性のあるルール（制度化）の存在の必要性である。

個々の住民の声（要望）がすべて実現されるわけではない。その際の住民にとっての「挫折」は、住民間、あるいは議員や職員等との討議によって納得する場合もある。かりに納得しなくとも、次回は実現できる可能性があるという信頼ある恒常的なルールが必要である。

## 政治・行政を実感する全国規模の模擬投票の試み

この度、バージョン・アップした模擬投票が行われた。従来も、実際の選挙（衆参の国会議員選挙や首長選挙）を素材に模擬投票を実施した高校等もないわけではないが、早稲田大学マニフェスト研究所（事務局）や模擬選挙推進ネットワークの呼びかけで、２０１５年11月22日投開票の大阪府知事選挙・大阪市長選挙を素材として、全国の高校や大学が参加して全国規模で行われたのである（http://osakamogisenkyo.strikingly.com/）。全国の高校、大学の約20校が参加して、注目を浴びた。これには次の意義がある。

実際の選挙が行われている中での模擬投票というライブ性、および模擬投票結果と実際の選挙結果の比較が可能でありその理由（「なぜ」）を分析できるといった、実際の選挙を素材とした従来からの模擬投票のメリットは引き続き同様にある。さらに、全国で行われたそれぞれの模擬投票結果の相違の学習（なぜ異なるか）とともに、模擬投票を実践した際の課題を共有できることなど（中立性に対する悩みの「解決」（「他の高校はやっている」、「早稲田大学の研究機関が主催している」）等も含めて）、新たなメリットもある。

この運動はすでに指摘したように、市民教育にとって重要な意義がある。とはいえ、課題もある。全国での模擬投票となれば、当該自治体と直接関係のない高校・大学も多数行うことになる。このような全国的に関心が向けられている選挙であっても、当該地域をめぐる争点が重要となる。「大阪都構想」だけではなく、さまざまな政策のパックとして政策を比較して議論を深めていかなければならない。単一争点化させない理性的な住民を育てる意味はそこにある。しかし、政策のパックは当該自治体に居住している者（この場合は大阪府民や大阪市民）でなければ、その政策がなかなかわかりにくい。しかも、単一争点化されていた「都構想」のイメージは、東京都民でもわかりにくい。「現場感覚」のズレの問題が浮上する。

さらに、選挙を題材とする重要な試みであるが、日常的に関心を持たなければ、選挙において重要な情報が飛び交うとしても、それを解読する能力は短期間では育たない。「突然言われても……」ということになる。だからこそ、逆説的ではあるが、これらの模擬投票は実際の選挙の「模擬」として重要である。

この模擬投票は重要であり今後も試みられることが期待される（2016年参議院通常選挙でも行われた）。とはいえ、ここで指摘した課題を乗り越えるためには、政治・行政に影響を与えている、あるいは与える可能性のある身近な場が必要である。

## リアルな政治・行政へのかかわり

かつて、中野区の住区協議会を調査した際に、「過去の実績」と「将来への期待」という二つの確信を住民が持てる住民参加制度の存在によって住民自治は発展することを指摘した（注1）。早い時期（1970

年代後半）に公募制を採用した住区協議会が設置され、そこからの提案を予算化したり採用したりする制度である（事務局は出張所を改変した地域センター、現在は廃止されている制度）。住区協議会の提案によって予算化の一歩手前だった政策（福祉施設）が、財政危機のために凍結された。その際、住民は中野区当局と対立するわけではなく、「財政危機を乗り越えた暁には、実現されるはず」といった確信（実績と期待）を持っていた。政治・行政への信頼関係が育っていた。こうした制度があることにより、住民自治は一過性のものではなく恒常的なものであると住民は認識している。

同様なことは、最近の住民自治制度にも表れている。たとえば、先駆的な住民自治運動（日本ゼロ分の一村おこし運動など）を展開している鳥取県智頭町では、住民は町の一員であること、および住民が町を動かせることを実感している。

智頭町では、２００９年より「百人委員会」を設置している（注2）。公募住民によって構成され（高校生を除く18歳以上、外国人、町内に事業所を有する勤務者）、任期1年（再任可）である。ここで提案された事業が予算案となり、それを議会が承認すると実際に着手される。一見どこにでもありそうな組織であるが、実効性を有する百人委員会となっているのには理由がある。7部会（現在）がそれぞれ首長等（議員も同席）に政策を提案するが、二つの特徴を有している。一つは、公開の場で提案することである。百人委員会に参加している住民だけではなく、多くの住民たちが傍聴している。説得的な提案であれば、首長等は受け取らざるを得ないという雰囲気を創り出している。もう一つは、予算という具体的な数字を含めた提案となっている。毎年その提案の報告会が12月に開催されるのは、そのためである。しかも、その額は少なくない（２０１０年度の査定状況は４０００万円を超えている、年度によって異なるが、最近その額は少なくなっている）。

百条委員会から、全国的に有名になった「森の幼稚園」事業（智頭町に森のようちえんを作ろう！）、智頭の素材を使った弁当（「智頭弁」食キング）、智頭間伐材を市場価格に上乗せして町が支払う（地域貨幣）制度（「杉のまち智頭」独自の間伐推進補助金制度の導入）など多様な企画が実現している。

その一つの部会において有害鳥獣問題の解決策の一つとしてジビエにかかわる工場建設への提案も議論されていたが、多額の税金を投入して失敗は許されないという意見も出て、提案は見送られた。提案の責任が住民には意識されている。また、森の幼稚園を提案した西村早栄さんは「町の一員であることを実感した」、またその幼稚園に子どもを通わせる母親は「住民が町を動かせることを実感した」という。百人委員会の活動によって、住民が自分たちの生活向上のために地域にかかわることの重要性とそのための政治・行政の動かし方を学んでいる（注３）。透明性があり恒常的な制度があるからこそ可能となった（注４）。

住民がその政策にかかわることでその町の一員であること、自らの政策を実現することを実感することで、住民としての責任を自覚する。まさに、市民教育の実践である。ただし、議会は、この文脈では提案の報告会では観客となり、予算の議決では首長が提案した予算案の承認を行い、結果としてこの先駆的な住民自治では脇役となっている。

## 議会の責任は重い

予算案の調整権と提出権は、首長に専属している。だからといって、議会が予算案にかかわれないことではない。そもそも、予算案の議決は議会の権限であり、その修正権も議会は有している。住民自治の原則からいえば、首長に対しても必要であるが、むしろ議会に対して住民は提案すべきである。

このことは予算だけではない。多様な権限を有している議会は、住民を起点とした「議会からの政策サイクル」を作動させることが重要である。その実感こそが「住民自治の根幹」としての議会を創り出す。その意味で議会の責任は重い。

この点はすでに、これまでで確認している。そこで、以降では議会による市民教育の制度化の動向を紹介しておこう。岐阜県可児市議会の「地域課題解決型キャリア教育支援事業」は、議会改革の一つではあるが、そもそも地域活性化の手法として考案され実施されている。地方都市である可児市の課題は、若い世代の大都市部流出による地域の担い手の減少、その結果の地方都市衰退である。それを解決する手法の一つとして、可児市の魅力を若い世代が知る場として地域課題解決型キャリア教育が考案され実践された。

若い世代と議員の意見交換会は、いくつかの議会においてすでに行われている。可児市で行われている「地域課題懇談会」は、テーマ（介護、健康、子育て支援、地域の活性化）を設定し若い世代と地域の大人（地域活性化のテーマでは地元の金融業者等）とを結びつけ、その自由な議論を進めるファシリテーターの役割を議員が担う新たな取組である。

高校生は、地域の良さを知るとともに、議会・議員を知る。このことで、高校生は地域学習を踏まえて政策提言を行っている。市民教育、住民自治の推進の役割を担っている。選挙によって議員が変わっても継続できるように、運営をＮＰＯに委ねた（２０１５年）。議会の運営が住民の側に広がっている。このことも住民自治の推進に役立っている。

可児市議会のこの実践は、議会における住民自治の制度化（透明性と恒常性）となっている。市民教育になっているとともに、そこで提出された意見を政策に反映させる責任も議会は負っている。

## 地方政治の負の連鎖の脱却の意義

本書では、地方政治の負の連鎖から脱却するには議会改革が必要であることを強調している。その際、非政治（脱政治）や反政治が流布していることを踏まえれば、負の連鎖からの脱却や正の連鎖を創り出すことは、容易ではないことも指摘した。このことをもう少し詳細にいえば、非政治（脱政治）や反政治を乗り越えるには、政治・行政にかかわることによってそれらが身近なものであることの実感が必要である。

もちろん、非政治や反政治からの脱却は容易ではない。かつてＤ・リースマンは、伝統的無関心とは異なる現代的政治的無関心の３類型を提示した。本書でいう非政治（脱政治）や反政治は、この三類型を活用している。非政治は、娯楽等の政治とは関係ないものが蔓延しそれに関心を持ち結果として政治への関心が希薄化する心性であり、リースマンの非政治的無関心と結びつく。脱政治は、当初は政治・行政に関心があったにもかかわらず、挫折等によってその後政治には関心を示さなくなる心性であり、彼の脱政治的無関心と結びつく。なお、反政治は、世界観・イデオロギーとして政府や政治を敵視する心性であり（無政府主義のような）、彼の反政治的無関心とは直接結びつくわけではないが、現行の政治・行政体制に対する批判を強調するという点では共通性がある。むしろ、反政治は現行の政治に代えて新たな政治・行政体制を創り出すポピュリズムと結びつく傾向がある。

ともかく、こうした非政治（脱政治）や反政治の広がりがあるにもかかわらず、実感あるまちづくりを進めることによって、住民は主権者として活動する。当初関心がなかった住民が、あるいは挫折して政治にかかわらなかった住民が、ときにまちづくりにかかわることで、その有効性を学ぶ。恒常的なまちづくりへの住民参加制度の存在により、現行の政治・行政体制の下でも政策提言を実現できること、あるいはそのルールを変えることも可能なことを学ぶ。有効なまちづくりの制度が恒常的に配置されていること、またそれに議会がかかわっていることが重要である。さかんに行われている議会改革には、その突破口を果たす役割がある。逆にいえば、これができない議会は、負の連鎖の脱却どころか、それをさらに悪化させることになる。

住民が政治行政にかかわるには、一過性ではなく、政策実現のためのルールの透明性と恒常性を併せ持つ予測可能性が必要であり、その制度化に議会が責任を持つ必要がある。市民教育は、まさに「現場」が必要である。「民主主義の学校」は、地方自治である。この自覚を「住民自治の根幹」たる議会は持つべきである。この意味でも議会の責任は重い。

## 今日の市民教育・主権者教育の留意点・再考

今日、主権者教育・市民教育をめぐる議論が活発になってきた。そこでの留意点を本書で指摘してきた。それとも重なるが、市民教育にとって重要な論点であるが最後に、本書の文脈からは主題的に議論していない論点を確認することにしたい。

まず、主権者・市民は、選挙だけをすればよいわけではない。投票率が低下している今日、18歳選挙権年齢引下げにともなって、投票率の低い若者への選挙への呼びかけを強化する意図は了解できる。しかし、政治はそもそも選挙だけをすればよいわけではない。選挙の前提となる代表制を機能させるためには、選挙後の監視とその評価が必要であり、それこそが次の選挙への素材になる。それだけではない。J・J・ルソーがかつて、イギリスの牧歌的な人は選挙の時だけ自由であると、喝破したことを想起したい。選挙は重要であるとしても、政治の一部である。さまざまな活動への眼差しがあって、それをベースにして選挙がある。選挙は、選好を問う消費活動と同様ではない。むしろ、消費活動のアナロジーでいえば、商品自体を住民が創り出し、時として自らが商品となる努力が必要となる。その意味で、総務省と文部科学省が作成した高校生向きの副教材『私たちが拓く日本の未来――有権者として求められる力を身に付けるために』や教師用の「指導資料」は、選挙への手引きだとしても主権者教育の手引きとしてはあまりにも狭い。

もちろん、筆者は選挙に政治を矮小化する立場に立っていないのと同様に、政治家と同様な活動を多くの一般の住民に期待しているわけではない。G・ストーカーによれば、民主主義についての消極的と積極的の二つの理解があるという。消極的理解は、民主主義は「指導者を選び、入れ替える仕組み」であり（本書の文脈では選挙に矮小化）、大規模な政治への参加は期待されない。積極的理解は、「民主主義が持続可能であるためには、市民が活発に参加することが必要だ」というものである（注5）。筆者の理解は、後者だと思われるかもしれない。しかし、消極的理解は、代表者と住民との間の距離があまりにも遠いし、逆に積極的理解はそれがあまりにも近いと考えている。アマチュアが政治に参加することは強調されるべきであるが、政治の独自の領域（独自の調査研究、妥協の作法）が必要である。

もう一つは、学校教育における市民教育の「中立性」についてである。アプリオリに「政治の中立性」が存在しているわけではない。この「中立性」の強調のために、いままでは無味乾燥の「政治制度」教育に市民教育は矮小化されてきた。今日政治の争点を取りあげて討議したり、模擬投票を実施しようという機運は高まっている。この時期に、またぞろブレーキをかける動きも登場している。すでに指摘した教師用の指導書には、政治的中立性を保つための多くの留意点が記されているだけではない。政権政党が教員の政治活動の制限を強化した学校教育のあり方の提言を行っているからだ（注6）。各政党を呼んでその討議を聞くことにより、中立性は開花すると考えている。さらに、少数意見をむしろ尊重することだとも考えている。中立性は、「真ん中」性ではない。未来形成的な社会・政治を議論する場を創り出すことだと考えられる。

選挙権年齢の引下げを政治、住民自治を考える機会としたい。

（注1）　江藤俊昭「地域事業の決定・実施をめぐる協働のための条件整備――〈住民―住民〉関係の構築を目指して」人見剛・辻山

幸宣編『協働型の制度づくりと政策形成』ぎょうせい、2000年参照。

（注2）寺谷誠一郎（智頭町長）「『本物』を強みに〝真の住民自治〟を確立する」『アカデミア』101号（2012年春号）参照。

（注3）NHK「住民のアイディアが町を救う!?」（「ファイス」中国地方管内）2012年1月13日放送。新たなアイディアが出にくくなっていることや、運営を担っている人が固定化している問題点も指摘している。筆者は、智頭町行政改革審議会の会長を担ったことがある。その審議にあたって、公開はもとより傍聴している住民の声を聴くという住民参加型の審議を行ったことは印象に残っている。

（注4）誤解を避けるために指摘しておけば、ルールから排除されたテーマを政治・行政の場に登場させること、たとえば住民運動を否定するものではない。本書の文脈でいえば、ルール化の範囲がいまだ狭いということである。こうした「対象外」となったテーマを政治・行政の場に登場させるルールとして、恒常的な住民投票制度などを想定してよい。住民投票制度は、通常は活用されるわけではない。ただし何かあれば活用できる制度であり、広い意味で、透明性・恒常性を有した予測可能性の文脈で理解できる制度である。

（注5）ジェーリー・ストカー（山口二郎訳）『政治をあきらめない理由――民主主義で世の中を変えるいくつかの方法』岩波書店、2013年（原著2006年）。「まあまあの市民」「それなりの市民」（R・ダール）を想定している（江藤俊昭『地方議会改革――自治を進化させる新たな動き』学陽書房、2011年、あとがき参照）。

（注6）教育における政治的中立性の議論については、『Voters』No.26（2015年6月22日）参照。

# おわりに

膨大な出版物の中から本書を手に取っていただきありがとうございます。書店では、議会改革の分野に置かれていたでしょうが、本書は住民自治というそれよりも広い分野をテーマとしています。従来の住民自治がどうしても行政への参加、行政との協働を軸に議論されていることもあり、住民自治と議会を関連づける発想はあまり広がっていません。本書は、住民自治における議会の役割を多面的・多層的に扱っています。「住民自治の根幹」だからこそ地域経営上の重要な権限は議会にあります。とはいえ、「住民自治の根幹」として議会が作動するには、住民を巻き込んだ討議空間＝公共空間として登場しなければなりません。議会は、最終的には議員によって構成されますが、その権限を発揮するためには住民、首長等も含めた討議空間（フォーラムとしての議会）が必要です。このことは、議員が理解すれば事足りることではありません。住民にも議会を創り出しているという自覚が必要です。

筆者は、この間、「先駆的議会」の議員と話す機会を数多く得ました。新たな課題を浮上させ（本書はそれらの課題への応答を目的としています）、それに果敢に挑戦する意欲と行動に敬意を表しています。同時に、先駆的議会ならではの悩みもあります。いくら改革を進めても住民からの信頼を得ることができないこともその一つです。議会改革の本史への突入からわずか10年で、従来の議会イメージが住民から払拭されるものではありません。焦らず気長に、改革への歩みを進めることが大事です。私の恩師（故大原光憲中央大学名誉教授）の言葉、「絶望しながら楽しみながら」を常にかみしめています。同時に、住民が信頼する議会を創りあげることは必要です。それが本書の「裏テーマ」です。

議会改革を住民福祉の向上につなげることによって市民意識の醸成につなげることが重要です。議会からの政策サイクルはそれらを結びつけるキーワードです。議員が、その大義のために矜持を持って進むことを期待して本書を編んでいます。かつて丸山眞男は、日本の思想的伝統の中にある「在家仏教」を取り上げ、政治家（議員）だけの政治（議会・議員）活動ではなく、非議員＝多くの住民の政治（議会）活動が重要であることを強調しています（「現代における態度決定」（初出1960年）『政治の世界　他十篇』岩波書店、2014年）。それがないと、「デモクラシーは死ぬ」とまで言っています。議会改革を議員だけのものではなく、多くの住民に広げることによって議会は「住民自治の根幹」として豊富化されます。

この年齢になっても、学生から教えられること大です。講義の中で、鳥取県智頭町の百人委員会や、日本ゼロ分の一村おこし運動などを紹介しつつ、「先駆的」と特徴づけました（筆者はかつて智頭町行財政改革審議会会長を務めました）。その後の記録（ミニットペーパー＝感想や質問）では、「先駆的の基準は何か」という質問がありました。非常に難しい問題です。現実の描写だけでは、先駆性はわからないはずです。どこかに判定者の価値が入ります。単なる想いを超える価値です。筆者は、「未来形成的な力」（ヘルマン・ヘラー）を見つけることだと理解しています。議会改革についていえば、国政とは異なる地方自治の原則に即して見る視点（演繹法的視点）と、議会改革の多様な実践から得られる新たな方向を見る視点（帰納法的視点）とを併せ持って「先駆的」を認識しています。

社会や政治の見方はさまざまです。筆者の現実の切り取り方も日々反省が必要でしょう。とはいえ、再び丸山眞男に依って、ゲーテの言葉「行動者は常に非良心的である」（「行動者は常に無良心であり、観察者以外の誰も良心を持たない」）を念頭に置きつつ、どこかで決断を下さなければならない（前掲論文）。これは行動だけではなく判断を加える際にも必要です。

筆者の論稿は、現実の中の切り取りであり、「住民自治の根幹」としての議会を作動させたいというわば価値が挿入されています。そのためには、本書で議論した課題だけではなく、地方選挙制度（選挙運動制度だけではなく、市町村議会議員選挙での大選挙期単記非移譲式や都道府県議会議員選挙の選挙区制）を変えていかなければならないでしょう。議会からの政策サイクル（フォーラムとしての議会）は、まさに新たな地方選挙制度を求めています（「新たな議会に適合的な選挙制度を考える」第1回～4回『季刊　実践自治 Beacon Authority』（イマジン出版）Vol.45～48（２０１１年））。

本書は、主に月刊『ガバナンス』連載の「『自治体議会学』のススメ」（２０１２年12月号～16年5月号）を中心に修正・加筆してまとめました（本書第1章から第5章）。したがって、『自治体議会学』（ぎょうせい、２０１２年）の第2弾としての意味合いもあります。連載は、編集長との二人三脚です。また、出版にあたって、ぎょうせいのみなさんには、構成を変更したこともあって気長に待っていただきました。この場を借りて感謝申し上げます。なお、第6章は「議会が推進する市民教育」第1回～第4回『季刊　実践自治』（イマジン出版）Vol.61〜64（2015年））を活用しました。本書、とりわけ第5章をより深めるものだと思い、イマジン出版社（片岡幸三社長・青木菜知子さん）に相談したところ快諾を得ました。感謝いたします。

住民自治の進展に少しでも貢献できることを願って！

2016年7月17日（還暦を迎えた日に）

江藤　俊昭

追記：校正にあたって十分な時間がとれず焦っていた際に、ちょうど就職活動に一段落した三女・泉が甲府に戻ってきたので素読を頼んだ。彼女のことをカピパラ、リラックマ、ぐでたま、と呼んでいたが、仕事もしっかりやってくれていた。終わってから「アルバイトだから…」といわれたけれど、感謝したい。

# 索　引

《著者紹介》

**江藤　俊昭**（えとう　としあき）

山梨学院大学法学部教授／同大学院社会科学研究科長、博士（政治学、中央大学）

**専　　攻**：地域政治論、政治過程論

**主な著書**：『自治体議会学』（ぎょうせい、2012年）、『地方議会改革』（学陽書房、2011年）、『討議する議会』（公人の友社、2009年）、『自治を担う議会改革』（イマジン出版、2006年）、『図解　地方議会改革』（学陽書房、2008年）、編著に『自治体議会の政策サイクル』（公人の友社、2016年）、『Q＆A 地方議会改革の最前線』（学陽書房、2015年）、『議会基本条例　栗山町議会の挑戦』（中央文化社、2008年）など多数。

社会活動：山梨県経済財政会議委員、鳥取県智頭町行財政改革審議会会長、三重県議会議会改革諮問会議会長、第29次・第30次地方制度調査会委員等を歴任。現在、全国町村議会議長会「町村議会表彰審査会」委員、マニュフェスト大賞審査委員、議会サポーター・アドバイザー（北海道栗山町議会・同芽室町議会・岩手県滝沢市議会・山口県山陽小野田市議会）など。

# 議会改革の第2ステージ
## ―信頼される議会づくりへ

平成28年9月15日　第1刷発行

著　者　江藤　俊昭

発　行　株式会社ぎょうせい

東京都江東区新木場1-18-11（〒136-8575）

電話　編集　03-6892-6508

営業　03-6892-6666

フリーコール　0120-953-431

URL:http://gyosei.jp

〈検印省略〉

印刷　ぎょうせいデジタル㈱

※乱丁、落丁本はお取り替えいたします。



ISBN978-4-324-10207-7

(5108291-00-000)

〔略号：議会改革第2〕